臺灣歷史與文化 研究輯刊

二 編

第 4 冊

道咸同時期臺灣本土文人詩作研究
（1821～1874）（下）

許 惠 玟 著

花木蘭文化出版社

國家圖書館出版品預行編目資料

道咸同時期臺灣本土文人詩作研究（1821～1874）（下）／許
惠玟 著 — 初版 — 新北市：花木蘭文化出版社，2013〔民
102〕
目 4+226 面；19×26 公分
（臺灣歷史與文化研究輯刊 二編：第 4 冊）
ISBN：978-986-322-228-6（精裝）
1. 臺灣詩 2. 詩評
733.08　　　　　　　　　　　　　　　102002842

ISBN-978-986-322-228-6

臺灣歷史與文化研究輯刊
二 編 第 四 冊　　　　　ISBN：978-986-322-228-6

道咸同時期臺灣本土文人詩作研究（1821～1874）（下）

作　　　者　許惠玟
總 編 輯　杜潔祥
出　　　版　花木蘭文化出版社
發 行 所　花木蘭文化出版社
發 行 人　高小娟
聯 絡 地 址　235 新北市中和區中安街七二號十三樓
　　　　　　電話：02-2923-1455／傳眞：02-2923-1452
網　　　址　http://www.huamulan.tw 信箱 sut81518@gmail.com
印　　　刷　普羅文化出版廣告事業
初　　　版　2013 年 3 月
定　　　價　二編　28 冊（精裝）新臺幣 56,000 元　　版權所有・請勿翻印

道咸同時期臺灣本土文人詩作研究
（1821～1874）（下）

許惠玟　著

上 冊

第一章 緒 論 1
　第一節 研究動機 1
　第二節 研究範圍 2
　第三節 研究方法 9
　第四節 文獻檢討 14
第二章 清廷治臺政策與社會背景 29
　第一節 清廷治臺政策 29
　　一、消極治臺的政策 30
　　二、吏治良窳 31
　　三、班兵制度與流弊 38
　第二節 清代臺灣本土文人的社經地位 39
　　一、為官或返鄉的抉擇 39
　　二、朝中有人好做官 45
　第三節 道、咸、同時期清廷政治背景 45
第三章 在地性與外地性的共存——本土文人
　　　　植物書寫的特色 51
　第一節 臺灣在地與非在地植物的認定 55
　　一、遊宦文人筆下的臺灣植物特產 57
　　二、方志中的臺灣植物 63
　第二節 本土文人植物的共相書寫 67
　　一、在地植物 70
　　二、外來植物 99
　第三節 本土文人植物的殊相書寫 111
　　一、外地與本地植物均寫的鄭用鑑 114
　　二、中國傳統論述底下的植物書寫——
　　　　施瓊芳 116
　　三、林占梅的植物「功用性」書寫 119
　　四、其他本土文人的臺灣在地植物書寫 120
　小 結 清代臺灣的亞熱帶植物群落真的失落
　　　　了嗎？ 122

目 次

第四章　臺地生活空間的書寫與臺灣意象的認知‧127

第一節　身在家園——本土文人日常生活空間
　　　　的即地書寫 ……………………………… 128

一、日常生活空間記錄 …………………………… 129

二、本土文人的生活地標 ………………………… 140

第二節　走出故鄉——臺地遊歷空間書寫 ……… 155

一、本土文人的臺地空間書寫 …………………… 157

二、本土文人的臺灣旅行詩 ……………………… 173

第三節　遊歷空間與文學的結合——本土文人
　　　　的題壁詩 …………………………………… 200

一、焦點不在山水的山水題壁之作 ……………… 203

二、題壁的熱門場所——劍潭古寺 ……………… 205

三、公告天下／歸隱的矛盾 ……………………… 208

四、讀書不爲求功名——題書齋壁的省思 ……… 211

五、李逢時對府城的風土記述 …………………… 214

六、我是退堂僧寂寞，只應兀坐到斜暉
　　——用錫題壁詩的眞實性格 ………………… 215

七、本土文人題壁數量之冠——林占梅 ………… 216

小　結　漠視或重視？本土文人如何「再現」
　　　　臺地空間？ ………………………………… 221

中　冊

第五章　從東渡到西行——本土文人書寫空間
　　　　的轉化 ………………………………………… 223

第一節　清代制度對於臺灣士子的影響 ………… 224

一、科舉制度與士子的應考 ……………………… 224

二、文官制度與官員的四徙 ……………………… 226

第二節　走出臺灣——本土文人的西渡經驗 …… 227

一、臺灣詩人的旅遊之路 ………………………… 229

二、臺灣詩人的科舉之路 ………………………… 241

三、臺灣詩人的爲官之路——李望洋 …………… 246

小　結 …………………………………………………… 267

第六章　本土文人的風俗民生觀察 …………………… 269

第一節　本土文人竹枝及采風之作反映出的臺灣
　　　　社會 ⋯⋯⋯⋯⋯⋯⋯⋯⋯⋯⋯⋯⋯⋯ 273
　一、竹枝詞所反映的臺灣社會 ⋯⋯⋯⋯⋯⋯ 273
　二、采風之作所反映的臺灣社會 ⋯⋯⋯⋯⋯ 280
第二節　臺灣本土文人的中元普渡書寫 ⋯⋯⋯⋯ 290
　一、本土文人對中元普渡的批判 ⋯⋯⋯⋯⋯ 290
　二、本土文人對中元普渡的認同與接受 ⋯⋯ 293
第三節　可憐毒鴆沿中土，竟為漏巵鐵鑄錢
　　　　──是全國也是全臺的鴉片問題 ⋯⋯ 296
第四節　現實民風的批判 ⋯⋯⋯⋯⋯⋯⋯⋯⋯⋯ 300
第五節　一紙揮毫同畫夯，千金論價只輸財
　　　　──臺地文風衰落與不振 ⋯⋯⋯⋯⋯ 303
第六節　本土文人隱微的史治批判 ⋯⋯⋯⋯⋯⋯ 309
　小　結 ⋯⋯⋯⋯⋯⋯⋯⋯⋯⋯⋯⋯⋯⋯⋯⋯ 315
第七章　民變與災變──本土文人的災難書寫與
　　　　觀察位置 ⋯⋯⋯⋯⋯⋯⋯⋯⋯⋯⋯⋯⋯ 319
第一節　本土詩人眼中的臺灣民變、外患與中國
　　　　內亂 ⋯⋯⋯⋯⋯⋯⋯⋯⋯⋯⋯⋯⋯⋯ 320
　一、仙拼仙，拼死猴齊天──本土文人眼
　　　中的分類械鬥 ⋯⋯⋯⋯⋯⋯⋯⋯⋯⋯ 320
　二、官逼民反？──本土文人看待林恭案
　　　及戴潮春事件的觀察視野 ⋯⋯⋯⋯⋯ 337
　三、外患──本土文人面對入侵者的反應 ⋯ 352
　四、本土文人眼中的太平天國之亂 ⋯⋯⋯⋯ 354
　小　結 ⋯⋯⋯⋯⋯⋯⋯⋯⋯⋯⋯⋯⋯⋯⋯⋯ 367
第二節　本土詩人眼中的臺地災難 ⋯⋯⋯⋯⋯⋯ 367
　一、頃刻金甌相傾碎，霎時身體若籠篩
　　　──文人的地震書寫 ⋯⋯⋯⋯⋯⋯⋯ 368
　二、苦雨或不雨──文人的水旱災書寫 ⋯⋯ 374
　三、本土文人不怕「黑水溝」──風災書寫
　　　⋯⋯⋯⋯⋯⋯⋯⋯⋯⋯⋯⋯⋯⋯⋯⋯ 379
　四、本土／遊宦──臺地自然災難的關注者
　　　⋯⋯⋯⋯⋯⋯⋯⋯⋯⋯⋯⋯⋯⋯⋯⋯ 383
　五、澎湖地區的饑荒書寫 ⋯⋯⋯⋯⋯⋯⋯⋯ 388

六、自然災害書寫的統一思維 ⋯⋯⋯⋯⋯ 394

七、區域性氣候特徵的標舉 ⋯⋯⋯⋯⋯⋯ 397

小　結 ⋯⋯⋯⋯⋯⋯⋯⋯⋯⋯⋯⋯⋯⋯⋯ 400

下　冊

第八章　理想空間的型塑與崩毀──臺灣本土
　　　　文人的陶淵明書寫 ⋯⋯⋯⋯⋯⋯⋯ 403

第一節　清代臺灣「陶淵明接受史」的重新建構
　　　　⋯⋯⋯⋯⋯⋯⋯⋯⋯⋯⋯⋯⋯⋯⋯ 404

第二節　本土文人如何呈現陶淵明現象 ⋯⋯ 408

第三節　本土文人的陶淵明情結 ⋯⋯⋯⋯⋯ 416

一、北郭園裡的隱逸之士──鄭用錫、鄭用
　　鑑與鄭如蘭 ⋯⋯⋯⋯⋯⋯⋯⋯⋯⋯ 417

二、積極用世與逃避隱遁的糾結──林占梅
　　⋯⋯⋯⋯⋯⋯⋯⋯⋯⋯⋯⋯⋯⋯⋯⋯ 425

三、隱於花叢間的淡北文人──陳維英、
　　曹敬與黃敬對陶淵明的接受 ⋯⋯⋯ 430

四、尋找避世的桃花源──陳肇興、李逢時
　　⋯⋯⋯⋯⋯⋯⋯⋯⋯⋯⋯⋯⋯⋯⋯⋯ 435

五、故鄉即是小桃源──李望洋 ⋯⋯⋯⋯ 438

六、繼續尋找避世的桃花源──許南英 ⋯ 439

七、因慕蘇而愛陶──施士洁的詠陶詩 ⋯ 443

第四節　理想空間的型塑與崩毀 ⋯⋯⋯⋯⋯ 448

小　結 ⋯⋯⋯⋯⋯⋯⋯⋯⋯⋯⋯⋯⋯⋯⋯ 455

第九章　結　論 ⋯⋯⋯⋯⋯⋯⋯⋯⋯⋯⋯⋯⋯ 459

參考書目 ⋯⋯⋯⋯⋯⋯⋯⋯⋯⋯⋯⋯⋯⋯⋯⋯ 499

附　表

附表一：清代臺灣本土文人一覽表 ⋯⋯⋯⋯ 523

附表二：道咸同時期臺灣大事年表 ⋯⋯⋯⋯ 589

附表三：清代臺灣古典文學中的陶淵明書寫 ⋯ 617

第八章　理想空間的型塑與崩毀
──臺灣本土文人的陶淵明書寫

　　承接第三章的論述，在植物書寫部分，我們可以發現，臺灣古典文學的「詠物」作品中，普遍有一種「陶淵明情結」〔註1〕，這樣的情結在整個清代文學環境下，只能算是支流，但對道咸同時期的臺灣本土文人而言，卻是其寫作上的主流之一，其數量與比例遠遠超越遊宦文人，此外在時間上，它上承乾嘉，下啓光緒，形成一脈相承的文學傳統。在這樣的現象底下，筆者好奇的是，在臺灣本土文人的詩作中，爲什麼會大量出現與陶淵明有關的作品？臺灣文人對於陶淵明這一位人物，抱持什麼樣的心態？這樣的「陶淵明現象」，是否足以代表清代臺灣，形成屬於清代臺灣文學的「在地性」與「特殊性」現象？

　　爲解決上述問題，筆者擬從幾個面向處理這一議題，首先從「陶淵明接受史」的角度，及其背後援引的「接受美學」理論，去分析清代臺灣本土文人對這一個中國傳統文人的「接受」方式，並提出幾項判斷的依據，以釐清本土文人書寫中，哪些是屬於對陶淵明的「接受」？

　　其次分別就「共相」及「殊相」的角度，探討本土文人如何在文學作品中「再現」陶淵明？並嘗試解決「爲什麼會有陶淵明情結？」深入探討這樣的文學現象，筆者嘗試從本土文人所處的社會背景角度切入，希望能夠從深

〔註1〕筆者本章論述基點，係從第三章植物書寫衍伸而來。但事實上，臺灣本土文人亦有推崇杜甫與謝安的，關於這部分的接受史也很有探討空間，不過一方面礙於論文篇幅，一方面這部分的討論也與本論文的整體架構不相合，因此只能割愛不談。

層心理與文化層面間的糾結，看出本土文人在這一議題書寫上的「在地性」與「特殊性」。

　　最後，筆者嘗試以「樂園意識」的角度切入，詮解本土文人「陶淵明書寫」中，大量出現的「桃源」意象，筆者認爲這一桃源意象的使用，標示著本土文人對於「理想空間」的型塑與建構，但也因爲外在動亂頻繁，以致建構的同時，也面臨「崩毀」、「離析」的命運。

第一節　清代臺灣「陶淵明接受史」的重新建構

　　我們在這裡嘗試由「接受史」的角度詮釋臺灣本土文人這一共同書寫情結。接受史的援引理論，主要是「接受美學」，這一理論區分出「文本」與「作品」二個概念：

> 本文是作者審美意識借助某種媒介固定下來的符號形式系統和開放
> 式結構，在未經讀者閱讀以前，它正如未被消費的產品不能稱商品
> 一樣，不能稱爲作品。作品是本文符號系統和開放式結構的具體化
> 形態，是經讀者閱讀後，留存於讀者意識中的審美客體。〔註2〕

換言之，文本要稱之爲「作品」，必須經過「讀者」的參與，也因此，「接受美學」格外強調「讀者」的重要性，因而提出「讀者中心論」，在其理論底下，「讀者」並非消極、被動的接受「作品」，相反的，「讀者」能夠對「作品」進行再創造與再評價。也因爲如此，同一件「作品」的意義與內容，會隨著不同時代讀者的不同閱讀方式而改變。同屬於「康士坦茨學派」的姚斯（H. R. Jauss）與伊瑟爾，是「接受美學」理論的設計者。除了姚斯之外，伊瑟爾又提出「召喚結構」，指出文本使用的語言，因爲包含許多「不確定性」與「空白」，因此不同讀者閱讀同一文本，會因讀者本身的生命經驗、歷史背景及社會結構，而產生不同的解讀，這些解讀對於「文本」而言，都是一種「再創造」。

　　而因爲不同讀者所具有的「期待視野」不同，對作品的解釋因而各異，楊文雄在《李白詩歌接受史》一書的第一章緒論中，就曾經以姚斯（H. R. Jauss）「期待視野」的觀點，討論陶淵明的接受史：

> 讀者閱讀、欣賞過程的創造活動與讀者自身的性格、愛好、美學觀

〔註2〕李劍鋒，《元前陶淵明接受史》，齊魯書社，2002 年 9 月，頁 2。

　　點、生活經驗、「期待視野」等有密切聯繫。並認爲這種讀者閱讀欣

　　賞過程的創造活動即對作品信息的接受有兩種類型：橫向的「共時

　　接受」和縱向的「歷時接受」，前者強調了差異性，後者強調了積累

　　性。〔註3〕

所謂的「期待視野」，「是指文學接受活動中，讀者原先各種經驗、趣味、素

養、理想等綜合形成的對文學作品的一種欣賞要求和欣賞水平，在具體閱讀

中，表現爲一種潛在的審美期待」〔註4〕。姚斯（H. R. Jauss）認爲「在作家、

作品和讀者的三角關係中，後者並不是被動的因素，不是單純的作出反應的

環節，它本身便是一種創造歷史的力量。」〔註5〕所以「第一……在接受活動

開始之前，任何讀者已有自己特定的『期待視界』，即『對每部作品的獨特意

向』……第二，讀者對作品意義有著獨特的理解和闡釋，其接受是『闡釋性

的接受』，這就必然帶來『闡釋的主觀性問題，不同讀者的鑑賞趣味或讀者的

水平問題』……第三，閱讀又是讀者想像性再創造的過程。……第四，從更

高的歷史學層次來看，一部作品的藝術生命的長短，在某種意義上也取決於

讀者的接受。有些作品開始紅極一時，結果很快就被人遺忘了；相反有些作

品也許起初並不引人注目，但在以後某個歷史時刻突然又大走紅運；其原因

在於讀者的需要。」〔註6〕

　　其中的第四點就是「視野的變化」，即「讀者就是通過對熟悉經驗的否定

或通過，把新經驗提到意識層次。」〔註7〕，這樣的變化產生二種讀者的接受

方式，即「垂直接受」和「水平接受」，其中「垂直接受」即是楊文雄引文中

所提的「歷時接受」，而「水平接受」則爲「共時接受」。因爲「期待視野」

產生變化，因此有些作家在生前不被重視，但死後被日益重視，最明顯的例

子就是楊文雄所據以爲例的陶淵明。楊文雄以「共時研究」爲例，點出「陶

淵明詩在南北朝時期是一片混沌，在創作上看不出陶詩在當時有什麼重要影

響，甚至文學評論界對陶淵明及其創作也是相當的冷淡。」〔註8〕因此若單以

「共時研究」來看陶淵明的文學地位，會使人產生錯覺，認爲陶淵明在中國

〔註3〕楊文雄，《李白詩歌接受史》，五南圖書出版公司，2000年3月，頁13。
〔註4〕見朱立元著，《接受美學》，上海人民出版社出版，1989年8月，頁13。
〔註5〕同前註，頁15。
〔註6〕同前註，頁15～16。
〔註7〕蔡振念，《杜詩唐宋接受史》，五南圖書出版公司，2002年2月，頁22。
〔註8〕楊文雄，《李白詩歌接受史》，五南圖書出版公司，2000年3月，頁13。

文學史上是個無關緊要的創作者，但事實上，我們必須同時配合「歷時研究」所呈顯出「積累性」，才能全面還原該位作家在整個歷史上的定位，這即是姚斯所說「文學的歷史性在歷時性和共時性的交叉點上顯示出來，因而它也就能使某一特定時刻的文學視野得以理解；與同時出現的文學相聯繫的共時性系統，能在非同時性的聯繫中獲得歷時性的接受。」〔註9〕

因此，在「歷時研究」的脈絡底下看陶淵明的「被接受」，我們可以發現，最早從「接受史」角度看陶淵明的，是由錢鍾書開頭〔註10〕，依盧佑誠在〈錢鍾書的陶淵明接受史研究〉一文的整理來看，錢鍾書在〈談藝錄〉中將陶淵明的接受史分為「六朝三唐」、「宋及其後」二期，而提到「淵明文名，至宋而極」〔註11〕，他將陶淵明在六朝時期的接受影響分為三種：一是不加評價，二是評價不高，三是評價較高。而陶淵明在唐代的影響則分為四：一是「偶用陶公故事」；二是言及淵明之詩；三是效陶詩；四是不言效陶，而得神似。至於陶淵明在宋代獲得空前的評價，論者以為，多和蘇東坡大力提倡不無關係，這一點在錢鍾書的〈談藝錄〉即可見其分析。

對於陶淵明的研究專著，目前已有李劍鋒的《元前陶淵明接受史》，總括元代之前歷代關於陶淵明的接受情況。李劍鋒認為東晉南北朝是「奠基期」，隋唐五代為「發展期」，兩宋時期為「高潮期」。東晉南北朝裡「陶首先被目為聞名遐邇的隱士，然後才是獨具風格的詩人。以顏延之、沈約為代表的讀者對隱士陶淵明的興趣遠遠大於對詩人陶淵明的興趣，他們認為陶淵明身上既體現了率真任性、曠達脫俗、順任自然的道家精神，又體現了固窮守節、獨善其身、安貧樂道的儒家精神。」〔註12〕隋唐五代中，「以四傑為代表的初唐詩人喜好用『彭澤』稱呼淵明。但這時，陶主要還是一位穎脫不群、好酒拔俗的風流雅士，而不是一位下筆能文的詩人……盛唐……在隱逸和飲酒上多受陶影響……盛唐人對陶詩的學習已經不是單純的典故運用，也不是詞句的表面借鑑，而是融合陶、謝詩精神和技巧，創造了成就輝煌的山水田園詩。」〔註13〕李劍峰在〈論唐代人接受陶淵明的原因和條件〉〔註14〕一

〔註 9〕 楊文雄，《李白詩歌接受史》，五南圖書出版公司，2000 年 3 月，頁 17。

〔註 10〕 李劍鋒，《元前陶淵明接受史》，齊魯書社，2002 年 9 月，頁 6。

〔註 11〕 見錢鍾書，《談藝錄》，《錢鍾書作品集一》，書林出版有限公司，1988 年 11 月，頁 88。

〔註 12〕 李劍鋒，《元前陶淵明接受史》，齊魯書社，2002 年 9 月，頁 12～13。

〔註 13〕 同前註，頁 13～14。

文中提到了唐人接受陶淵明的原因在於「尚隱」和「以酒入詩」；而「庶族
文學的興起」及「莊園經濟的普遍」則是唐人接受陶淵明的文學和經濟基
礎。至於促使唐人接受陶淵明的必要條件，分別是：第一、陶集的流傳；第
二、蕭統《文選》在唐代備受重視，而蕭統又是促使陶淵明被大量接受的重
要人物，這一點在其〈論蕭統對陶淵明的接受〉〔註15〕一文有過論證；第三
是唐代類書的編纂，蒐羅許多陶氏典故；第四是史書中《陶淵明傳》的編
寫；第五是與陶淵明相關的地理環境。和李劍鋒持相同論點的，還有陳曉紅
〈試論陶淵明在文學史上的被忽視與被重視〉〔註16〕一文。李劍鋒認為兩宋
時期「陶的人品和詩文都被逐漸推到典範地位上，成為理想人格和理想詩
美相統一的作家之一」〔註17〕，甚至於到了朱熹「完整的陶淵明形象和完整
的陶詩風格被讀者發現並統一了起來。」〔註18〕因此李劍鋒說「陶淵明接受
史並不僅僅是其詩文的接受史，還是其人品的接受史。」〔註19〕，是極為正
確的。

　　整體而言，目前研究者所處理「陶淵明接受史」，比重最高的是宋代，其
次是唐代，明代之後最少。明代之後，目前所見只有高建新的〈陶淵明在元
明清及近代的地位及影響〉〔註20〕及盧佑誠〈錢鍾書的陶淵明接受史研究〉
〔註21〕而已。與本文相關者，更只有高建新一文的局部，如果將範圍侷現於
臺灣一區，則幾乎沒有資料。

　　如果陶集的編纂可以是判斷當代對於陶淵明是否接受的「指標」，則高建
新在〈陶淵明在元明清及近代的地位及影響〉中所作出的統計，適足以證明
有清一代對於陶淵明的認同與重視，他說「清代的陶淵明研究再度掀起高

〔註14〕李劍鋒，〈論唐代人接受陶淵明的原因和條件〉，《文史哲》，1999 年 3 期，頁
　　　　83～87。
〔註15〕李劍鋒，〈論蕭統對陶淵明的接受〉，《山東大學學報（哲學社會科學版）》1997
　　　　年第四期，頁 68～72、106。
〔註16〕陳曉紅，〈試論陶淵明在文學史上的被忽視與被重視〉，《懷化學院學報》23
　　　　卷 3 期，2004 年 6 月。
〔註17〕李劍鋒，《元前陶淵明接受史》，齊魯書社，2002 年 9 月，頁 15。
〔註18〕同前註，頁 16。
〔註19〕同前註，頁 10。
〔註20〕高建新，〈陶淵明在元明清及近代的地位及影響〉，《零陵學院學報》24 卷 3
　　　　期，2003 年 5 月，頁 42～45。
〔註21〕盧佑誠，〈錢鍾書的陶淵明接受史研究〉，《皖西學院學報》19 卷 1 期，2003
　　　　年 2 月，頁 101～104。

潮，僅是《陶淵明集》印行就有三、四十種……清人對陶淵明作了深入、全面的研究，包括詩人生平、思想、陶詩藝術特徵及其價值、陶集版本及校勘、訓詁、箋釋等各個方面。……清人直接繼承了明人對陶詩藝術價值的評價，一致標舉、備加贊賞陶詩的眞樸、自然、言簡意豐……清人特別指出陶詩眞樸、自然的不可模仿性。」〔註22〕簡而言之，清代文人對於陶淵明的認知，大致和宋人相同，對於陶淵明的人品及詩品同樣重視推崇，對於陶詩的眞摯、質樸、沖淡、自然的特點多所評論，也多所贊揚，然而若我們單單檢視清代臺灣文學的作品，將會發現，盛行於清代的「陶淵明研究」，卻在臺灣的遊宦文人作品中被忽略了，相形之下，反而在本土文人集團中形成自己的書寫傳統。這一書寫傳統表面上是遙相呼應彼岸那一方的潮流，但事實上，不同於彼岸的呈現方式，清代本土文人用屬於自己的角度與方式詮釋再現陶淵明，而成爲具有「在地」與「本土」色彩的文學現象。首先，本土文人對陶淵明的崇敬，是直接融合於詩文之中，變成文學作品的一部分。對他們來說，陶淵明生平的考訂正確與否反倒是次要，他生命所透顯出來的眞摯、作品自然樸實，志節高尚，才是文人普遍認可的地方。第二，本土文人對於陶淵明的接受，偏重在「隱士陶淵明」，對於「詩人陶淵明」的關注並不高，這一點和東晉南北朝至唐代的接受現象相似，和宋、清的情形相異，因此同樣可以視爲一種臺灣特色，關於這幾個部分，我們將於下文中論述。

第二節　本土文人如何呈現陶淵明現象

　　清代本土文人的陶淵明書寫，呈現幾個重要面向：

　　一、本土文人對於陶淵明的接受，和東晉南北朝文人相似，前面提到「陶先被目爲聞名遐邇的隱士，然後才是獨具風格的詩人。以顏延之、沈約爲代表的讀者對隱士陶淵明的興趣遠遠大於對詩人陶淵明的興趣。」清代本土文人對於陶淵明的認同，主要是建立在「隱士陶淵明」上頭，對於「詩人陶淵明」的認同比較少。

　　這或許跟本土文人的師承有關，依施懿琳在《清代臺灣詩所反映的漢人

〔註22〕高建新，〈陶淵明在元明清及近代的地位及影響〉，《零陵學院學報》24 卷 3 期，2003 年 5 月，頁 44。

社會》附表一「清代臺灣詩人及詩風表」〔註23〕的整理，本土文人的詩風宗魏晉六朝的有章甫、黃敬、曹敬、鄭如蘭等：宗宋者爲鄭用錫、陳維英、施士洁、謝頌臣、許南英；宗唐者爲黃佺、陳肇興、王漢秋、蔡國琳；兼主唐宋者爲陳思敬、林占梅、丘逢甲、許夢青、施梅樵。其中屬於道咸同時期的文人，除陳維英、林占梅外，幾乎宗魏晉六朝，李劍峰提到「隱逸與飲酒同屬魏晉風度的兩大主題，唐人對陶淵明這兩方面志趣的接受，是與對魏晉風度的接受緊密相連的。質言之，陶淵明獨具個性的隱逸與飲酒在唐人看來，正是魏晉風度的重要組成因素之一。」〔註24〕換言之，不管是魏晉文人或唐人，對於陶淵明的接受上，「隱逸」及「飲酒」是二個很重要的條件。而本土文人對陶淵明的接受，也多以這二大部分爲主。

　　二、本土文人詩作中大量出現的「桃源」意象，可以說是從魏晉以來，歷代之「集大成」者。自從陶淵明的〈桃花源記〉開創出一個理想世界的具體藍圖之後，後代文人對於「桃源」的內涵，隨著時代環境的不同，賦予它不同的意義，而持續深化著。魏晉文人將桃源當成是「超出凡俗、非人間所有的美好所在」〔註25〕，盛唐人對桃源的塑造，是「一種綺麗華美……清麗可居……儼然是盛唐莊園景色的詩性再現」〔註26〕。中唐人的桃源是「有些深遠和淒涼，與世隔絕而又狹窄，經常以『洞』稱桃源」〔註27〕，到了晚唐，因爲社會動亂之故，他們心目中的桃源，「便打上了時代動亂的印記，成爲人們所憧憬的安定生活場地的代稱和避世心態的折射。」〔註28〕。

　　我們大致可以看出，清代臺灣本土詩人對於「桃源」內涵的定義，幾乎不超過前人，他們全面繼承了這一脈的文學傳統，但也因爲個人生命經驗不同，對於「桃源」定義的取捨因而有異，形成了「同中之異」的文學「特色」。

　　因此，本文所據以判定清代本土文人對於陶淵明的接受，將以錢鍾書所言四點爲基礎進行討論：

〔註23〕施懿琳，《清代臺灣詩所反映的漢人社會》，臺灣師範大學國文研究所博士論文，頁44～50。
〔註24〕李劍鋒，《元前陶淵明接受史》，齊魯書社，2002年9月，頁108。
〔註25〕同前註。
〔註26〕同前註，頁212。
〔註27〕同前註。
〔註28〕同前註。

一是在詩文作品中「偶用陶公故事」：這一部分佔本土文人書寫之冠，最常見的是提到幾個淵明相關的典故，如〈飲酒〉詩的「採菊東籬下」，牽連出「東籬」、「菊」、「酒」的關連；〈五柳先生傳〉中「宅邊有五柳樹，因以爲號焉」、「性嗜酒，家貧不能常得」等牽連了柳、酒的關係；〈桃花源記〉提出桃花、避世、桃源的意象；淵明辭官歸隱所作的〈歸去來辭〉裡「三徑就荒」之典；跟他有關的地名如彭澤、柴桑、栗里，他的字號陶潛、元亮、靖節等等……在在都影響本土文人的典故運用，從文學發展脈絡來看，這是對於前代文學的「繼承」，但就詩人個人詩境的開拓來看，卻是一項極大的「侷限」。

二是化用或言及淵明之詩：係指在本土文人在詩文作品中，化用或提到陶淵明的詩作。

三是擬陶或效陶詩：即在作品中明確有模仿陶淵明詩作的作品，這一部分以鄭用錫、陳維英爲代表。

四是不言效陶，而得神似：指的是雖不明言仿陶、效陶，但詩作風格與陶淵明神似，這部分以鄭如蘭爲代表。

簡單來說，當本土文人在詩作中出現上述四種情形其中一種，都可以視爲是對陶淵明的「接受」，其中以第一種情形詩作數量最多，第二、三種次之，第四種又次之。

本土文人對於陶淵明的接受，恰恰符合姚斯提到的第一點「接受者從過去曾閱讀的、自己所熟悉的作品中獲得的藝術經驗，即對各種文學形式、風格、技巧的認識」，提到陶淵明，多半會提及他與「菊」、「酒」、「歸隱」有關的事跡，除此之外，因爲文人對他〈桃花源記〉、〈五柳先生傳〉的熟悉，因此標舉志節，會提到「五柳」，避亂會提到「桃源」、「武陵」，以及他在官場上「不爲五斗米折腰」、「仕」與「隱」的糾結等等。其中文人「共同」描寫最多的，以下列四種情形爲主，當然這樣的分類不適用於所有文人，因此筆者將個別探討這些文人的「陶淵明情結」，分別就「共相」及「殊相」進行論述。

從「共相」角度來看，本土文人對於陶淵明書寫的情況，大致可以看出幾種關聯：

第一是陶淵明與菊的關係：

簡言之，在詠菊的詩作裡，會關連「菊」與「陶淵明」二者的關係，這

其中主要是以「東籬」作爲中介。章甫〈菊〉〔註29〕云「東籬曾憶醉重陽」、陳維英〈往省別菊花〉〔註30〕的「幾朵東籬手自栽」、李逢時〈客有以盆菊索題者賦此與之〉〔註31〕「欲攜樽酒就東籬」、李逢時〈黃君杏衫索詩以易其菊走筆與之〉〔註32〕「爲君十日想東籬」、鄭用鑑〈菊花〉〔註33〕「判作東籬蟋蟀聲」、鄭用錫〈借菊〉〔註34〕「見說東籬九月斜」、林占梅〈東籬百菊盛開詩以賞之〉〔註35〕「東籬盡日供吟嘯」、林占梅〈北園觀種菊〉〔註36〕「種菊東籬下」、陳肇興〈紅菊〉〔註37〕「秀色東籬絕可餐」、許南英〈憶菊〉〔註38〕「著意在籬東」、曹敬的〈謝友惠菊〉〔註39〕「采采東籬逸興悠」都源自陶淵明〈飲酒〉詩：「采菊東籬下，悠然見南山」。

　　其他如鄭用錫〈借菊〉〔註40〕「新築柴桑欲倣陶」、林占梅〈雅集新莊別業賞菊〉〔註41〕「對花我愧陶元亮」、陳肇興〈紅菊〉「老去陶公頻中酒」、許南英〈菊花〉〔註42〕「慚愧陶彭澤」；曹敬〈菊影五言絕四首〉〔註43〕「若令陶公

〔註29〕收於施懿琳等編，《全臺詩》第參冊，遠流出版公司，2004 年，頁 345。

〔註30〕收於施懿琳等編，《全臺詩》第伍冊，遠流出版公司，2004 年，頁 176。

〔註31〕收於施懿琳等編，《全臺詩》第玖冊，臺南：國立臺灣文學館，2008 年，頁 99。

〔註32〕同前註，頁 87。

〔註33〕收於施懿琳等編，《全臺詩》第陸冊，臺南：國立臺灣文學館，2008 年，頁 254。

〔註34〕同前註，頁 118。

〔註35〕收於施懿琳等編，《全臺詩》第捌冊，臺南：國立臺灣文學館，2008 年，頁 117。

〔註36〕收於施懿琳等編，《全臺詩》第柒冊，臺南：國立臺灣文學館，2008 年，頁 35。

〔註37〕收於施懿琳等編，《全臺詩》第玖冊，臺南：國立臺灣文學館，2008 年，頁 254。

〔註38〕收於施懿琳等編，《全臺詩》第拾壹冊，臺南：國立臺灣文學館，2008 年，頁 181。

〔註39〕收於施懿琳等編，《全臺詩》第陸冊，臺南：國立臺灣文學館，2008 年，頁 363。

〔註40〕收於施懿琳等編，《全臺詩》第玖冊，臺南：國立臺灣文學館，2008 年，頁 118。

〔註41〕收於施懿琳等編，《全臺詩》第捌冊，臺南：國立臺灣文學館，2008 年，頁 57。

〔註42〕收於施懿琳等編，《全臺詩》第拾壹冊，臺南：國立臺灣文學館，2008 年，頁 208。

〔註43〕收於施懿琳等編，《全臺詩》第陸冊，臺南：國立臺灣文學館，2008 年，頁

見」、「欲寫陶公像」、「憑將三徑月」；黃敬〈紫狀元〉〔註44〕提到「汁彈靖節先生柳」諸句，則在詠菊中兼言陶淵明，將菊與陶淵明劃上關聯。「陶淵明去世之後，陶菊成爲一種高潔美好人格的象徵，向審美文化滲透。」〔註45〕

第二是與歸隱心態相連結：

黃敬〈步詠菊花原韻〉〔註46〕四首都提到「一自陶潛歸去後」、「昔年元亮性貞剛」、「元亮不知何處去」、「陶潛留下菊花栽」、「爲因陶令詠歸來」；章甫〈菊〉云「三徑荒餘剩冷香」是陶潛「三徑就荒」的典故、鄭用錫〈對菊感懷〉〔註47〕「問渠何處尋知己，**五柳門前隱士鄉**」、鄭用錫〈賞菊〉〔註48〕「**柴桑處士家，幽隱乃其族**」、林占梅〈詠菊〉〔註49〕「當年栗里舊精魂，淡**泊偏宜處士門。三徑曉霜清有色**」；陳肇興〈白菊〉〔註50〕「**風來三徑有香流**」、「老去陶公白髮新」、「彭澤歸來人已老，白衣送到酒都香」、曹敬〈謝友惠菊〉〔註51〕的「昔日陶公歸來樂，獨愛菊花開自酌。菊花迄今猶遍開，陶公一往不復作。采采東籬逸興悠，空轉韻事擅風流」及「愧我自非淵明儔」；陳維英〈紫狀元〉是「**淵明幾日歸家後**」。則從單純的詠物，進一步扣住其「歸隱」的生平，藉以表達自己恬淡自適、嚮慕樸實的生活。

從行文用詞來看，有的直點其名，如「陶元亮」、「陶公」；有的點其住地，如「柴桑」、「彭澤」、「栗里」〔註52〕，李劍鋒提到「與陶淵明相關的地理環境也是陶淵明傳播的一個客觀條件。陶淵明爲他所生活的地理環境打上了深深的印記，唐人對此看得很清楚。」〔註53〕其實不只唐人，同樣的情形也見

361。
〔註44〕收於施懿琳等編，《全臺詩》第肆冊，遠流出版公司，2004 年，頁 124。
〔註45〕李劍鋒，《元前陶淵明接受史》，齊魯書社，2002 年 9 月，頁 211。
〔註46〕收於施懿琳等編，《全臺詩》第肆冊，遠流出版公司，2004 年，頁 127。
〔註47〕收於施懿琳等編，《全臺詩》第陸冊，臺南：國立臺灣文學館，2008 年，頁 68，註 195。
〔註48〕同前註，頁 10。
〔註49〕收於施懿琳等編，《全臺詩》第柒冊，臺南：國立臺灣文學館，2008 年，頁 61。
〔註50〕收於施懿琳等編，《全臺詩》第玖冊，臺南：國立臺灣文學館，2008 年，頁 255。
〔註51〕收於施懿琳等編，《全臺詩》第陸冊，臺南：國立臺灣文學館，2008 年，頁 363。
〔註52〕關於「栗里」一典，使用最多的是許南英。見下文。
〔註53〕李劍鋒，〈論唐代人接受陶淵明的原因和條件〉，《文史哲》，1999 年 3 期，頁 87。

於本土文人中。

第三是陶淵明與柳的關係：

施瓊芳〈柳枝詞〉〔註54〕「爲憶當年陶令宅，曾隨三徑菊松栽」；林占梅〈詠春柳〉〔註55〕「繞門栗里號先生」、〈春柳〉〔註56〕的「瀟灑陶潛有舊廬」、〈齋前柳樹碍籮而長其彎俯處如駝戲嘲一絕〉〔註57〕中「卻背陶潛自折腰」；鄭用錫〈詠柳〉「若便柴門招隱去，也應五柳號先生」〔註58〕諸首，顯然都受到〈五柳先生傳〉的誘發，而將淵明與「柳」互相勾連。李劍鋒說「柳意象儘管有多重的審美意蘊，但作爲隱逸、高雅脫俗人格的象徵，則是陶淵明首先通過〈五柳先生傳〉賦予的。而且這一象徵意蘊一旦產生，便深深地在文學品中縈下了根。從南朝開始，柳、五柳一直成爲詩文中層出不窮的審美意象。」〔註59〕又提到「寫柳而自然聯想到陶淵明，在晚唐已經是詩人寫作的思維定勢。這表明陶柳意象及其相對穩定的比德意蘊在晚唐五代進一步定型化，如血液一樣融入到審美文化中去了。」〔註60〕

從上文敘述來看，可以明顯看出，本土文人的「詠菊」、「詠柳」書寫與其「陶淵明情結」不無相關，寫菊必寫陶、寫柳兼及陶，已經成爲這幾位作家的共同書寫特色。

除了寫菊會寫淵明之外，文人寫其他植物時，也會提到陶淵明，如黃敬的〈醉虞妃〉〔註61〕寫道「醉態疑嘗元亮酒」、〈粉紅蓮〉〔註62〕寫「何讓陶公對酒眠」；陳維英的〈虞美人〉〔註63〕有「遁跡東籬幼態新」、〈粉紅蓮〉〔註64〕有「倘教靖節濂溪見」、〈白荷蓮〉〔註65〕寫「興會陶公載酒船」、李逢

〔註54〕收於施懿琳等編，《全臺詩》第伍冊，遠流出版公司，2004 年，頁 425。
〔註55〕收於施懿琳等編，《全臺詩》第捌冊，臺南：國立臺灣文學館，2008 年，頁 3～4。
〔註56〕收於施懿琳等編，《全臺詩》第柒冊，臺南：國立臺灣文學館，2008 年，頁 34。
〔註57〕同前註，頁 35。
〔註58〕收於施懿琳等編，《全臺詩》第陸冊，臺南：國立臺灣文學館，2008 年，頁 107。
〔註59〕李劍鋒，《元前陶淵明接受史》，齊魯書社，2002 年 9 月，頁 209。
〔註60〕同前註，頁 211。
〔註61〕收於施懿琳等編，《全臺詩》第肆冊，遠流出版公司，2004 年，頁 125。
〔註62〕同前註，頁 123。
〔註63〕收於施懿琳等編，《全臺詩》第伍冊，遠流出版公司，2004 年，頁 203。
〔註64〕同前註，頁 204。

時〈粉牡丹〉〔註66〕「又向東籬學淡妝」、「洛陽彭澤兩花王」……在在都能看出二者間的緊密聯繫。

第四是陶淵明與酒的關係：

王瑤曾說「陶淵明最和前人不同的，是把酒和詩連了起來。即使阮籍『旨趣遙深，興寄多端』的吟懷詩底作者，也還是酒是酒，詩自詩的；詩中并設有關於飲酒的心境的描寫。但以酒大量底寫入詩，使詩中幾乎篇篇有酒的，確以淵明為第一人。」〔註67〕

章甫〈菊〉「東籬曾憶醉重陽」；李逢時〈客有以盆菊索題者賦此與之〉「欲攜樽酒就東籬」；陳肇興〈紅菊〉「老去陶公頻中酒」；陳肇興〈白菊〉「彭澤歸來人已老，白衣送到酒都香」；黃敬的〈醉虞妃〉寫道「醉態疑嘗元亮酒」、〈粉紅蓮〉「何讓陶公對酒眠」、〈報君知〉〔註68〕「道是淵明釀酒時」、〈紫狀元〉〔註69〕「淵明幾日歸家後，獻盞聊酬白帝恩」、〈武陵桃〉〔註70〕「惟看元亮酌香醪」、〈步詠菊花原韻〉〔註71〕「待我釀成黃菊酒」；陳維英〈醉西施〉〔註72〕「香臉欲酣彭澤酒」、〈白荷蓮〉寫「興會陶公載酒船」；李望洋〈和啓友李瀛濤於九重之日仝諸友赴吏目劉蕚樓署中飲酒賞菊作詩三首索和於余余因題此以應之韻〉〔註73〕「為映陶公醉臉紅」；鄭如蘭〈疊和維丞訪菊韻〉〔註74〕「還來把盞就東籬」、〈祝維丞七十壽〉〔註75〕「回首東籬醉菊觴」；曹敬〈謝友惠菊〉「獨愛菊花閒自酌」。

由以上詩句的舉例，大致可以看出臺灣文人寫陶淵明與酒的關係，多半是就二方面來寫：一是寫植物的「紅」色色澤時，會用「醉酒」或「醉臉」

〔註65〕收於施懿琳等編，《全臺詩》第伍冊，遠流出版公司，2004 年，頁 204。

〔註66〕收於施懿琳等編，《全臺詩》第玖冊，臺南：國立臺灣文學館，2008 年，頁 89。

〔註67〕參考王瑤，《中古文學史論》，北京：北京大學出版社，1979 年，頁 184。

〔註68〕收於施懿琳等編，《全臺詩》第肆冊，遠流出版公司，2004 年，頁 124。

〔註69〕同前註，頁 124。

〔註70〕同前註，頁 125。

〔註71〕同前註，頁 127。

〔註72〕收於施懿琳等編，《全臺詩》第伍冊，遠流出版公司，2004 年，頁 202。

〔註73〕收於施懿琳等編，《全臺詩》第玖冊，臺南：國立臺灣文學館，2008 年，頁 135～136。

〔註74〕同前註，頁 405。

〔註75〕同前註，頁 409。

來表示，二是寫淵明的愛酒，將酒與陶淵明作了緊密連繫，事實上，「陶的早期接受者江淹、鮑照、鍾嶸等都提到了陶與酒的關係。」〔註76〕沈約除了引用陶淵明寫酒的文句外，在他的敘述文句中接連六次提到陶淵明與酒的關係，而蕭統則七次提及〔註77〕，前面也提到，唐代對於陶淵明的接受條件之一，也在「以酒入詩」。誠如王瑤所分析一般，本土文人從這一點去認識陶淵明，大抵是不錯的。

　　從這一部分的整理來看，也符合東晉南北朝的陶淵明接受情況，李劍鋒提到：

> 讀者使用最多的陶典是「桃源」、「五柳」、「籬菊」和「飲酒」，它們成為一種高雅脫俗、自由曠達的隱居生活或環境的象徵。這種現象表明讀者對陶淵明審美情趣的嚮往，也表明陶淵明的志趣愛好、理想憧憬、生活方式已開始被象徵化、模式化，與讀者的審美理想有巨大的親和力，開始獲得越來越普遍的文化新義。〔註78〕

只是東晉時期的文人，其接受陶淵明的方式，中間經歷了漫長的流衍與保存，在清代本土文人的筆下再一次被「複製」與「再現」。

　　當我們要處理這樣的議題時，就必須先統計，清代本土文人詩作中，與陶淵明有關的作品有多少？偏重在那些面向？從詩作內容分析，我們可以看出，清代臺灣的「陶淵明現象」，首先反映在幾種植物的書寫上──桃、菊、柳。

　　李劍鋒提到，「『陶公之酌』、『五柳之先生』、『陶潛之柳』、『桃源』等，都是作為一種高雅脫俗、自由自在的隱居生活或環境的象徵而被引用的。這種現象表現了蕭統本人對陶審美情趣的心嚮神往，從而表明陶的志趣愛好、理想憧憬、生活方式已開始被象徵化、模式化，開始獲得越來越普遍的文化新義。」〔註79〕從之後的唐、宋文人對這些象徵意涵的繼承來看，我們不難發現，上述的「新義」獲得了極佳的保存，因為被後人「定型化」、「統一化」的緣故，後學者很難擺脫這樣的窠臼，這種情形在清代本土文人身上最為明顯。

〔註76〕李劍鋒，《元前陶淵明接受史》，齊魯書社，2002年9月，頁86。
〔註77〕同前註，頁86。
〔註78〕同前註，頁32。
〔註79〕同前註，頁87。

第三節　本土文人的陶淵明情結

　　從上述論點來看，寫菊時寫到陶淵明，這樣的聯結頗爲普遍，但是寫其他花種時又提到陶淵明，這一點則頗不尋常。除此之外，我們全面檢視清代本土詩人及遊宦詩人的作品，將會發現當本土文人大量書寫陶淵明時，遊宦文人的在臺之作，對於陶淵明的書寫卻是少之又少（詳附表三），因此如果我們用「接受史」的角度來看待臺灣本土文人眼中的陶淵明，則不難發現，本土文人對於陶淵明的偏愛，是有其時代背景的，本節嘗試從「殊相」的角度，看本土文人的陶淵明書寫，各自呈顯什麼意涵？

　　此外，文學的銓釋無法與當時社會環境截然脫離，成爲獨立的存在，因此，當我們呈現出本土文人本身的陶淵明書寫現象時，除了從詩人自身的性格入手，進行內在詮解外，詩人所處的社會與政治背景，也是促成其陶淵明書寫的外在因素。因此我們擬從內在與外在二方面，對於臺灣本土人這一書寫現象，提出最相合的解釋。這即是姚斯提到的「接受者所處的歷史社會環境以及由此而決定的價值觀、審美觀和思想、道德、行爲規範」以及「接受者自身的政治經濟地位，受教育水平、生活經歷、藝術欣賞水平和素質。」

　　總的來說，臺灣本土文人對於陶淵明的偏愛，集中在鄭用錫、鄭用鑑、鄭如蘭、林占梅、陳維英、黃敬、曹敬、施瓊芳、陳肇興、李逢時、李望洋、施士洁等人身上。

　　他們之中有一些人有共通點，鄭氏兄弟居住地爲「北郭園」、林占梅有「潛園」、陳維英有「太古巢」、黃敬有「觀潮齋」，在他們的居住地外，多半植有「菊花」或「柳」，因此詠菊、柳之作也相形之作較多，而這又與他們本身嚮往「隱逸」性格不無相關。李劍峰在〈論唐代接受陶淵明的原因和條件〉就曾經提過「唐代莊園經濟的普遍化成了唐人接受陶詩的經濟基礎。莊園在唐詩中又被稱爲莊、莊墅、莊宅、莊田、別業、別墅等。……莊園裡面往往按照主人的審美觀點怖置樓臺閣榭、花木泉石，如王維的輞川便是極富文化品位、審美意義的莊園。……這裡所記輞川地理形勢及風物、生活簡直是陶淵明筆下的桃源。」〔註80〕而莊園的產生，又與經濟條件的高度發展密切相

〔註80〕李劍鋒，〈論唐代人接受陶淵明的原因和條件〉，《文史哲》，1999年3期，頁86。

關，這二條個條件是使得唐代與清代臺灣得以並稱的理由。因為文人可以自行對莊園等生活空間進行佈置，因此「境比桃源」的情形並非難事，這種將生活空間比如桃源的描寫方式，在林占梅的詩作中最為明顯。

一、北郭園裡的隱逸之士——鄭用錫、鄭用鑑與鄭如蘭

鄭用錫的五首詠菊作品中，有三首使用陶典，分別是〈賞菊〉、〈對菊〉、〈借菊〉〔註81〕。鄭用錫對陶淵明的接受，主要在於他的「歸隱」事跡上，對於「菊」的描寫，主要放在「志節」上，在他的書寫邏輯中，「陶淵明」與「菊」這二者是有連帶關係的。鄭用錫由寫菊→寫陶→寫歸隱→寫志節環環相扣，成為一個有機體。〈賞菊〉中寫「冷艷吐奇葩，淡容傲秋肅」，〈對菊感懷〉云「我愛疏籬傲骨香。晚節幾誰韓相國，孤標此即魯靈公」，〈詠三月菊花〉〔註82〕「歷盡風霜節本堅」，〈虎爪黃〉的「抓破疏籬穿素魄，伸將勁節傲寒霜。雄威不假幽情淡，拇陣能催醉月長」都言及菊花的「志節」與「晚節」，寫菊也寫人（淵明），他在作品中重複提到「秋花不比春花弱」（〈詠三月菊花〉）、「春花不比秋花貴」（〈借菊〉）都在凸顯菊的可貴。所以才會希望人向菊看齊，事實上，向菊看齊也就是向陶淵明看齊，〈賞菊〉說「寄語諸使君，勿負此孤馥」，〈詠三月菊花〉的「近來年少輕先輩，莫向東君獨自誇」都是如此，龔師顯宗在其〈不為功名亦讀書——論鄭用錫詩的題材多樣與風格統一〉也說「他仰慕的是五柳先生，歆羨的是隱士生活……職是之故，菊花成了他常詠讚的對象。」〔註83〕除了寫菊之外，鄭用錫寫其他植物時，也會用到陶典，其中以「五柳」典故使用較多。〈小齋柳樹數株未及三四年遂爾日新月盛暢茂已極喜而生感末章藉以自諷〉寫「也應五柳號先生」，是因寫柳，以與陶淵明的「五柳先生」勾連。而〈和汪韻舟少尉（昱）元日詠梅菊作〉的「又不見五柳先生宅」；〈五雅吟〉「五柳頭銜峴首碑」則是提到隱居的閒適，至於〈玉兔耳〉提到「陶家故是主人翁」，只是因為「玉兔耳」和菊均生長於秋天，就將它與陶淵明畫上關聯，在典故使用上總是有些牽強。

因為寫菊，故連帶提到陶淵明，也因為提到陶淵明，進一步提到他的「歸

〔註81〕此三首分別收於施懿琳等編，《全臺詩》第陸冊，臺南：國立臺灣文學館，2008年，頁10、68、118。

〔註82〕收於施懿琳等編，《全臺詩》第陸冊，臺南：國立臺灣文學館，2008年，頁10。

〔註83〕收於龔顯宗，《臺灣文學研究》，五南圖書出版公司，1999年9月，頁87。

隱」行為。〈賞菊〉寫「柴桑處士家，幽隱乃其族」，〈對菊感懷〉寫「問渠何處尋知己，五柳門前隱士鄉」、〈虎爪黃〉「好向南山同把臂，悠然何必問柴桑」都針對陶淵明的「歸隱」而發，而這也正呼應他自己在〈借菊〉提到的「新築柴桑欲傚陶，愧無素艷負清高」，多少有將其庭園比為陶淵明住家的意味，而暗示自己正處於「歸隱」狀態。這種心態還見於其他詩作，〈偶詠五古一則即書於草堂粉壁上可也又七律一則〉云「掃葉時開元亮徑」、〈再次許蔭明經吟贈北郭園仍疊前韻之作〉說「自今已遂柴桑願」、〈次許蔭庭明經及劉星槎茂才吟贈北郭園原韻七律二則〉「桑畝鋤來開蔣徑，蕭齋築就傚陶廬」、〈述翁公祖大人於郡城內置有公寓一所園亭花木甚得佳勝間分八景邀客賦詩余不及隨景分題惟彙作長古一則以見剛方磊落中偏自具雅人深致也錄此寄呈〉提到「掃徑時亦愛陶廬」，鄭用錫之所以崇尚陶淵明的「歸隱」，當和他自身情況有關，〈偶咏五古一則即書於草堂粉壁上可也又七律一則〉說「我是退堂僧寂寞，只應兀坐到斜暉」；〈再次許蔭明經吟贈北郭園仍疊前韻之作〉的「老夫歸計問樵漁，新築樂窩徙舊居。僻地無塵留靜境，凌霄有竹繞精廬」、「遠辭朝闕歸天末，長戀江湖問水濱」以及〈次許蔭庭明經及劉星槎茂才吟贈北郭園原韻七律二則〉「鄉關塵跡涸耕漁，買得郭田為卜居」都提到他的「辭官」及「歸隱」。剛好回應黃美娥所說「使吾人更明白用錫歸隱返鄉後的『身同退院禪』的悠閒心情」。

　　然而，鄭用錫稿本有一〈自悔〉〔註 84〕詩，卻與上述多數詩作的基調相反，指出因為太早辭官，以致產生「並無經濟及蒼生」的遺憾，並自嘲自己的「歸田」是「妄擬清高效古賢」、「只慚畫餅博虛名」，如果不是「況今復得園林樂」，讓他覺得「天公待我為不薄」的話，他恐怕也只能因「始悔去官早」而發出「雖悔難追身已老」的慨嘆了！

> 宦途未久忽歸田，妄擬清高效古賢。況今復得園林樂，天公待我為不薄。只慚畫餅博虛名，並無經濟及蒼生。到此始悔去官早，雖悔難追身已老。

顯然，鄭用錫對於陶淵明的接受，來自於為官與歸隱間的糾葛，這一點和林占梅類似，龔師顯宗說他「雖追求隱逸的生活，但避世而不棄世」〔註 85〕是

〔註 84〕收於施懿琳等編，《全臺詩》第陸冊，臺南：國立臺灣文學館，2008 年，頁215。
〔註 85〕收於龔顯宗，《臺灣文學研究》，五南圖書出版公司，1999 年 9 月，頁 88。

很中肯的評價。此外，鄭用錫作品中值得注意的，是他有「擬陶詩」，其〈擬陶淵明責子詩〉〔註86〕說：

> 雖有諸兒曹，總不如紙筆。間有年長大，懶惰故無匹。時讀三五聲，
> 旋入亦旋出。居然作秀才，慕名未核實。餘年十二三，不識六與七。
> 何況八九齡，但覓棗與栗。

將其與陶淵明原詩相較：

> 白髮被兩鬢，肌膚不復實。雖有五男兒，總不好紙筆。阿舒已二八，
> 懶惰故無匹。阿宣行志學，而不愛文藝。雍端年十三，不識六與七，
> 通子垂九齡，但覓梨與栗。天運苟如此，且進杯中物。

鄭用錫除了前二句與末二句外，其餘幾乎與陶淵明所寫雷同，也可以視為是他對陶淵明接受的一項鐵證。而龔師顯宗也指出「其〈讀劍俠題傳後〉四首，頗有陶潛〈詠荊軻〉的意味。」〔註87〕因此不妨也將〈讀劍俠題傳後〉視為另一首擬陶之作。

　　鄭用鑑天性不喜仕進，可以從他作品的題材與風格窺知一二，〈偶書〉〔註88〕提到「生計不須憂水旱，仕途休更問梯媒」，即點出因為家境尚可，所以對於仕途興趣不大，〈初秋雜詠〉〔註89〕說「但覺吟懷清似水，不知生計拙如鳩」也是如此，至於〈和友人秋日遊山韻〉〔註90〕說「我本山中人，失足罹塵鞅。肯為兒女困，長與邱壑違」，更進一步點出自己天性喜歡隱居，卻因家人子女之故，不得不墮入「塵鞅」的無奈。因此，鄭用鑑詩作中，一再出現「謝客」一詞。〈早春即事〉〔註91〕說「空堂謝客久」；〈七夕〉〔註92〕說「家似茂陵常謝客」；〈杜門〉〔註93〕「杜門方謝客」都有「謝絕賓客」，自甘於隱居生活的意味，而〈春草〉〔註94〕說「謝客詩成清夢裡，江郎魂斷綠波中」，裡面的「謝客」雖指謝靈運，也同樣可以看成「謝絕賓客」的意涵，形

〔註86〕收於施懿琳等編，《全臺詩》第陸冊，臺南：國立臺灣文學館，2008 年，頁238。
〔註87〕收於龔顯宗，《臺灣文學研究》，五南圖書出版公司，1999 年 9 月，頁 103。
〔註88〕收於施懿琳等編，《全臺詩》第陸冊，臺南：國立臺灣文學館，2008 年，頁238。
〔註89〕同前註，頁 244。
〔註90〕同前註，頁 239。
〔註91〕同前註，頁 252。
〔註92〕同前註，頁 278。
〔註93〕同前註，頁 265。
〔註94〕同前註，頁 260。

成他詩作中的用詞特色。

　　鄭用鑑的詠菊之作有四首，和鄭用錫相同，在其詠物之作中，同樣也是單一種類數量最多的一種，事實上，對於詩歌的學習，黃美娥曾經提出「似乎用鑑對於唐、宋詩用功最勤」〔註95〕，尤其是李白、杜甫、白居易、劉禹錫、蘇軾、黃庭堅、陸游等人。然而鄭用鑑在「偶用陶公故事」及「言及淵明之詩」上，和唐人卻有同工之妙。〈重陽賞菊〉〔註96〕的「一枕對南山」化用陶淵明〈飲酒〉詩的「悠然見南山」；〈菊花〉〔註97〕的「判作東籬蟋蟀聲」化自〈飲酒〉詩的「采菊東籬下」，都「言及淵明之詩」；而他的〈陶淵明歸家〉〔註98〕最具「偶用陶公故事」的代表性，詩中「葛巾藜杖鹿裘寬，脫卻紅塵事不干。彭澤歸來三徑在，蒼松黃菊耐秋看」幾乎都和陶淵明生平有關。〈茅屋〉〔註99〕說：「三間茅屋靜臨溪，留與幽居醉杖藜。兩岸青山春水闊，一帆野渡夕陽低。鷗鳧意遠同人嬾，桃李陰濃結子齊。添種五株門外柳，秋風歸夢板橋西。」則用了「五柳先生」的典故。鄭用鑑詠菊作品中，菊和陶淵明的關係不若鄭用錫緊密，但他對菊的評價，卻很符合他的人生態度，〈菊花二首〉〔註100〕提到「自知詩品無花淡」、「來此閒評冷淡花」，就是如此。黃美娥曾提出鄭用鑑的詩文有一種「情感沖淡」的特質，她說「閱讀用鑑的詩歌，頗能予人一種不惹塵埃之感，尤其是先生置身自然之作，別有一份平靜之美。……其對生活的了悟與悅樂，藉由詩歌傳遞出來，因此詩中的情感沖穆平淡，足以滌人間煙火俗塵。」〔註101〕觀鄭用鑑詠菊之作，及其對陶淵明的接受來看，確然如此。和前述〈陶淵明歸家〉一詩有異曲同工之妙的，是〈嚴子陵垂釣〉〔註102〕：

　　　　萬點雲山鳥外青，桐江煙浪晝冥冥。故人不遇劉文叔，誰識羊裘是

〔註95〕　參考黃美娥，《清代臺灣竹塹地區傳統文學研究》，輔仁大學中文研究所博士論文，1999 年 6 月，頁 223。

〔註96〕　收於施懿琳等編，《全臺詩》第陸冊，臺南：國立臺灣文學館，2008 年，頁245。

〔註97〕　同前註，頁 254。

〔註98〕　同前註，頁 246。

〔註99〕　同前註，頁 268。

〔註100〕　同前註，頁 254。

〔註101〕　參考黃美娥，《清代臺灣竹塹地區傳統文學研究》，輔仁大學中文研究所博士論文，1999 年 6 月，頁 230～231。

〔註102〕　收於施懿琳等編，《全臺詩》第陸冊，臺南：國立臺灣文學館，2008 年，頁246。

客星。

以嚴光事蹟爲主軸，重點在「歸隱」上，和他特意選取陶淵明「彭澤歸來三徑在」的典故相合，都是用來指稱自己樂於歸隱的天性上。除此之外，鄭用鑑〈和淵明歸田園〉〔註103〕的五古四首，可視爲他對陶淵明接受的代表之作：

> 放浪嗟遠遊，茲晨脫塵鞅。晦跡田間居，所忻遂眞想。請息朝市交，
> 雲山信長往。負耒開南疇，秋苗喜新長。濁醪聚鄰曲，揮金愧疏廣。
> 惜哉揚子雲，低頭事新莽。

> 田園久荒蕪，叢菊日以稀。每念山澤遊，今焉喜來歸。四壁徒懸磬，
> 日夕臥牛衣。貧賤那復道，吾心樂無爲。

> 西疇罷田事，吾往亦多娛。扶杖過東皋，清晨歷邱墟。村南有田父，
> 誓將卜其居。田父向我言，君胡獨守株。守株乃吾分，縱心將焉如。
> 但願年穀豐，琴書樂三餘。

> 深林煙霧昏，歸來涉溪曲。躬耕竟忘劬，無榮良自足。俯仰天地寬，
> 誰云此心侷。古人重遊衍，日入猶秉燭。飛觴樂終宵，茅簷候清旭。

而他的〈郊居遣興〉〔註104〕亦有陶淵明〈歸田園居〉及〈飲酒〉詩的影子：

> 松柏有古色，佳氣滿南山。晨興理常業，田父相與言。力耕不吾欺，
> 優游樂豐年。酒中有眞趣，神仙諒虛傳。

> 屛跡寡人事，卜居遠塵喧。所忻車轍稀，復喜地境偏。浮華不足念，
> 素性在邱山。日入荷鋤倦，興與孤雲還。有酒當自醉，不念平生言。

> 中園理荒穢，籬花綴寒英。幽馨襲余佩，感此遺遠情。睽離歲云久，
> 中懷爲誰傾。援琴不成彈，朱絃動哀鳴。促席如可期，一觴聚平生。

和原詩相較，不難看出二者的相似程度：

> 種豆南山下，草盛豆苗稀。晨興理荒穢，帶月荷鋤歸。道狹草木長，
> 夕露沾我衣。衣沾不足惜，但使願無違。(〈歸田園居〉)

> 結廬在人境，而無車馬喧；問君何能爾，心遠地自偏。採菊東籬下，
> 悠然見南山；山氣日夕佳，飛鳥相與還。此中有眞意，欲辯已忘言。

〔註103〕收於施懿琳等編，《全臺詩》第陸冊，臺南：國立臺灣文學館，2008 年，頁291。
〔註104〕同前註，頁 266～267。

（〈飲酒〉）

鄭如蘭（1835～1911），字香谷，號芝田，乃竹塹鄭崇和三子用錦之次子。少年勤學，取進生員，因成績優異而補增生，受知於臺灣道丁曰健，雖然其後科舉失利，光緒十五年（1889），因爲辦團練有功，由增生授候選主事，賞戴花翎，後加道銜，故仍能擁有一定的社會地位。凡邑中所需困急，莫不慷慨捐輸，故人人稱誦其德行善舉〔註105〕。詩集名爲《偏遠堂吟草》，乃因如蘭書齋之名而得，源於陶淵明〈飲酒詩〉中「問君何能爾，心遠地自偏」之意。吳曾祺〈偏遠堂吟草序〉提到：

> 乙未之後，時事既變，因絕棄世務而專力於詩，所居有北郭園，其亭臺竹木之勝，與諸名士吟詠其中，素慕靖節爲人，因取靖節詩語以顏其齋，即以名集，蓋公之意量遠矣。〔註106〕

江春霖的〈偏遠堂吟草序〉也說：

> 堂曰「偏遠」者，隱然以靖節自況，不以「詩」而曰吟者，比於行吟澤畔之逐臣；謂之「草」者，謙若屬草未定，不欲以能詩自命也。〔註107〕

鄭家珍曾題詞「心遠由來地亦偏，柴桑風格想當年。獨留一瓣心香在，辛苦平生手自編」〔註108〕以爲與陶潛詩風近似；陳衍〈偏遠堂吟草跋〉也以爲「偏遠堂詩專主性情，其學陶、白也固宜。」〔註109〕吳曾祺譽其風格沖融凝遠，讀之使人和靜：

> 其所爲詩多五、七言近體，不專用漢、魏風格，然其沖融凝遠，能使矜者和，躁者靜，與靖節之詩類而不類，不類而類，善讀者自能辨之。〔註110〕

可以看出鄭如蘭的「似陶」及「擬陶」傾向。他的作品中和菊有關的詩作有三首，均是和林維丞的〈訪菊〉或〈賞菊〉作，三首作品都用到陶典，〈和維丞訪菊韻〉〔註111〕寫「留得東籬幾朵黃」、〈疊和維丞訪菊韻〉〔註112〕寫「還

〔註105〕收於施懿琳等編，《全臺詩》第玖冊，臺南：國立臺灣文學館，2008 年，頁393。

〔註106〕見鄭如蘭，《偏遠堂吟草》，龍文出版社，1992 年，頁 1～3。

〔註107〕同前註，頁 1～3。

〔註108〕同前註，頁 17～18。

〔註109〕同前註，頁 111。

〔註110〕同前註，頁 2。

〔註111〕收於施懿琳等編，《全臺詩》第玖冊，臺南：國立臺灣文學館，2008 年，頁

來把盞就東籬」，〈林維丞賞菊索和原韻〉〔註113〕則寫「陶令相逢分外親」，因此即使描寫菊花的詩作不多，但將陶淵明與菊花聯結的比例卻高達百分之百。鄭如蘭和林維丞交游密切，二人情誼顯然頗爲深厚，所以在其詩作中，常有對林維丞的贊譽，最明顯的例子是，和陶淵明有關的典故多和林維丞相關，除卻前面三首作品之外，〈祝維丞七十壽〉〔註114〕提到「回首東籬醉菊觴」；〈冬日同瑞西澄洲維丞子丹重游香山寺〉〔註115〕有「卓然高士陶淵明」，以淵明之情操形容摯友，這又是一種「崇陶」的表現，鄭如蘭作品中，最能表現其陶淵明情結的，爲〈秋日小園雅集〉〔註116〕一詩，黃美娥認爲此詩「自陳不問世事，獨愛林園之樂的生活態度，正與淵明相近，且內容所述，更是取效陶潛〈飲酒詩〉之神髓，雖然結廬在人境，但能祛避塵囂，沒有車馬喧鬧聲，唯有騷人墨客相伴。」〔註117〕詩中寫道：

> 生平最愛梅與菊，我何人斯享清福。梅能偕隱品逾高，菊可延年心更祝。**結廬人境避囂塵**，負郭之田茅結屋。騷人墨客任遨遊，敢誇此地爲望族。別開一畝鄰書齋，四面迴環皆綠竹。春光轉眼到秋期，處處黃花爭郁馥。園丁辛苦費栽培，鎮日攜鋤頻往復。幾經白露又清霜，開遍籬東雲錦簇。始知絢爛大文章，得殿群芳此所獨。數枝珍重贈知音，豈但金光能奪目。有花無酒胸作惡，有酒無詩額多蹙。急書片紙付郵筒，惠然肯來眞不速。持螯把酒樂何如，撲去俗塵三百斛。榮枯物候千古同，底事世人枉徵逐。聯吟角藝相推敲，**屈騷陶句各披讀**。諸君倚馬盡高才，下筆慚余空洞腹。千軍橫掃有逋仙（維丞在坐），從此詩壇都蟻伏。

由上面的論述大致可以看出，鄭家的「陶淵明情結」或多或少有其家學淵源的成份在，值得探討的是，何以鄭家會共同出現這樣的情結？

第五章第一節提到，因爲西渡風險過高，錄取率又太低，使得臺灣士子

　　　405。
〔註112〕收於施懿琳等編，《全臺詩》第玖冊，臺南：國立臺灣文學館，2008 年，頁
　　　405。。
〔註113〕同前註，頁 404。
〔註114〕同前註，頁 409。
〔註115〕同前註，頁 412。
〔註116〕同前註，頁 413。
〔註117〕參考黃美娥，《清代臺灣竹塹地區傳統文學研究》，輔仁大學中文研究所博士
　　　論文，1999 年 7 月，頁 311。

對參與科舉考試並不積極。而清朝的文官制度中，很重要的「回避制度」，是
把文人與其家鄉的根「抽離」，因此，文人一旦考上科舉，就會陷入「爲官」
與「離鄉」的兩難，這在相當程度上影響著臺灣本土文人的「出仕」意圖與
歸「隱」傾向，而「仕」與「隱」的糾結，正與陶淵明本身的兩難抉擇互相
應合。

　　而這樣的心態，又與本文所探討的「陶淵明書寫」有著密不可分的關係。
這是因爲本土文人在「仕／宦」間的遊移徘徊，和陶淵明「仕／隱」糾葛的
生命歷程相合的緣故。

　　我們檢視這三人的生平，其中鄭用錫曾赴召任官，時間只有三年（道光
十四至十七年），後即乞養歸里，回鄉掌管明志書院，鄭用鑑及鄭如蘭則未渡海
任官，二人一直待在臺灣，鄭用鑑主要從事教職。新竹鄭家這樣的選擇，其實
頗令人玩味，何以他們要放棄求取功名的機會，甚至放棄既有官職，選擇回到
家鄉？如果不作官，又爲何要求取功名？功名之於當時社會地位，有何重要
性？釐清了這之間的關係，也就可以看出，何以新竹鄭家會選擇「隱」於鄉，
而不願仕宦。然後就能更進一步看出，爲什麼他們會偏愛陶淵明的理由了！

　　我們在第二章第二節，花了許多篇幅整理，本土文人回到臺灣時，所能
獲得的各方面利益，目的是爲了勾勒出，影響文人「不求仕進」，甘心返鄉的
「外緣」因素，關於這一點，王惠琛也提出類似看法：

> 其一，擁有科舉功名，即能享受各種法定特權，其地位或聲望隨之
> 提高，影響力亦因而增大，是以追求功名遂成爲當時有志之士的目
> 標。其二，由於政府的積極提倡，希望藉由科舉制度所產生的鄉紳，
> 協助官府教化純以政府力量所未能達到的地方，以補地方行政上的
> 缺失。在此利誘，以及官府的提倡，借科舉博取功名的風氣，逐漸
> 瀰漫全臺。而清代臺灣社會領導階層，爲持續其地位，亦傾向注重
> 子弟教育，以取得科舉功名，如此一來，自然助長了臺灣社會的文
> 教發展。然而，臺地的學子，中科舉後往外任官者不多，是以臺地
> 宦紳的勢力不強，主要是回籍，以爲社會的領袖，而有所作爲，則
> 爲興學，參與地方公共事業或社會福利事業，以祈貢獻桑梓，安定
> 地方。〔註118〕

〔註118〕見王惠琛，《清代臺灣科舉制度的研究》，國立成功大學歷史語言研究所碩士
　　　　論文，1990年，頁172～173。

可以想見，回籍之後的本土文人，在鄉梓之間可以擁有較高的社會地位。這是因為士子一旦決定任官，在「回避制度」的原則下，必須「外省上自督、撫下至府、州、縣雜職等官，不得在其籍貫地任職；如果雖不在本省，但籍貫地 500 里以內，亦不得爲任」〔註119〕也就是必須到一個語言、風俗、文化與故鄉截然不同的地區任官，在這種情形下，單身赴職的文人，在當地就不會有「人脈」，能掌握的社會資源也有限，加上臺灣地處偏遠，返鄉不易，因此，臺灣本土文人一旦考上科舉，「爲官」並不是他們的首選之途，除此之外，我們如果將他們「仕」與「隱」時所得到的社會資源作一比較，將不難發現，他們選擇「隱」一途，絕對不是單純的「不慕榮利」而已。然而，文學的表達無法這麼露骨，在龐大社會資源背後，他們仍要扣住「不求榮顯」、「樂天知命」的大帽子，以求保身。

但是我們是否能以這樣的背景，就粗率的認定鄭家兄弟必然只因爲這樣的原因，就作出詠陶書寫，表現出「陶淵明情結」嗎？當然不是。除卻前面我們針對其詩作，個別探討其創作的內在、個人因素外，我們也別忘記，以鄭用錫爲例，他所留下來的文學創作，寫於 1851 年之後，距離他辭官回鄉已經超過十四年，所代表的是他晚年（六十歲之後）的心境，誠如之前所提，他歸隱之後「身同退院禪」的心境也並非捏造，而鄭用鑑性格的「淡泊」，在相當程度上相應於陶淵明得心態；鄭如蘭本身對於陶淵明的仰慕，這種一脈相承的「家族」性格，仍是難能可貴的。

二、積極用世與逃避隱遁的糾結——林占梅

據徐慧鈺在其博論《林占梅園林生活之研究》的考證，林占梅在其潛園中，有二處勝景，一名爲「陶愛草廬」，另一爲「東籬」：前者爲「社友雅集、賦菊處」，後者爲「賞菊、次韻」之地〔註120〕。關於「陶愛草廬」的描寫可見於林占梅〈園西南隅菊團中結茅屋四楹顏曰陶愛草廬落成日値黃花盛開邀同社友雅集賦此索和〉〔註121〕：

　　草草茅廬甫落成，圓亭曲檻幾經營。半簾瘦影聯吟侶，三徑寒香訂

〔註119〕見艾永明，《清朝文官制度》，北京：商務印書館，2005 年 4 月，頁 99。
〔註120〕參考徐慧鈺，《林占梅園林生活之研究》，附錄肆〈潛園沿革表〉，政治大學中國文學系博士論文，2003 年 7 月，頁 322。
〔註121〕收於施懿琳等編，《全臺詩》第柒冊，臺南：國立臺灣文學館，2008 年，頁 304〜305。

酒盟。抱膝能酬彭澤願，插頭更愜杜陵情。**停盃共向東籬步，領略秋光興倍清。**

竹塢花畦興在茲，年來幽僻自棲遲。性慵只學陳摶睡，才拙甘憑鄧禹嗤。淡薄生涯惟種菊，蹉跎世務爲耽詩。今朝喜接羊求輩，空谷跫然聽履綦。

也可見於寄籍臺灣的林亦圖〈潛園紀勝十二韻〉〔註122〕中，裡面的「愛廬雅癖懷陶令」，作者後面即自註爲「陶愛草廬」，「陶愛」即「愛陶」，除此之外，潛園中的另一景點「東籬」，更爲文人聚集，賞菊賦菊之處，〈東籬百菊盛開詩以賞之〉〔註123〕說「東籬儘日供吟嘯，況有南山拱座前」、〈九日社友東籬雅集〉〔註124〕也說「樹幟詞壇意氣豪，小園雅集足風騷」，李劍鋒曾經分析說，「重陽節飲菊花酒本是古老的民間習俗，自從陶淵明賦予菊、酒以一種典型的高雅脫俗的意味後，盛唐人第一次大量在〈九日〉詩中稱引陶酒、東籬菊以加強重陽節高雅的文化品位，使陶酒與東籬菊成爲日後〈九日〉詩中的兩種典型意象。」〔註125〕此外，如〈東籬偶占〉〔註126〕、〈東籬寫興〉〔註127〕、〈東籬有感〉〔註128〕等，均是和此一景點有關之作，從景點的命名，可以看出林占梅對於陶淵明的偏愛，此爲其一。

林占梅的詠菊詩數量，居臺灣本土文人之冠。從前面所舉「陶淵明與菊的關係」來看，他的詠菊有時也會提到陶淵明，或是把陶淵明和菊花畫上關聯，如〈秋感五首〉〔註129〕「菊花盈把感陶公」、〈題熊靄堂明府烹茗賞菊圖小照〉〔註130〕「我慕栗里翁，東籬自怡悦」、「異時勇退東籬下，與君坐對南

〔註122〕收於鄭鵬雲，《新竹縣志初稿》，臺灣銀行經濟研究室，臺灣文獻叢刊第 61 種，光緒十九年，頁 252～253。

〔註123〕收於施懿琳等編，《全臺詩》第捌冊，臺南：國立臺灣文學館，2008 年，頁 117。

〔註124〕收於施懿琳等編，《全臺詩》第柒冊，臺南：國立臺灣文學館，2008 年，頁 304～305。

〔註125〕李劍鋒，《元前陶淵明接受史》，齊魯書社，2002 年 9 月，頁 138。

〔註126〕收於施懿琳等編，《全臺詩》第柒冊，臺南：國立臺灣文學館，2008 年，頁 328。

〔註127〕收於施懿琳等編，《全臺詩》第捌冊，臺南：國立臺灣文學館，2008 年，頁 142。

〔註128〕收於施懿琳等編，《全臺詩》第柒冊，臺南：國立臺灣文學館，2008 年，頁 59。

〔註129〕同前註，頁 303。

〔註130〕收於施懿琳等編，《全臺詩》第捌冊，臺南：國立臺灣文學館，2008 年，頁

山。品茗評花興不孤」等。但也有許多是因為愛菊緣故而寫的詠菊之作，如
〈秋夜對菊〉〔註131〕、〈園中菊花極多佳種偶吟一絕〉〔註132〕、〈午後前園看
晚菊〉〔註133〕、〈對菊觸懷〉〔註134〕、〈友人攜歌者過小籬侑酒賞菊即席賦此〉
〔註135〕；〈次韻答白仲安明府賞菊作〉〔註136〕、〈次韻答松潭廣文園中詠菊〉
〔註137〕、〈次韻答蘇崑山國琮上舍乞菊〉〔註138〕，他看菊的時間不分季節，
不分早晚，對於家中有佳種，他是自豪的，和文人間的酬唱贈答，有許多也
是圍繞仕賞菊、詠菊、賦菊上，在在都可以看出他對菊的喜愛，此為其二。

　　林占梅的「陶淵明情結」，和他本身的個性有關，前面提過，歷來對於陶
淵明的評價，多半落在「仕」與「隱」的糾結上，林占梅自身也是如此，徐
慧鈺在分析林占梅性格時就曾提出：

> 在林占梅之內心深處實蘊藏有仕與隱兩面性向，當局世所需時，其
> 傾全力，甚至毀家紓難，奉獻於家國鄉里之事；但當遭人世諸逆境，
> 其性格中的另一特質是沉潛隱退之面即呈顯。潛園之興築，其雖有
> 展示與誇耀之意味，但其初衷，應是在沉潛養晦，故將其園稱為「潛
> 園」。〔註139〕

〈宦情〉〔註140〕中「懷耽林下陶元亮，念切江南庾子山」很能表現這樣的糾
葛。也因為性格中含有「沉潛」一面，因此他對園林生活極為喜愛。「潛園之
生活，林占梅找到生活之樂趣，忘情於林泉美景，與詩書相伴，能潛養幽
懷，身心皆有所寄託，而不必再往外去追尋。故其詩大多抒寫於園林、歌詠
園林。而且生活中之琴棋書畫，亦成為其沉潛生活中之生命特質。」〔註141〕

　　270。
〔註131〕收於施懿琳等編，《全臺詩》第柒冊，臺南：國立臺灣文學館，2008年，頁112。
〔註132〕收於施懿琳等編，《全臺詩》第捌冊，臺南：國立臺灣文學館，2008年，頁117。
〔註133〕同前註，頁122。
〔註134〕同前註，頁143。
〔註135〕同前註，頁122。
〔註136〕同前註，頁118。
〔註137〕同前註。
〔註138〕同前註。
〔註139〕參考徐慧鈺，《林占梅園林生活之研究》，附錄肆〈潛園沿革表〉，政治大學中
　　　　國文學系博士論文，2003年7月，頁54。
〔註140〕收於施懿琳等編，《全臺詩》第捌冊，臺南：國立臺灣文學館，2008年，頁190。
〔註141〕參考徐慧鈺，《林占梅園林生活之研究》，附錄肆〈潛園沿革表〉，政治大學中
　　　　國文學系博士論文，2003年7月，頁55。

正是這樣的特質與陶淵明相合，因此其作品中有許多對於陶淵明的描述，並且扣合其日常生活。因此當有友人詢問潛園勝景時，林占梅自云「此地即桃源」（見〈友人詢潛園近景作此答之〉〔註142〕詩），不僅「潛園」，連西城別業，林占梅也使其「課耕懷栗里，招隱擬桃源」（見〈西城別業即景〉）〔註143〕，顯示他想將自己居住處所模擬成淵明筆下「桃花源」的渴望。〈園齋習靜〉〔註144〕「十畝獨開三友徑，一編自嗜五侯鯖」、「記取秋英齊吐艷，東籬縱飲且追陶」、〈潛園適興六十韻〉〔註145〕「頗得淵明趣」、〈偶成〉〔註146〕「閒來也學陶居士，柱杖田間聽水聲」、〈潛園主人歌〉〔註147〕「素希晉陶潛，北窗傲皇羲」、〈園居二十韻〉「松菊榮陶徑」、〈遣懷〉〔註148〕「松菊長存三徑樂」、〈春柳〉〔註149〕「瀟瀟陶潛有舊廬」、〈齋前柳樹礙簷而長其彎俯處如駝戲嘲一絕〉〔註150〕「卻背陶潛自折腰」。連外出旅遊，看到怡人景色時，他也會聯想到陶淵明，〈偕友登棲雲巖留宿〉〔註151〕「我非陶元亮，煮茗且怡顏」、〈晚晴溪上小步〉〔註152〕「此鄉不亞柴桑里」、〈樹杞林村即景〉〔註153〕「莫羨桃源風景好」、〈閒興〉〔註154〕「桃源洞許陶公隱」、〈池上夜坐〉〔註155〕「未若白與陶」都是。

　　林占梅的官職是由「捐官」一途而來，對此，鄭用錫對這件事是很有些意見的，在清代文官制度底下，這畢竟屬於「異途」。然而，林占梅的「捐官」背後，仍有著關心社會民生的用意存在。試看他所捐的官：獲貢生加道銜是因「捐防雞籠英軍之犯」；獲知府即選是因「捐防八里坌」，得賞戴花翎是為了「募勇扼守大甲溪，絕嘉、彰各邑漳泉，械鬥漫延」；准簡用浙江道跟

〔註142〕收於施懿琳等編，《全臺詩》第柒冊，臺南：國立臺灣文學館，2008 年，頁 305。
〔註143〕收於施懿琳等編，《全臺詩》第捌冊，臺南：國立臺灣文學館，2008 年，頁 160。
〔註144〕收於施懿琳等編，《全臺詩》第柒冊，臺南：國立臺灣文學館，2008 年，頁 113。
〔註145〕收於施懿琳等編，《全臺詩》第捌冊，臺南：國立臺灣文學館，2008 年，頁 87。
〔註146〕收於施懿琳等編，《全臺詩》第柒冊，臺南：國立臺灣文學館，2008 年，頁 281。
〔註147〕同前註，頁 225。
〔註148〕收於施懿琳等編，《全臺詩》第捌冊，臺南：國立臺灣文學館，2008 年，頁 283。
〔註149〕收於施懿琳等編，《全臺詩》第柒冊，臺南：國立臺灣文學館，2008 年，頁 34。
〔註150〕同前註，頁 45。
〔註151〕收於施懿琳等編，《全臺詩》第捌冊，臺南：國立臺灣文學館，2008 年，頁 84。
〔註152〕收於施懿琳等編，《全臺詩》第柒冊，臺南：國立臺灣文學館，2008 年，頁 249。
〔註153〕同前註，頁 126。
〔註154〕同前註，頁 84。
〔註155〕同前註，頁 97。

「林恭事變，協辦全臺團練」有關；加鹽運使銜是因為「克復艇匪黃位之亂」有功，而同治元年，平戴潮春之亂，克復大甲、彰化，加布政使銜一事，更是使其家道由盛轉衰的關鍵，後人用「毀家紓難」形容林占梅，真是極為貼切。

　　林占梅熱心於鄉梓之事，卻惹來一些不利的批評：〈寒燈夜雨獨坐有感賦成七首以述懣懷〉〔註156〕第一首寫道：

> 人心叵測此時多，汎愛難施可奈何。坡為濫文冤獄累，樂原無咎謗書苛。幾回往事誠堪嘆，半世虛名未易磨。月旦有評公道在，含沙射影莫為魔。

言及「人心叵測」、「月旦有評公道在，含沙射影莫為魔」，顯然對於那些不利的言論，林占梅心中是抱著憤懣的，而第六首提到關中因亂事而糧餉不足，他提議向海外徵糧一事不被採用，覺得鬱悶：

> 從來泥古病難瘳，千載濤斜話柄留。報國文章成下策，勤王武略見高謀。關中轉餉功多矣，海外徵糧事就不。但有蕭公經濟在，酬庸差不愧封侯。

三至五首則很能看出他對於國難未紓，急於貢獻一己之力的心情：

> 半壁縱橫徧虎豺，北來音耗聽多乖。螳螂詎信能當轂，虺蜴無端起禍階。嚼齒空存吞賊氣，捫膺難遂報君懷。可憐數郡遭荼毒，血肉為泥骨作柴。

> 軍中安得奮空拳，敵勢猖狂壁壘堅。爭戰年深稀露布，相持日久合屯田。獻謀豈少徐洪客，抗節誰為魯仲連。愧我昂藏身七尺，渡江未敢著先鞭。

> 國計艱難帑藏傾，一波甫息一波生。牢騷詩有傷時語，憂憤歌多變徵聲。惟有痴頑躅未了，尚餘壘塊嘆難平。自嗟身世同狼狽，薪米營謀亦屢更。

林占梅在第二首透露出「於今只學陶貞白，上下樓高寄隱剛」的希望，自己也意識到「碌碌塵中少賞音，此生風骨自崎嶔」（第七首）的困境，即使他「迎人肯作宣明面，謀國當如汲黯心」（第七首），卻仍不免「自嗟身世同狼狽」，自然就會在「仕」與「隱」間擺盪遊移，林占梅不夠灑脫，所以作不來「道不行，乘桴浮於海」的事，但現實仕宦的不如意，卻也是他難以解決超脫的

〔註156〕收於施懿琳等編，《全臺詩》第柒冊，臺南：國立臺灣文學館，2008年，頁270。

困境，這樣的兩難，正與陶淵明的情狀相符，所以我們不難了解，何以潛園中會有二處和淵明有關的地名，何以林占梅會對他有所偏愛了，因爲他可以說是本土文人中，生命情調和陶淵明最爲近似的一個文人。

不同於其他文人的是，因爲林占梅本身喜愛音律，因之在使用陶典上，較他人多了「無絃琴」之典，〈偶成〉〔註157〕「詩詠輞川兼有畫，琴調彭澤本無絃」，〈鳴琴曲次朱竹垞先生聽韓七山人彈琴原韻〉〔註158〕「我性嗜鳴琴，抱琴夜共宿……淵明嗜好嵇生癖」。這也是迥異於其他本土文人的特色。

而林占梅也是少數對於陶詩有所評論，並明言自己「愛陶詩」的，〈寄興〉〔註159〕「詩到中年始愛陶」、〈閣前晚懷〉〔註160〕「元亮詩多見性情」、〈次吳鑑堂二尹先藻感懷用連環體原韻二首〉〔註161〕「陶令清吟惟遣興」〈中秋夜園樓宴月〉〔註162〕「師友陶公分上下，賓僚庚老共談諧」都是，道咸同時期的本土文人中，林占梅是主唐宋兼宗的，但對陶淵明的接受上，他顯然偏向宋人，不只接受「隱士陶淵明」的一面，對於「詩人陶淵明」同樣贊同，在本土文人中形成另一項特色。

三、隱於花叢間的淡北文人──陳維英、曹敬與黃敬對陶淵明的接受

「粉紅蓮」、「紫狀元」、「粉褒姒」、「虎爪黃」、「金孔雀」、「醉虞妃」、「武陵桃」、「玉兔耳」、「金丹鳳」、「醉西施」等花種，除卻「紫狀元」、「虎爪黃」外，其餘均非臺地常見植物，但卻在本土文人詩中，大量出現歌詠描寫之作，筆者在第三章時曾大膽推斷，當時應有「賞花大會」，集結了許多本土文人參與，因而反映在詩文作品中。在這些文人中，黃敬和陳維英的詠花詩重複性最高，而曹敬與黃敬並稱爲「淡北二敬」，同爲陳維英的門人，三人均在淡水地區，且其詠花詩作中，又多與陶淵明發生關聯，因此併爲一節探討。

陳維英對於陶淵明的接受，有幾個特點：

第一，他的詠花詩作，大量與陶淵明畫上關係，主要原因恐在於陳維英對於陶淵明的人格頗爲推崇，將之認定爲一個「典範」，因此在詠花之時，若

〔註157〕收於施懿琳等編，《全臺詩》第捌冊，臺南：國立臺灣文學館，2008 年，頁 164。
〔註158〕同前註，頁 104。
〔註159〕收於施懿琳等編，《全臺詩》第柒冊，臺南：國立臺灣文學館，2008 年，頁 287。
〔註160〕收於施懿琳等編，《全臺詩》第捌冊，臺南：國立臺灣文學館，2008 年，頁 24。
〔註161〕同前註，頁 204。
〔註162〕同前註，頁 199。

牽涉到關乎德性、志節等描寫時，不管該項植物是否與淵明相關，陳維英都會在書寫中論及陶淵明，而形成他自身的書寫特色。我們也可由此看出他對陶淵明的接受，及陶淵明對他的影響。

此外，他對於陶淵明的稱號也很多元，「靖節」、「陶公」、「彭澤」、「東籬」、「淵明」都是，並且偏愛淵明愛「酒」一事，不管是「興會陶公載酒船」（〈白荷蓮〉）、「香臉欲酣彭澤酒」（〈醉西施〉）或是「誰是王宏送酒來」（〈重陽風雨〉）〔註163〕，都跟淵明嗜酒有關，陳維英偏好此典，不知是否和其同樣好酒有關？

第二，陳維英的詩作中大量出現跟「歸隱」有關的詞彙，其中如「三徑」、「栗里」等用詞，常在詩作中並稱，〈次徐樹人七十述原韻（徐宗幹）〉〔註164〕第一首說「乞勿遄歸栗里田（聞將吾歸田之計）」，第二首云「種菜遣丁三徑闢（撫署內園多種菜）」；〈賀陳霞林中舉〉〔註165〕則云「琴歸栗里懶張絃（予自己巳年秋闈房薦，嗣後屢試不售，以致懶惰云）」。陶淵明晚年歸「栗里」，並作下〈移居〉詩，而「三徑就荒」一典又是淵明辭官歸家時所作。以這二個典故次徐宗幹的詩作以及賀陳霞林的中舉，多少有贊譽他們的成份，和第一點一樣，陳維英是以陶淵明作為一個備受推崇的人格標的，再將他們比為淵明，藉以讚揚他們，不見得是詩人自己真有歸隱之意。

不過〈秋夜〉〔註166〕說「蕭蕭夜雨迷三徑，梓里如今菊滿籬」；〈寓小林漫興〉〔註167〕第二首說「吠犬鵝聲三徑鬧」；則有將自己生活比為淵明歸隱後一般恬淡的意味了。尤其「梓里如今菊滿籬」，故鄉已滿是籬菊，其中隱含「採菊東籬」的悠然況味在。而〈寓小林漫興〉則是作者到蔡氏為官友人居住暫住時的感受，位於城市中的山林，因為「花木多栽位置工」的緣故，而有「落花龍眼半階黃」、「香呼七里被松縈」環繞，所以在這樣的環境中，產生「此間春日獨添長，一坐消除萬事忙」的閒適，則是可以想見的。

至於第四章敘述的特有花種〈玉兔耳〉〔註168〕「別開三徑成三窟」及〈金丹鳳〉〔註169〕「枳棘已除三徑淨」中，也都使用「三徑」一詞，陳維英對這

〔註163〕收於施懿琳等編，《全臺詩》第伍冊，遠流出版公司，2004年，頁189。
〔註164〕同前註，頁179。
〔註165〕同前註，頁198。
〔註166〕同前註，頁174。
〔註167〕同前註，頁188。
〔註168〕同前註，頁204。
〔註169〕同前註，頁203。

一個詞彙的偏好，可見一般。

第三，「桃源」的寄託可以見於二者，一是以居處「太古巢」比爲景致優美的「桃源」，而自比爲「羲皇上人」；〈太古巢即事（十二首）〉〔註170〕之末二首說：

> 兩儀石得陰陽氣，八卦潭通坎兌根。別有洞天開小口，箇中涼不異桃源。
>
> 小屋如舟結構新，其間信宿脫風塵。明朝歸去誇朋輩，我是羲皇以上人。

而〈賦得山靜似太古（得山字五言八韻）〉〔註171〕也說：

> 爲愛空山靜，洪荒啓此山。從今深戀戀，太古等閒閒。雲鎖疑無路，塵飛不到關。華胥酣蝶夢，草昧鬭螺鬟。渾噩遺風俗，喧囂隔市闤。葛天眞世外，桃水豈人間。惟有泉微咽，將偕石並頑。寄懷三代上，日對翠眉彎。

顯然陳維英有將自己居處比爲「桃源」的用意，「兩儀石」和「八卦潭」都位於太古巢中，〈題太古巢〉〔註172〕說「兩儀石叫驚山鬼，八卦潭澄問水仙」所指即是這二個景致，這種「山無甲子不知年」（〈題太古巢〉），「定時不用時辰表，暮看鴉飛曉聽雞」（〈太古巢即事（十二首）〉）的時間觀，是由當時劍潭附近的「僻」、「靜」，以及「杳無人煙」而來，誠如〈桃花源記〉中看不出明確的時間推移一般，陳維英也指出，因爲太古巢的外在環境，讓人置身其中可以忘卻時間的流逝。陳維英同時也指出，這是個適合「歸隱」的所在，〈七月病小癒憑和馮秋槎孝廉惠贈韻〉〔註173〕說「延平津水雙流合，太古巢山一見憐」、「得意歸來陶宅隱，樂乎天命復奚疑」。也因爲「僻」，所以居民和外界少有接觸，〈一月十二日王藹亭太守過訪太古巢野人駭然觀者如堵以爲所未見也又題於壁〉〔註174〕詩云：

> 山徑向無車馬行，今朝破例有騶鳴。鑼聲出樹彪爭吠，傘影穿林鳥乍驚。未識長官環父老，不諳音語問先生。日斜客去村民散，仍閉柴門對短檠。

〔註170〕收於施懿琳等編，《全臺詩》第伍冊，遠流出版公司，2004年，頁166。
〔註171〕同前註，頁209。
〔註172〕同前註，頁163。
〔註173〕同前註，頁152。
〔註174〕同前註，頁200。

提到居民不識太守，加上語言不通，需靠陳維英代爲翻譯的經過。陳維英既然將住處比爲「桃源」，風景優美自不在話下，〈太古巢即事（十二首）〉提到「指點前山夕照斜，鶯鶯歸去樹爲家。枝頭個個棲來隱，萬綠欉中開白花」、「月臨碧水倍生姿，山靜水澄人醉時。明月也耽山水趣，既斜欲落故遲遲」、「絕好山川不染塵」、「晴朝月夜最關懷，風雨來時景亦佳」，外在環境的優越，可以影響詩人對理想世界的構築，陳維英將居處比爲桃源，自然也是因爲這個居處本身就位於「桃源」之中的緣故。此外，太古巢附近的劍潭還有許多佛寺，〈太古巢即事（十二首）〉提到「隔一重江佛國開，劍潭寺隱碧林隈。山僧日日通音問，故送鐘聲渡水來」、「梵音一洗太古諧」。佛寺的鐘聲、梵音，都能藉由聽覺達到一種身心的安頓，而有著強化的作用。

陳維英對「桃源」的寄託，第二點爲尋找可以避難的桃花源。〈八月十三日避難石谷山莊馬雲伯少尹繼至同寫感事成詩〉〔註175〕一詩云：

> 前年劉郎又避秦（辛酉曾來避難），山曾相識倍相親。欣逢花縣神仙吏，同作桃源隱避人。燈影談心常對榻，礮聲到耳輒沾巾。登高無計惟祈禱（九日偕馬少尹登圓山禱神，爲萬民請命），不禱身家禱萬民。

第四，他的〈歸去來詞〉〔註176〕，可以視爲是另一種「仿陶詩」：

> 天風吹袂下蓬萊，東望扶桑曉色開。不待舞鸞與騎鶴，踏雲歸去踏雲來。歸去歸來路幾程，春風自此愧先生。不慣趨時宜守拙，那堪宿晝葱留行。故鄉非憶鱸魚膾，家塾無嫌蛙鱔羹。惟有窗前君子竹，蕭蕭弄出別離聲。

從詩題上看，是仿自陶淵明〈歸去來辭〉而來，但詩中卻不見歸家的欣喜，反而有股沉重滯鬱的情緒，是因爲「不慣趨時宜守拙」，屬於被動而非主動，吸引他歸家的不是「故鄉非憶鱸魚膾，家塾無嫌蛙鱔羹」而是「惟有窗前君子竹，蕭蕭弄出別離聲」，這裡的「竹」有高潔的象徵，用以指稱他自身的人格，高潔的他卻不合時宜，以致「春風自此愧先生」。

黃敬（？～1888），謝雪漁謂其詩「能獨闢蹊徑，迥出尋常，輕清流利者有之，典贍風華者有之」〔註177〕；陳鐵厚更將其與宜蘭李望洋、竹塹鄭用錫、

〔註175〕收於施懿琳等編，《全臺詩》第伍冊，遠流出版公司，2004年，頁170。
〔註176〕同前註，頁185。
〔註177〕參見謝雪漁，〈觀潮齋詩集序〉，陳鐵厚編，芸香齋藏書。

大龍峒陳維英、港仔墘曹敬並稱爲「北部文學界五大宿儒」〔註178〕。

黃敬對於陶淵明的接受非常單一，和曹敬類似的是，他只有詠花詩作和淵明產生關聯，但他的詠花詩數量又極多，因此陶淵明出現的比例也就升高許多。前面提到，黃敬的詠花種類多和陳維英重疊，寫法也大致相同：

黃敬對於陶淵明的稱號也算多元，而多數集中在「淵明」、「東籬」二詞：「淵明睡去眼花亂」（〈粉紅蓮〉）、「道是淵明釀酒時」（〈報君知〉）、「寄語淵明莫失時」（〈報君知〉）、「淵明幾日歸家後」（〈紫狀元〉）、「想是淵明洞裡逃」（〈武陵桃〉）都以「淵明」爲主；此外，「西湖也向東籬秀」（〈粉紅蓮〉）、「東籬不是近高岡」（〈虎爪黃〉）、「跡托東籬驚百獸」（〈虎爪黃〉）、「只因白帝到籬東」（〈紫狀元〉）、「東籬放色笑雞冠」（〈金丹鳳〉）〔註179〕則都言及「東籬」。

至於「陶令」、「柴桑」、「元亮」、「陶潛」等詞也都經常出現，重複性極高。

黃敬對陶淵明事蹟的接受，和陳維英相同，都偏重在淵明愛「酒」一事，「道是淵明釀酒時」（〈報君知〉）、〈粉紅蓮〉「何讓陶令對酒眠」、〈醉虞妃〉「醉態疑嘗元亮酒」、〈武陵桃〉「惟看元亮酌香醪」都有提到。

而詩中一再用到「柴桑」一詞，多少對他的「歸隱」生活有著認同與嚮往，〈粉紅蓮〉「錯認柴桑作小田」、〈虎爪黃〉「花鈴弗用護柴桑」、〈虎爪黃〉「誰將虎爪掛柴桑」、〈武陵桃〉「柴桑種出武陵桃」，而〈步詠菊花原韻〉〔註180〕「一自陶潛歸去後」則明白點出淵明的歸隱事蹟。

黃敬對淵明的接受同樣也是針對他的「人品」而言，〈步詠菊花原韻〉「昔年元亮性貞剛」，這一點和東晉南北朝對陶淵明的接受相似，對於「隱士陶淵明」的認同，遠高於對「詩人陶淵明」的模仿。他有兩首擬曹子建的作品，一爲〈擬曹子建美女篇〉，一爲〈擬曹子建白馬篇〉，可以看出黃敬對魏晉詩風的偏愛，而這也多少影響他對陶淵明的看法。

黃敬的第二個書寫特色在於，他在詩文中大量使用「白帝」的典故，〈玉兔耳〉「異日也從白帝回」、〈金孔雀〉「也是畫屏逢白帝」、〈粉褒姒〉「白帝繾綣回頻獻媚」、〈報君知〉「西風白帝未歸期」、〈紫狀元〉「只因白帝到籬東」、「獻

〔註178〕參見陳鐵厚，〈觀潮齋詩集序〉，陳鐵厚編，芸香齋藏書。
〔註179〕收於施懿琳等編，《全臺詩》第肆冊，遠流出版公司，2004 年，頁 126。
〔註180〕同前註，頁 127。

盞聊酬白帝恩」。形成黃敬自己的寫作特色。

　　曹敬對陶淵明的接受，依目前所存文稿來看，極為單一，都是以詠菊詩作勾連陶淵明，他有詠菊詩作三首，除卻〈紫狀元菊〉有目無詩外，〈菊影〉〔註181〕五言絕四首中，有三首和淵明有關：

　　　　夢回三徑月，魂冷一籬霜。若令陶公見，前身認杳茫。

　　　　欲寫陶公像，離離認未真。憑將三徑月，雪夜繪精神。

　　　　有客挑燈坐，籬邊幻兩身。霜中空色相，淡極自歸真。

其中一、三首的「籬」當指「東籬」，二、三首提到淵明及「三徑」典故，這種寫法跟〈謝友惠菊〉〔註182〕相同：

　　　　昔日陶公歸來樂，獨愛菊花閒自酌。菊花迄今猶遍開，陶公一往不復作。采采東籬逸興悠，空轉韻事擅風流。今君寄我數秋英，攜來秋色眼底橫。若非不棄兼葭末，何以有此投李情。愧我自非淵明儔，空負寒花一色秋。君不見魏紫姚黃世所誇，安知復有隱逸花。一生品節惟淡耳，豈能推重富豪家。寄語花神休懊惱，莫嫌三徑秋光老。惟當自守晚節香，一任繁華相顛倒。賞識之人來不來，一片秋心，惟有聽歸乎大造。

寫菊而兼及陶淵明這一點，大抵不出前人窠臼，值得一提的是曹敬在詠菊詩中，接連言及「三徑就荒」這一跟「歸隱」相關的典故。此外，曹敬對於淵明的「人品」推崇，似乎遠遠超過對其「詩藝」的讚揚，〈謝友惠菊〉用「陶公歸來」、「采采東籬」、「隱逸花」、「一生品節惟淡耳」、「三徑」、「晚節」等詞，全和淵明歸隱、守節一事有關，對於詩藝幾乎未談，他的「愧我自非淵明儔」，多少含有想企及，卻未能如願的感嘆。

四、尋找避世的桃花源——陳肇興、李逢時

　　相較於北臺及竹塹文人，陳肇興和李逢時筆下的陶淵明就和黃敬、陳維英等人不同，這是因為二人都經歷亂事，所以他們筆下的陶淵明典故，會出現如〈桃花源記〉的避世、避亂心態。

　　陳肇興（1831～？）在同治元年閏八月時因戴潮春事件避入集集山中，在此時撰寫《咄咄吟》二卷，詳錄戴案經過，為臺灣重要的歷史文獻，由於

〔註181〕收於施懿琳等編，《全臺詩》第陸冊，臺南：國立臺灣文學館，2008 年，頁 361。
〔註182〕同前註，頁 363。

親身經歷戴亂，所以陳肇興筆下的陶淵明，我們可以如是詮解：陶淵明晚年歸「栗里」，並作下〈移居〉詩，詩中提到「昔欲居南村，非爲卜其宅」，所以陳肇興的〈卜居〉〔註183〕一詩才會提及陶淵明，「將采陶潛菊」，陳肇興之所以「卜居」，是因爲「經年避賊寇，遷徙無定宿」，剛好「有客晨過門，言善君平卜。長揖前致辭，再拜發龜櫝」，詩中也提及「親朋多白眼，群奸遙側目」的生活困境，即使「吾甯請長纓，中原競馳逐。將浮沉觀變，憔悴匿林麓」仍無法如其所願。詩中並扣合屈原〈卜居〉，「詹尹將拂龜」、「用行君之意，何必問龜殼」，此外，「七子沉湎同，三閭清醒獨」、「吁嗟天下亂，舉世方皆濁」多少也有〈漁父〉的影子。正是對於戰亂的無奈，因此陳肇興在作品中會一再出現「桃源」的意象，〈哭張郁堂明經〉〔註184〕是弔唁張郁堂之作，「畢竟煙霞多痼疾，桃源也不活秦人」、〈水沙連紀遊〉〔註185〕「桃源在何處」、〈詠懷〉〔註186〕「松菊三逕秀，榆柳一家春。即此是桃源，何處尋避秦」、〈山居漫興〉〔註187〕「桃源無處覓」這幾首詩的「桃源」意象不同於下文的許南英，如果許南英的「桃源」是一種「理想世界」，是一種「依託」，那陳肇興的「桃源」就是「理想世界」的「終不可得」，二者是非常截然的對比。

陳肇興筆下的陶淵明，仍然和「菊」脫不了關係，所以，寫菊時會提到陶淵明，〈秋風曲〉〔註188〕「唯有陶公獨行樂，攜杖自采東籬菊」、〈紅菊〉〔註189〕「老去陶公頻中酒，年來屈子亦餐霞」、〈白菊〉〔註190〕「老去陶公白髮新，幾枝相對倍傷神」、〈東晉〉〔註191〕「我愛陶公真曠達，黃花開處便來歸」，並進一步推崇陶淵明的氣節，不只「曠達」，而且還「任真」，如〈詠懷〉所寫「舉世尚散誕，陶公獨任真」，也因此，淵明便成爲用來稱頌隱者的代表人物，〈隱者林先生〉〔註192〕就提到「五柳非吾徒」。除寫菊時提

〔註183〕收於施懿琳等編，《全臺詩》第玖冊，臺南：國立臺灣文學館，2008年，頁280。
〔註184〕同前註，頁217。
〔註185〕同前註，頁256。
〔註186〕同前註，頁271～272。
〔註187〕同前註，頁272。
〔註188〕同前註，頁254。
〔註189〕同前註，頁254。
〔註190〕同前註，頁255。
〔註191〕同前註，頁258。
〔註192〕同前註，頁221～222。

到淵明之外，寫畫時也提到，一幅是〈蘇學士南海笠屐圖〉〔註193〕的「但教飽和淵明詩」，因蘇東坡有一系列「和陶詩」之故，一幅則是〈陶彭澤東籬采菊圖〉〔註194〕，由於這幅畫和淵明直接相關，因此幾乎扣緊其相關生平所作：

> 魏晉人材皆草草，瀟灑唯有柴桑老。彭澤一官八十日，挂冠去之恐不早。三逕未荒松菊存，歸來卜築居南村。葛巾漉酒一縱飲，秋風又到桃花源。淡雲微雨重陽日，白衣送酒開門出。悠然采菊東籬下，花與先生俱隱逸。繡幰蒲車徵不起，元嘉詔下先生死。乃知晚節勝黃花，雪霜歷盡見根柢。首陽之薇商山芝，黃農虞夏同一時。披圖再拜秋色裏，懍立頑廉萬古思。

而陳肇興號「陶村」，自然也是源於對陶淵明的傾慕與喜好，這也是他對於陶淵明接受的另一項證明。

同樣的避世心態也出現在東部詩人李逢時的作品中，〈十二月二十日（乙丑）三姓械鬥避居大湖莊賦此志慨〉〔註195〕六首之一即寫道：

> 鄒魯無端起鬨聲，霜天雪地刀鎗鳴。避秦何必桃源洞，西去石崖堪閇荊。

李逢時詩作中大量出現的「桃源」一詞，跟故鄉長年動亂密切相關，〈九日年伯石次炳邀飲黃秀才家有作〉〔註196〕也說到「人言似紙抹雌黃，世事如棋爭黑白。方今海內日多故，欲避桃源更無路」與友人宴飲勸酒之際，本當歡樂達旦的，卻有著「得一日閒且自閒，得一日醉且自醉」無奈心緒，因為「多故」，所以「君不見曠達孟參軍，龍山落帽風猶聞。又不見風流陶靖節，栗里歸田名不滅」，無法真正展現超脫的心境。

李逢時對於「桃源」的態度，是介於許南英和陳肇興之間的，前面曾提到，如果許南英的「桃源」是一種「理想世界」，是一種「依託」，則陳肇興的「桃源」是「理想世界」的「終不可得」。但從李逢時「此間自是桃源洞」（〈子觀宗一兄之令甘肅詩以贈別〉）〔註197〕來看，他點出了「故鄉即是桃

〔註193〕收於施懿琳等編，《全臺詩》第玖冊，臺南：國立臺灣文學館，2008 年，頁 219～220。
〔註194〕同前註，頁 218。
〔註195〕同前註，頁 82。
〔註196〕同前註，頁 31～32。
〔註197〕同前註，頁 99。

源」，而〈贈洪燮堂司馬（熙恬）即次原韻〉〔註198〕「詩來瀛海逢仙侶，春換桃源數落花」則更進一步把這個「桃源」和「仙侶」結合，營造出超凡脫俗的境界，但另一方面「欲避桃源更無路」卻也告訴讀者，這個「桃源」是「無路可往」的，因為「鄒魯無端起鬨聲」、「方今海內日多故」的緣故，而有著有家歸不得的心酸。

　　我們可以看出他心目中的「桃源」景象，〈武陵源〉〔註199〕寫道：

　　　落盡嫣紅付水流，河津空有去來舟。靈源莫道春光好，逐浪桃花也
　　　白頭。

同樣的描寫還見於〈武陵花〉〔註200〕：

　　　不是靈源二月春，眼前風景接芳鄰。花飛若遣隨流水，又誤漁郎來
　　　問津。

所以，這麼美的家鄉遭受戰亂侵襲時，他心裡的感受就如同《桃花源記》的結局，而有著「漁郎錯指桃源洞」（〈協安局感懷七首兼呈袖海王縣佐（有序）〉）〔註201〕的扼腕心境，及「見說桃源還是幻，更尋何處築吟窩」（〈漫興十首〉）〔註202〕似真似幻，又無處可依託的悲哀。

五、故鄉即是小桃源──李望洋

　　東部詩人李望洋的寫法，多半扣緊陶淵明與菊之間的關連，〈辛巳九月望後敬步欽差護督憲石泉楊大人重陽菊花生日詩十首原韻〉〔註203〕是因「菊花生日公生日」，所以因菊花而提及淵明，「知心不獨一淵明」；〈試院憶菊（時黃耕翁欲進貢院，適買數種菊花栽之縣署小堂，心甚憶之，故出此題）〉〔註204〕「昔有陶先生，生平獨愛菊。及為彭澤令，移花就松竹」、〈試院憶菊〉〔註205〕「好訂東籬明月下」、〈和啟友李瀛濤於九重之日全諸友赴吏目劉萼樓署中飲酒賞菊作詩三首索和於余余因題此以應之韻〉「何因移菊就雕欄，

〔註198〕收於施懿琳等編，《全臺詩》第玖冊，臺南：國立臺灣文學館，2008年，頁80。
〔註199〕同前註，頁71。
〔註200〕同前註，頁87。
〔註201〕同前註，頁61～62。
〔註202〕同前註，頁94～95。
〔註203〕同前註，頁148～149。
〔註204〕同前註，頁118。
〔註205〕同前註。

爲映陶公醉臉紅」、〈五月十九日枹罕官舍別菊〉〔註206〕「年來移汝就籬東」、
「今朝割愛忍陶公」，不是「憶菊」、「賞菊」就是「別菊」，都是因爲菊之故
而聯想起陶淵明。

　　另外就是「桃源」典故的出現，這裡的用法不同於陳肇興或許南英，李
望洋會將故鄉宜蘭稱之爲「桃源」，這是因宜蘭縣有「小桃源」之稱的緣故。
〈九月初旬歸山雜詠〉〔註207〕「也識桃源好避秦」、「如今方得劉郎意，獨向
漁人去問津（宜蘭縣俗稱小桃源）」、「久慕高風五柳傳」、「今雖此地非彭澤，
願續歸來賦一篇」因此又以「桃源」勾連了陶淵明及其生平。對於旅遊途中
的陌生景物，李望洋會提到「恍似桃源初得路」（見〈二十六日舟行即景〉）
〔註208〕，或是「須臾經過到柴桑（九江別名）」（見〈壬申四月十一日輪過壺
口懷古〉）〔註209〕，這樣的寫法都少見於其他本土文人。

　　值得一提的是，不同於李逢時的寫法，二人雖然都是東部文人，也都有
「故鄉即是小桃源」的聯結，卻又有著極大不同，李逢時畫出了「故鄉是仙
境桃源」的美景，但也指出通往這個桃源是「無路可往」的，以暗示自己因
動亂而長期離家，無法歸鄉的無奈與悲苦；而李望洋爲官的時間總共十三年，
較之當時其他文人而言，這樣的年資算長，因爲長久離鄉的原因，因此對於
故鄉的特殊地標，會有著深刻的想念之情，認爲「故鄉」即是「小桃源」，這
樣的美化心態，其實也是另一種「在地」意念的呈顯。

　　而接續道咸同時期的陶淵明書寫，到了光緒年間的許南英及施士洁，這
條書寫脈絡仍延續。

六、繼續尋找避世的桃花源──許南英

　　許南英（1855～1917），字子蘊，號蘊白、允白，自號窺園主人、留髮頭
陀、龍馬書生、毘舍耶客、春江冷宦。臺南人。早年成立「聞樨學舍」，以教
書爲業，曾受聘廣儲東里林家爲塾師，光緒十六年（1890）登進士第，欽點
主事，籤分兵部車駕司，加員外郎銜，後返臺南，管理「聖廟樂局」事務，
並參與墾土化番之職。光緒二十年（1894）應唐景崧聘，協修《臺灣通志》。
乙未之役，許南英任臺南「籌防局」統領，募集兵勇抗日，後大局已去，將

〔註206〕收於施懿琳等編，《全臺詩》第玖冊，臺南：國立臺灣文學館，2008年，頁141。
〔註207〕同前註，頁165～166。
〔註208〕同前註，頁111。
〔註209〕同前註，頁108。

私蓄現金盡數散給部下後，離臺內渡。初抵廈門，轉向汕頭、鮀浦等地，爲生計赴南洋，不順遂，返國後入都供吏部，自請開去兵部職務，降換廣東知縣。其後又分任廣東鄉試閱卷分校、佛山稅關總辦、徐聞、陽春、三水等地知縣、福建龍溪知事，晚年更在林爾嘉（叔臧）的介紹下，六十二歲仍到蘇門答臘棉蘭爲張鴻南撰寫傳略，後因痢疾病逝於寓所，一生顛沛流離〔註210〕。

　　許南英的寫法偏重於幾方面，一是以取自「采菊東籬下」的典故，用「東籬」代表「種菊之地」，如〈菽莊觀菊賦呈主人〉〔註211〕「新霜昨夜入東籬，開徧菽莊萬畦菊」；〈別馬亦錢徵士〉〔註212〕的「主人淡似東籬菊，已過重陽尚寂寥」，從詩前序文「乙卯九月，過霞陽，就亦錢問菊花尚未開，又訂後期。臨別賦贈」即可看出這樣的關係，〈和林健人壽菊小集原韻〉〔註213〕「召我東籬病眼開」；或是將陶淵明的愛菊心態呈現，〈題林雲臣還來就菊花小照〉〔註214〕云「逋仙本是梅之壻，竟效陶潛愛菊花」。

　　二是因「避亂」或現世不如意緣故，詩中大量出現「桃源」一詞，將現實人世的逃難、失意，如陶淵明般的將理想寄託在「桃花源」裡。許南英詩作中出現跟「桃源」有關的書寫，數量居本土文人之冠，其用法大致分二方面：一是爲「避亂」，而去營造出一個可資逃避的「桃花源」。〈和祁陽陳仲英觀察感時示諸將原韻〉〔註215〕「妖氣纏息十三年（甲申臺北有法人之戰），烽火東溟又起煙。秦帝有心收黨郡，魯人無計返汶田。從今梓里非吾土，何處桃源別有天。欲隱樞曹爲散吏，宦囊蕭索轉凄然」就提到因爲中法之戰，必須離鄉避難的無奈。〈漫興和貢覺用前韻〉〔註216〕「不知塵世有風波，偃鼠饑來便飲河。避地桃源忘晉魏，思鄉梅嶺隔浮羅」也是如此。再來是對於現實生活的不如意，因而將理想寄託「桃源」的，如〈和易實甫觀察原韻〉〔註217〕的詩前有一段序文寫道「昨於汪辛伯同年處讀易實甫觀察原唱，辛伯與邱仙根各有和章。易公於甲午渡臺，思挽危局，曾與酬唱。今讀其詩，悵然有感」，

〔註210〕收於施懿琳等編，《全臺詩》第拾壹冊，臺南：國立臺灣文學館，2008年，頁151。
〔註211〕同前註，頁326。
〔註212〕同前註，頁333。
〔註213〕同前註，頁334。
〔註214〕同前註，頁191。
〔註215〕同前註，頁183。
〔註216〕同前註，頁355。
〔註217〕同前註，頁240。

詩句內文寫道「不知避地依然我，始悔趨時不若人。士本長貧終自好，官如此苦向誰陳。還山無處思山隱，夢斷桃源世外民」，恰恰可以反應出這樣的心態。〈吏部投供以兵曹改知縣歸途車中口占〉〔註218〕「何處桃源遂隱淪，風塵復現宰官身」、〈寄題邱倉海工部澹定村心太平草廬用東坡〈書王晉卿煙江疊嶂圖〉原韻〉〔註219〕「挂冠便欲作漁父，何處桃源別有天」、「亦有故人招隱處，不堪展讀歸來篇」；以及〈除夕〉〔註220〕從「猶有深憂抱杞天」生出「世外桃源忘甲了」等都是。

除此之外，「桃源」一詞也有對悠閒生活的稱讚，如詞作〈高陽臺 題蟬窟窟主人摩達山詩草〉〔註221〕有「閒中日月桃源裏，怕漁郎，來問迷津」、〈步趙雲石代某姬送別原韻〉〔註222〕「果爾桃源別有天」；〈寄南洋林少眉莊貽華〉〔註223〕的「墐鄉知否桃源裏」、〈寄懷王泳翔〉〔註224〕「聞君今有小桃源」等。整體而言，許南英的「桃源」是一種理想世界的建構，這樣的「桃源」不需要太過「具體」，也毋須風景明媚，因為他的目的只是為了逃避現實生活的動亂或不如意，讓自己在面臨人生挫折時，有一個可資遁隱的空間，因此他詩中的「桃源」是抽象的。

三是對於「歸隱」的想望，這樣的「歸隱」心態，是因現實官場不如意，因此將辭官歸田。〈和林健人壽菊小集原韻〉說「罷官栗里陶潛隱，流寓江南庾信哀」；〈秋日書懷〉〔註225〕「漫云歸里如元亮」等，〈菊花〉〔註226〕「冷魂三徑渺，晚節一枝妍。慚愧陶彭澤，歸來未有田」，其中「三徑」源自「三徑就荒」，也有歸隱的意思，〈壬子午節前一日與蓮塘學校陳畹蘭教員並陳其純諸昆季放舟滄江〉〔註227〕「芳草迷三徑」；〈秋日書懷〉「松菊已荒三徑外」

〔註218〕收於施懿琳等編，《全臺詩》第拾壹冊，臺南：國立臺灣文學館，2008 年，頁 205。
〔註219〕同前註，頁 245。
〔註220〕同前註，頁 363。
〔註221〕收於許南英，《窺園留草》，臺北市：龍文出版社，1992 年，頁 215。
〔註222〕同前註，頁 131。
〔註223〕同前註，頁 155。
〔註224〕收於施懿琳等編，《全臺詩》第拾壹冊，臺南：國立臺灣文學館，2008 年，頁 207。
〔註225〕同前註，頁 278。
〔註226〕同前註，頁 208。
〔註227〕同前註，頁 271。

都是這樣的用法。二是希望過躬耕、不勞心力的生活，〈田家〉〔註228〕一詩很有代表性，許南英說「落日亦云暮，躬耕謝南畝。荷鋤入我戶，稚子候門久。因時摘晚菘，乘興開新酒。布席命童僕，隔籬呼親友。頹然同一醉，不醉隨所受。豈必盡十觴，何須傾一斗。中庭懸明月，清輝照户牖。嗟彼簪組人，飛螢滿地走。雖有星星光，轉瞬復何有。我願隱姓名，無勞栽五柳。」，而〈送汪杏泉入都補殿試〉〔註229〕「一官老我羞元亮，三策期君學仲舒」、〈林投帽〉〔註230〕「葛巾陶令思歸隱，箬笠蘇公愛自由。」、〈留別南社同人〉〔註231〕「擊楫被人疑祖逖，挂冠如我學陶潛」、〈舊友陳基六相遇於新竹吟壇口占絕句見贈即用原韻口占兩絕以報〉〔註232〕的「陶公解組官書晉」等，都是承接上述的歸隱心態而來。

許南英對於陶淵明的接受，第四個原因來自於「栗里」這一地名的大量提出。李劍鋒提到「與陶淵明相關的地理環境也是陶淵明傳播的一個客觀條件。陶淵明為他所生活的地理環境打上了深深的印記，唐人對此看得很清楚。」〔註233〕如〈春草八首和沈琛笙大使原韻〉〔註234〕「栗里陶公書可讀」；〈遊臺北基隆雜詠〉〔註235〕「老去陶潛歸栗里（題『擬歸去來詞』七絕）」、〈再和沈琛笙五日有感原韻〉〔註236〕「醉歌栗里陶潛賦，忍看監門鄭俠圖」，而「卜居」一典，也和陶淵明晚年歸「栗里」，並作下〈移居〉詩有關，詩中提到「昔欲居南村，非為卜其宅」，所以許南英才在〈乙未秋日遊丁家茘園〉〔註237〕說「非是陶潛能卜宅，劇憐宋玉善悲秋」，至於許南英在〈施雲舫山長在廈用寄鄭養齋原韻作詩二首寄贈並索和章仍用原韻奉呈〉〔註238〕的「重來

〔註228〕收於施懿琳等編，《全臺詩》第拾壹冊，臺南：國立臺灣文學館，2008年，頁226。
〔註229〕同前註，頁212。
〔註230〕同前註，頁281。
〔註231〕同前註，頁301～302。
〔註232〕同前註，頁298。
〔註233〕李劍鋒，〈論唐代人接受陶淵明的原因和條件〉，《文史哲》，1999年3期，頁87。
〔註234〕收於施懿琳等編，《全臺詩》第拾壹冊，臺南：國立臺灣文學館，2008年，頁266。
〔註235〕同前註，頁293。
〔註236〕同前註，頁305。
〔註237〕同前註，頁190。
〔註238〕同前註，頁240。

彭澤陶元亮（時予復任三水）」、〈菊花〉的「慚愧陶彭澤」也是承續這一脈絡
而來。

　　最後還有一點，許南英對於陶淵明的稱呼比較一致，多集中在他的字
「元亮」上，而少稱其名或號，如〈和菽莊主人燈夕原韻二首〉〔註239〕「元
亮聊乘化」、〈秋河再讌也是園倒疊前韻（座中八人，七人同姓，其一姓李）〉
〔註240〕「日涉陶元亮」，〈施雲舫山長在廈用寄鄭養齋原韻作詩二首寄贈並索
和章仍用原韻奉呈〉的「重來彭澤陶元亮（時予復任三水）」、〈秋日書懷〉「漫
云歸里如元亮」及〈送汪杏泉入都補殿試〉「一官老我羞元亮」都是。

七、因慕蘇而愛陶——施士洁的詠陶詩

　　施士洁（1856～1922），字澐舫，號芸況，又號喆園，晚號耐公。清臺灣
縣治（今臺南市）人，為進士施瓊芳之次子。未冠補博士弟子員，縣、府、
院三試均名列第一。光緒元年（1875）中舉，次年（1876）捷成進士，授內
閣中書。生性放誕，不喜仕進。返臺後曾先後任教彰化白沙書院、臺南崇文、
道學、海東書院。與丘逢甲、許南英三位並稱為清季三大詩人。當時臺灣兵
備道唐景崧因仰慕其才，曾再三敦請士洁參與政事，始應允與之訂文字交。
及唐景崧任臺灣巡撫，又招其入幕，以諮詢政務並切磋文藝。乙未割臺，施
氏攜眷內渡，寓居於晉江西岑，時往來於廈門、福州間。和林爾嘉、鄭毓臣
等臺灣內渡文士，流連詩酒。在當地詩社「菽莊吟社」裡，被推為祭酒。1911
年出任同安馬巷廳長，1917年入閩修志局，既而寄居廈門。1922年五月病逝
於鼓浪嶼。著作有有《日記》一冊、《鄉談聲律啓蒙》一冊、《喆園吟草》四
冊、《後蘇龕詩鈔》十一冊、《後蘇龕詞草》一冊〔註241〕。

　　施士洁作品中大量和陶淵明有關的典故，當和蘇軾對陶淵明的崇高讚譽
有關，我們應該先明白蘇東坡對陶淵明的接受，然後再看施士洁對蘇東坡的
偏愛，最後則看施士洁因蘇東坡之故，對陶淵明接受，三個層次進行論述。

　　方瑜在〈抉擇、自由、創造——試論蘇東坡筆下的陶淵明〉一文提到，
蘇東坡對於陶淵明的推重，是「以其人為主，再及其詩」〔註242〕，陶淵明之

〔註239〕收於施懿琳等編，《全臺詩》第拾貳冊，臺南：國立臺灣文學館，2008年，
　　　　頁336。
〔註240〕同前註，頁194～195。
〔註241〕同前註，頁1。
〔註242〕參考方瑜，〈抉擇、自由、創造——試論蘇東坡筆下的陶淵明〉，《臺大中文學

所以讓東坡折服，是因爲他：

> 出於自由意志的考量，做出超越現實利害的抉擇，更能不計世俗他
> 人的毀譽，在寂寞「荒途」上，堅持獨行……而淵明與自然相親相
> 近，視己身爲自然的一部分，毫無間然的融入其中，不干擾、不支
> 配，沒有現世權力階級制度宰割的「桃源」是淵明心靈的故鄉。這
> 種齊觀生死、與自然契合的認知與實踐，也是東坡在「赤壁賦」中
> 以如此精彩的文章心領神會之處。〔註243〕

因此，雖然陶淵明與蘇東坡的生命基調，有著本質上的不同，卻由於東坡的
大力提倡，而重新定位陶淵明在中國文學史上的位置。

施士洁對於蘇東坡的偏愛，可見其〈二十初度朧仙長兄招同劉拙菴陳榕
士兩司馬楊西庚朱樹吾兩明府梁定甫拔萃傅采若上舍沈竹泉布衣□□穎軒禮
東坡像以洁與坡老同生日也次日□題蘇詩後成八十韻〉〔註244〕，裡面提到
「公生乙卯時，我生乙卯歲。十二月十九日，生日遙相對。初公字和仲，厥
序實居□。□我亦復然，一類靡不類。惟公乃天人，其生也有自。我獨何人
斯，曷敢仰而企……我從諸子後，泥雪爪痕誌。廿載落人間，是否公夙契。
月日與公同，時□與公□。彼此千載餘，夢寐徒罄欵。特恐繙詩案，又入窮
愁□。□家德□翁，精註標孤詣。武子踵成之，編年書始著……奉公一瓣
香，公乎不我棄。他年白鶴峰，身或將公替」，龔師顯宗即提到「由於出生的
年月時辰和蘇軾相同，都屬於魔蝎宮，故常以坡公再世自況，用『後蘇龕』
名其集，而行事也都以蘇氏爲尚。」〔註245〕陳昭瑛也說：「所以施士洁的詩文
著作皆冠以『後蘇龕』，慨然以東坡後人自許。」〔註246〕可見施士洁對蘇東坡
的接受。

也因爲仰慕蘇東坡，所以對於其生平著作極爲熟悉，筆者以爲，蘇東坡
集中的一百〇九首〈和陶詩〉，應該多少影響到施士洁，所以在上述這首長詩
中，他才會特別提到「且和淵明詩」一事，而〈題陳肖石茂才詩卷時將南游

報》，第 12 期，2000 年 5 月，頁 24。

〔註243〕參考方瑜，〈抉擇、自由、創造——試論蘇東坡筆下的陶淵明〉，《臺大中文學
　　　　報》，第 12 期，2000 年 5 月，頁 25。

〔註244〕收於施懿琳等編，《全臺詩》第拾貳冊，臺南：國立臺灣文學館，2008 年，
　　　　頁 8～9。

〔註245〕見龔顯宗，《安平文學史》，收於《臺灣文學研究》，臺北：五南圖書出版有限
　　　　公司，1999 年 9 月，頁 224。

〔註246〕參考陳昭瑛，《臺灣詩選注》，正中書局，1996 年 2 月，頁 146。

島國〉〔註247〕「學蘇飲酒和陶詩（詩中和陶一卷），何物人間拾青紫」則可以看出，其友人陳肖石在著作中同樣有「和陶詩」作，顯然並非特例。

施士洁的書寫方式，多偏重在幾點，一是就「不爲五斗米折腰」一事立論，〈補作六十述懷寄示諸同人索和〉〔註248〕「折腰鄉曲誤淵明」、〈次謝鷗塵大令留別韻三疊前韻〉〔註249〕「念昔歸田有陶令，五柳強於五斗米」、〈和許允伯直刺三水寄懷韻〉〔註250〕「無勞尺素言餐憶，五斗何時五柳歸」、〈臺中詩友陳槐庭同寓荔園用竺初韻見投疊此酬之〉〔註251〕「鄉里折腰陶靖節（辛壬之歲縉篆舫山）」、〈拙菴西湖吟草題後〉〔註252〕「君云一官曷足惜，老陶心豈在彭澤。不願折腰願乞食，我家伯倫興尤劇」、〈米溪臨別觴予於浪嶼公廨出示所藏古硯數十詩以紀之因次其韻〉〔註253〕「莫訝淵明輕斗米，幾人故國錦衣還」，他的「不爲五斗米折腰」又和其「志節」、「天性」有關。也因不願折腰，故選擇「歸隱」一途。

所以〈和蟬窟棉蘭移居韻〉〔註254〕「移挙靖節且休論，那有柴桑避俗喧」、〈穹賓旋滬來詩兼及國家情事次韻答之〉〔註255〕「聞道公歸陶侃里」、「菊徑潯陽元亮隱」、〈和陳香雪老友重游鷺嶼宴菽莊韻〉〔註256〕「松菊未荒三徑在」、「宦情早淡陶元亮」、〈舫山罷篆留別代者于君問樵〉〔註257〕「竊效陶隱居，掛冠向神武」、〈酒樓和榕丈韻〉〔註258〕「馮生意氣空彈鋏，陶令功名早挂冠」、〈元夕和菽莊韻〉〔註259〕「蘭亭陪逸少，栗里老淵明」、〈茂才七十自壽韻爲曉滄作〉〔註260〕「淵明栗里早歸來」、〈菽莊吟社自癸丑至庚申八年矣

〔註247〕收於施懿琳等編，《全臺詩》第拾貳冊，臺南：國立臺灣文學館，2008年，頁303。
〔註248〕同前註，頁311。
〔註249〕同前註，頁190。
〔註250〕同前註，頁218。
〔註251〕同前註，頁328。
〔註252〕同前註，頁48。
〔註253〕同前註，頁185。
〔註254〕同前註，頁332。
〔註255〕同前註，頁370。
〔註256〕同前註，頁377。
〔註257〕同前註，頁259。
〔註258〕同前註，頁50。
〔註259〕同前註，頁133。
〔註260〕同前註，頁380。

花事惟菊特盛主人屬同社十八子各以八律詠之〉〔註261〕「塵中難得樊川笑，劫後相逢栗里存」、〈疊次米溪感事詩韻〉〔註262〕「五柳偶然歸」、〈盆中殘菊次坦公韻〉〔註263〕「美人香草今遲暮，留伴先生五柳門」、〈恕齋疊韻不已如數和之〉〔註264〕「解官瀟洒陶彭澤，去國淒涼樂望諸」、〈送別關介堂明經（其忠）歸莆陽（癸丑十一月同客龍溪邑署）〉〔註265〕「庾杲清才宜幕府，陶潛歸計愛田廬」；都可以看出陶淵明的「歸隱」和其天性，及「志節」均有關連，而當他真正回歸田林時，又是享受這樣的樂趣的，施士洁也抓住這一點，〈健人歸自南洋以江璞巖贈詩示我如韻和之〉〔註266〕「清貧元亮依蓮社，神雋阿戎冠竹林」、〈重九日次黃墨卿韻〉〔註267〕「為問淵明歸去來，故園松菊猶存否。千林黃落秋霜飛，始信晚花香耐久」、〈讀我書屋吟草題後　題還山吟〉〔註268〕「琴到無絃旨更高，羲皇夢裡足風騷。細將歸去來辭讀，一瓣心香五柳陶」、〈覽古〉〔註269〕「陶潛賦閒情，何足累盛德」、〈敘卿郡署種蕉和辛陔韻〉〔註270〕「陶令南山帶月鋤，成都桑之八百株」、〈除夕和星使胡穹賓侍郎韻〉〔註271〕「閒來白社吟陶令」。

第三則是他仍然不脫陶淵明與菊之間的關係：寫菊多同時兼寫陶淵明，〈代範其和菽莊韻〉〔註272〕「和靖梅千樹，淵明菊一籬」、〈題梁定甫秋夜讀書圖〉〔註273〕「四圍點綴青黃綠，況更籬束淵明菊」、〈龔三詩橋歸里養疴寄詩索和即次其韻〉〔註274〕「老菊全荒靖節籬」〈再寄潤石〉〔註275〕「籬種淵

〔註261〕收於施懿琳等編，《全臺詩》第拾貳冊，臺南：國立臺灣文學館，2008年，頁380。
〔註262〕同前註，頁184。
〔註263〕同前註，頁236。
〔註264〕同前註，頁264。
〔註265〕同前註，頁279。
〔註266〕同前註，頁305。
〔註267〕同前註，頁363。
〔註268〕同前註，頁82。
〔註269〕同前註，頁2。
〔註270〕同前註，頁63。
〔註271〕同前註，頁368。
〔註272〕同前註，頁287。
〔註273〕同前註，頁19。
〔註274〕同前註，頁329。
〔註275〕同前註，頁153。

明菊」、〈吟社重陽四詠　送酒〉〔註276〕「有花無酒故交知，對使欣然醉菊籬」、〈六十初度允白以詩壽我如韻答之〉〔註277〕「舊令琴書陶靖節，散人杞菊陸天隨」、〈菽莊吟社自癸丑至庚申八年矣花事惟菊特盛主人屬同社十八子各以八律詠之〉〔註278〕「撮影東籬人渡月」、〈次林侍郎菽莊韻〉〔註279〕「三徑愛陶籬」。

　　四爲提及「桃源」意象，施士洁的「桃源」意象使用，僅次於許南英，用法也很多元，除卻下文提及的「樂園」意識外，其餘多散見於祝壽詩、哀輓詩、和詩酬唱之作中，祝壽詩如〈壽蔡曉滄觀察五十（生閏八月，與今閏同）〉〔註280〕「移家剛好晉桃源」及〈陳顧軒黃淑人七十雙壽徵詩〉〔註281〕「一家雞犬自桃源」；哀輓詩如下文的〈哀安海〉〔註282〕；和詩酬唱之作如〈同穹賓仲巽昆玉游虎溪白鹿洞〉〔註283〕「我亦桃源方外客」、〈庚申除夕菽莊主人爲饋歲會同吟社諸子作〉〔註284〕「不知有漢有魏晉，桃源一角眞蓬瀛」、〈和陳香雪老友重游鷺嶼宴菽莊韻〉〔註285〕「武陵何處是仙鄉」。值得一提的是，施士洁往往將「桃源」隱藏在往來酬唱的詩作中，藉由與友人的唱和，或表達自己冀望桃源的想望，或用以稱讚友人及其居住，如果說，其他本土文人的「桃源」是構築在自我世界之中的話，則施士洁隱藏在酬唱詩作的桃源，顯然多了可資「對話」的空間，能夠與往來友人共享，而非獨善其身。

　　事實上，身爲臺灣望族的施家，父子進士二人均未曾爲官，而選擇歸隱於鄉這條路，這部分與淵明「隱」的部分是重疊的，但對於他們個人的生命歷程而言，他們也缺乏陶淵明在「仕」與「隱」糾葛中那份矛盾掙扎，因此不如東坡和陶詩的深刻，施士洁雖以東坡自許，但畢竟生命基調有著本質上的不同，故而無法如東坡一樣，對於陶淵明有更深入的體會，但這不影響施

〔註276〕收於施懿琳等編，《全臺詩》第拾貳冊，臺南：國立臺灣文學館，2008年，頁378。
〔註277〕同前註，頁282。
〔註278〕同前註，頁380。
〔註279〕同前註，頁287。
〔註280〕同前註，頁139。
〔註281〕同前註，頁368。
〔註282〕同前註，頁376。
〔註283〕同前註，頁369。
〔註284〕同前註，頁383。
〔註285〕同前註，頁377。

瓊芳、施士洁父子二人的「陶淵明書寫」，畢竟他們雖不「完全」相應於淵明，至少還有部分是相似的。

第四節　理想空間的型塑與崩毀

　　首先，我們檢視臺灣本土文人的「陶淵明書寫」，發現 240 首詩中，關於「桃源意象」的書寫就有 73 首，這樣的比例相當高（詳見附表三），分量適足以作爲一個專文進行討論。

　　其次，它們共同出現的時間約在道咸之後。本土文人對於「桃花源」的大量書寫，源自於對陶淵明的「接受」。對於唐人而言，「桃源及其代表的與世俗相對的自由和諧的理想境界，是盛唐山水田園詩人內心的一種詩意情結，套用西方原型批評的術語，這一詩意的情結正是一個直接淵源於陶淵明的原型母題。」〔註286〕

　　本土文人的「桃源書寫」，其目的在於希望能夠型塑心目中的「理想空間」，讓自己的生命在遭遇困阨時，得以有所安頓寄託，並形成屬於本土文人共同，卻又風貌各異的「樂園」。在「樂園」中，文人可以超脫、可以擺脫現實生活的不如意、可以帶來平安喜樂，更重要的是，這樣的樂園是可以「企及」的，只要是風景優美之地，隨處皆可見到桃源。換言之，詩人藉由把「桃源」、「田園」聯結，型塑出一個唾手可得的「樂園」。

　　然而隨著外在政治與社會環境的動亂變遷，這個存在於現實中的「樂園」，卻不得不受到現實的侵蝕，逐漸邁入「崩毀」的命運，因此「桃源」不再是「樂園」，也不再唾手可得，「桃源」變成詩人無法企及的所在，它從「現實」變成「幻想」，只能「寄託」，卻不見得能「到達」。

　　對此，我們嘗試用「樂園意識」的觀念，爲清代本土文人普遍的「桃源書寫」，作一個全面性的詮解，歐麗娟在其博士論文《唐詩中的樂園意識》中，歸納出「桃花源」之於「樂園」的幾項典型：一、此一樂園的進入者，乃「忘路之遠近」的漁人，是出於漫無機心的因緣湊泊的結果；二、桃花源所展現的樂園建構，是凡人不易到達的「絕境」，但卻又在人間之中；三、其中只有人倫之親而無上下君臣之義，因此剝除了政治責任和經濟剝削，只留下了血緣之愛，與互依互存的里仁之美。四，桃花源始終都處於一種超脫歷

〔註286〕李劍鋒，《元前陶淵明接受史》，齊魯書社，2002 年 9 月，頁 165。

史之演進，而抽離於時間序列外的凝靜狀態，因此徒有四時之反覆循環，卻無年歲往逝的滄桑變遷〔註287〕。並將唐詩中的「桃花源」主題，依時代先後，區分出四個時期：南朝階段——以仙化爲主流而啓山水化之肇端、初唐階段——隱逸調性的顯揚、盛唐階段——個性化原則的充分實踐、以及中晚唐階段——世俗化：桃花源的幻滅與瓦解〔註288〕。在唐詩的發展裡，的確可以看出這樣的一個發展脈絡及轉化，然而，同樣的「桃花源」主題發展到了清代，卻因時代背景的不同，產生了截然不同的發展順序。

　　歐麗娟提到，南朝與初唐桃花源意象的特點，第一是「仙化」的例子，將桃花源塑造成一座仙風瀰漫的桃源異地，這樣的情形在清代本土文的桃源書寫中相當稀少。反而是初唐的第二類型「朝向隱逸的方向發展」〔註289〕充斥於本土文的書寫之中，因此：

> 不論是完全從仕途上抽離後的長期退隱，而成爲自由精神的寄託；
> 抑或是遊歷於山林名勝時當下的短暫閒逸，內容偏向於山水清景的
> 書寫，總之，當其發而爲詩時，都同樣著重在身處「此岸世界」卻
> 能夠兼的離俗之趣身心安頓……〔註290〕

如果我們實際以本土文人作品爲例來觀察，的確能夠看到這樣的呈現：從這一類的詩作可以看到，「桃源」是「確有其地」的，它們多爲風景優美所在，有的有明確地名，如樹杞林邨（林占梅〈樹杞林邨即景〉）、雙溪（林占梅〈雙溪即景〉、〈雙溪觀石竅泉晚歸燈下作示同遊諸友〉）、水沙連（陳肇興〈水沙連紀遊〉）、肚山（陳肇興〈肚山道中即景〉）〔註291〕，一洞天（盧九圍〈一洞天（北路）〉）〔註292〕等等，也有的是隨興的遊漁家、舟行、山居漫遊，而「桃源」的外在自然景物不外乎「綠陰如夢」（林占梅〈閒興〉）、「四圍山影」（林占梅〈樹杞林邨即景〉）、「門外草如茵」、「花開白似銀」（陳肇興〈肚山道中即景〉）、「煙霞別有天」、「浮筏種禾田」（陳肇興〈水沙連紀遊〉）、「斜日紅開兩岸花」（鄭用鑑〈題漁家壁〉）〔註293〕、「幾點秋山落日斜」（李逢時〈贈洪

〔註287〕歐麗娟，《唐詩中的樂園意識》，國立臺灣大學中國文學系博士論文，1996年，頁209～210。
〔註288〕同前註，頁206～268。
〔註289〕同前註，頁219。
〔註290〕同前註，頁220。
〔註291〕收於施懿琳等編，《全臺詩》第玖冊，臺南：國立臺灣文學館，2008年，頁210。
〔註292〕收於施懿琳等編，《全臺詩》第參冊，遠流出版公司，2004年，頁183。
〔註293〕收於施懿琳等編，《全臺詩》第陸冊，臺南：國立臺灣文學館，2008年，頁

爕堂司馬（熙恬）即次原韻〉）的靜態優美田園景色，而動態如「鳥趁白雲秋度水，人隨黃犢曉耕煙」、「十里溪聲急瀉泉」（林占梅〈樹杞林邨即景〉）的記錄中，有聽覺，有視覺的美感，讓人身在其中，能夠有「笑倚玉床嬌醉舞」（章甫〈雜詩平韻三十首〉）〔註294〕、「製得新詞還自唱，筵前按拍譜琵琶」（林占梅〈閒興〉）、「官齋睡起閒無事」（李逢時〈贈洪爕堂司馬（熙恬）即次原韻〉）般的悠閒，更進一步產生「置身羲皇上，抗志懷葛民」（陳肇興〈詠懷〉）的想望；對本土文人來說，這樣的桃源是「扁舟定向桃源去」（鄭用鑑〈題漁家壁〉）、「莫羨桃源風景好，此間卜築亦如仙」、「恍似桃源初得路」（李望洋〈二十六日舟行即景〉）、「即此是桃源，何處尋避秦」（陳肇興〈詠懷〉）、「如此風光真樂土，不須更覓武陵津」（陳肇興〈肚山道中即景〉），換言之，田園與桃源的雜揉，在本土文人的心中，是可以「企及」的樂土，只要外在的風景優美、閒適，就能帶給內心無比的安慰。認為「桃源」的「可以企及」，這其中又以林占梅的詩作最為明顯，這是因為他心目中的「桃源」被「田園化」了，和他本身的生活空間，形成密不可分的聯結，並慢慢朝向「隱逸」的方向邁進。誠如歐麗娟所言：

> 隨著隱逸的指涉受到強化的潮流，桃花源的意象也同時開始明顯地田園化了，觀其中點染鋪設的景色風物，不外是長榆高柳、秔稻芊棗、暮蟬藥苗、雞鳴禾黍、還有竹徑茅棟、池果園畦、接籬葛巾、釣童樵叟，再加上主客之間忘形爾汝、杯酒言歡的場景，正是平日忙於「攀桂」求取功名，或俗務纏身不得喘息者，於神勞志乖、疲於徵逐之餘，賴以舒展身心的暫時棲身之所。〔註295〕

但這樣的發展，卻也同時將原本超脫於世俗之外的「桃花源」，拉回到世俗之內。而對於「桃源」的探求，又可以分為「主動追尋」與「被動尋得」二種心理，若依陶淵明〈桃花源記〉的原始意涵來看，漁人「無意」間進入桃花源地，是「被動」的，而當漁人回到現實，想要再「主動」回去時，卻不可得。相形之下，本土文人的桃源追尋卻都是「主動」的，並且「易得」，只要願意，在臺灣這塊土地上，風景優美之地，處處皆可為「桃源」。

259。

〔註294〕收於施懿琳等編，《全臺詩》第參冊，遠流出版公司，2004年，頁352。
〔註295〕歐麗娟，《唐詩中的樂園意識》，國立臺灣大學中國文學系博士論文，1996年，頁222～223。

　　而不同於唐人的「田園化」書寫，清代本土文人會將「桃源」、「田園山水」及「居家」三者作聯結，有著自成一格的書寫特色：鄭用錫〈北郭園即事〉〔註296〕說「**我本武陵新避世，蒼苔十里掩柴關**」；陳維英〈太古巢即事〉〔註297〕云「**別有洞天開小口，箇中涼不異桃源**（兩儀石旁有石洞，人側身入行十餘武，黑暗淒寒不敢進。）」而林占梅〈友人詢潛園近景作此答之〉說「吾生知足甚，名利不須論。**不官如栗里，此地即桃源**」、〈西城別業即景〉也說「**課耕懷栗里，招隱擬桃源**」，「北郭園」之於鄭用錫，「太古巢」之於陳維英，「潛園」及「西城別業」之於林占梅，這些地方都是他們日常生活的居住之地，並將居住之地比擬爲「桃源」，東部詩人李逢時及李望洋則較前三人的範圍更進一步，李望洋是將「宜蘭」視爲桃源，李逢時則是「臺灣」整塊土地視爲桃源。李逢時〈子觀宗一兄之令甘肅詩以贈別〉〔註298〕說「家住東瀛天盡頭，萬竿修竹滿城秋。**此間自是桃源洞，莫戀他鄉爛熳遊**」，而李望洋〈宜蘭雜詠〉〔註299〕則云「**五岳歸來又看山，三貂一路透重關。誰知海角成源洞，別有桃花不改顏**（境比桃源）」，從地域範圍來看，本土文人以「明確」的地名指涉「桃源」，從詩人的日常居住地，進而到宜蘭，再擴及到臺灣，施懿琳在解釋〈清代遊宦與在地詩人作品中的臺灣意象〉一文，曾提出鄭用錫的〈北郭園八景〉是「將視域纑中到自己的生活空間，爲北郭園的特色逐一命名。這一方面可看出臺灣士子的文化生活已到達極細緻的程度；另一方面，我們或可視之爲：本土文人嘗試擺脫官方觀點，發出屬於自己的聲音，隱約有一種以『邊陲』對抗『中央』的思維存在。」〔註300〕不僅如此，從這幾個書寫通例來看，本土文人將自己的居住園地視爲「桃花源」般的喜愛，同樣可以視爲「以『邊陲』對抗『中央』的思維存在」，並且更能彰顯其對於臺灣這塊土地的「認同」思維。

　　盛唐階段時，由於「個性化原則的充分實踐」的緣故，不同詩人的桃源書寫產生不同的個然風格，其中孟浩然因爲數量上的優勢，而「宣告了桃源

〔註296〕收於施懿琳等編，《全臺詩》第陸冊，臺南：國立臺灣文學館，2008 年，頁66。

〔註297〕收於施懿琳等編，《全臺詩》第伍冊，遠流出版公司，2004 年，頁 166。

〔註298〕收於施懿琳等編，《全臺詩》第玖冊，臺南：國立臺灣文學館，2008 年，頁99～100。

〔註299〕同前註，頁 173～175。

〔註300〕參考施懿琳，《從沈光文到賴和——臺灣古典文學的發展與特色》，第三篇《清領時期臺灣文學的發展與特色》，春暉出版社，2000 年 6 月，頁 90。

意象之運用進入了鼎盛期的先聲」〔註301〕，其中有一些「即地而做的即景詩」，是他在遊歷傳說中桃源所在的武陵一帶時所做，所以其中有些桃源意象是因地緣關係而入詩的。但是本土文人有些桃源書寫卻非如此，唯一一首提及和「武陵」地緣相關的，只有陳肇興〈哭張郁堂明經〉：

> 君家山水武陵津，四季花開滿地春。畢竟煙霞多痼疾，桃源也不活秦人。

此外，本土文人的「桃源」書寫，也有部分來自於〈桃花源記〉的讀後感，來自於題圖，來自於詠花（武陵桃或武陵花），所以詩作中大量堆砌和〈桃花源記〉有關的人事物。其中如「捕漁人」（章甫〈讀桃源記〉）〔註302〕、「漁郎」（黃敬〈武陵桃〉〔註303〕、李逢時〈武陵花〉）、「武陵」（黃敬〈武陵桃〉）（武陵人，捕魚爲業）、「桃花」（章甫〈讀桃源記〉、鄭如蘭〈題武陵桃源圖〉〔註304〕、李逢時〈武陵源〉、章甫〈武陵桃（用崔護題昔所見韻）〉）〔註305〕（忽逢桃花林，夾岸數百步，中無雜樹，芳草鮮美，落英繽紛）、「雞犬」（鄭如蘭〈題武陵桃源圖〉、施瓊芳〈題桃源圖〉）〔註306〕（雞犬相聞）、「秦世界」（章甫〈武陵桃（用崔護題昔所見韻）〉）（自云先世避秦時亂）、「劉郎」（陳維英〈武□桃〉〔註307〕、黃敬〈武陵桃〉）（南陽劉子驥，高尚士也，聞之，欣然親往）、「問津」（章甫〈讀桃源記〉、黃敬〈武陵桃〉、李逢時〈武陵花〉）（後遂無問津者）均是，也一再提及桃花源的終不可得，「未審桃花肯復春」（章甫〈讀桃源記〉）（尋向所志遂迷，不復得路）；另外則是跟作者陶淵明有關的相關用詞、地名等等：「柴桑」、「陶令」、「淵明」、「籬東」、「叢菊」、「元亮」。

這裡值得一提得的是，李逢時〈武陵源〉說「靈源莫道春光好」、〈武陵花〉也說「不是靈源二月春」，兩度稱「桃源」爲「靈源」，施瓊芳〈題桃源圖〉提到「心超自脫塵根界」、「雲深雞犬易登仙」，是極少數將桃源「仙化」

〔註301〕歐麗娟，《唐詩中的樂園意識》，國立臺灣大學中國文學系博士論文，1996年，頁226。
〔註302〕收於施懿琳等編，《全臺詩》第參冊，遠流出版公司，2004年，頁387。
〔註303〕收於施懿琳等編，《全臺詩》第肆冊，遠流出版公司，2004年，頁125。
〔註304〕收於施懿琳等編，《全臺詩》第玖冊，臺南：國立臺灣文學館，2008年，頁427。
〔註305〕收於施懿琳等編，《全臺詩》第參冊，遠流出版公司，2004年，頁396。
〔註306〕收於施懿琳等編，《全臺詩》第伍冊，遠流出版公司，2004年，頁389。
〔註307〕同前註，頁204。

的例子。

　　歐麗娟將中晚唐時期稱之爲「世俗化：桃花源的幻滅與瓦解」，主要由於安史之亂，對於唐朝國勢造成動搖之故。而本土文人的部分「桃源」詩作，也可以視爲是一種「幻滅」與「瓦解」，這同樣也是因爲戰亂頻仍，時局不安，對於詩人內心造成難以平復的衝擊。李逢時〈九日年伯石次炳邀飲黃秀才家有作〉〔註308〕可算是代表之作：「……人言似紙抹雄黃，世事如棋爭黑白。**方今海內日多故，欲避桃源更無路**。事業勳名亦偶然，占人盡是草頭露。……君不見曠達孟參軍，龍山落帽風猶聞。又不見風流陶靖節，栗里歸田名不滅」，同樣的心緒也見於他的〈漫興〉〔註309〕「見說桃源還是幻，更尋何處築吟窩」；他的〈十二月二十日（乙丑）三姓械鬥避居大湖莊賦此志慨〉說「**避秦何必桃源洞，西去石崖堪閉荊**」，李逢時在同治四年經歷噶瑪蘭地區發生陳、林、李三姓械鬥。這場械鬥中，李、陳聯合對抗林姓，後林姓因有板橋林本源相助，加上陳姓開槍擊敗勇頭，爲免械鬥擴大，遂與林本源議和〔註310〕，顯然李逢時曾因「李姓」而牽連其中，被迫加入三姓械鬥中的李姓，也因此造成他一生仕途不順，至於李望洋〈九月初旬歸山雜詠〉說「**也識桃源好避秦，一官誤我老風塵。如今方得劉郎意，獨向漁人去問津（宜蘭縣俗稱小桃源）**」主要是源於「法人烽火警南天，遙憶閩東思悄然。莫訝隆山曾報捷，須知海外勢孤懸」，因爲臺灣發生中法戰爭的緣故。不管是島內的分類械鬥，或是來自島外的列強入侵，對於詩人而言，戰事頻繁動盪的結果，使得他們對於「桃源」的存在開始動搖而產生質疑。

　　誠如〈桃花源記〉裡，村民之所以在桃源聚集，也是爲了避開秦時動亂一樣，這一些作品共同呈顯出一個樣貌——詩人所冀望可以逃避現實戰亂所帶來的種種苦痛的地方，就是「桃源」的所在，所以，不管是林占梅的「干戈悲滿地，何處是桃源」，李逢時的「方今海內日多故，欲避桃源更無路」、「漁郎錯指桃源洞，欲結紅羊劫外緣」，抑或施士洁「夢中想像桃源路」、「放衙拄笏看山色，桃源肯向世人說」，他們夢想中的「桃源」，必須是沒有戰亂的安定之處。

　　筆者認爲，本土文人這一些詩作，是一種桃源的「幻滅」與「瓦解」，有

〔註308〕收於施懿琳等編，《全臺詩》第玖冊，臺南：國立臺灣文學館，2008 年，頁31。
〔註309〕同前註，頁94～96。
〔註310〕見周榮杰，〈從臺灣諺語來談分類械鬥〉，《史聯雜誌》十五期，頁36。

幾個理由：

首先，這個「凡人不易到達的『絕境』」，卻遭受「人間」戰火無情的摧殘。使得「絕境」真的成為「絕」境。所以「干戈悲滿地，何處是桃源」（林占梅〈亂後經紅毛港有感〉）、「今海內日多故，欲避桃源更無路」（李逢時〈九日年伯石次炳邀飲黃秀才家有作〉）、「何處桃源別有天」（許南英〈和祁陽陳仲英觀察感時示諸將原韻〉），不是「正在尋找」（何處是桃源），就是「找不到」（更無路），更有甚者，施士洁必須「夢中想像桃源路」（〈蔡壽人司馬四十三初度和澄秋韻六疊前韻〉）〔註311〕，李逢時「見說桃源還是幻，更尋何處築吟窩」（〈漫興〉）已經當成幻夢，而許南英更進一步，已經「夢斷桃源世外民」（〈和易實甫觀察原韻〉），從現實生活的「找不到」，轉而向夢中尋找，再進而當成「幻想」，最後淪於「夢斷」，都使得本土文人心中的「桃源」，由原先可企求的美景「絕」美之境，變成人跡罕至的「絕」境。

其次，「始終都處於一種超脫歷史之演進」的桃花源，卻因「時間意識侵入」，而淪入生滅律則，再也不是永恆的象徵。這一點以陳維英〈八月十三日避難石谷山莊馬雲伯少尹繼至同寫感事成詩〉為代表：

> 前年劉郎又避秦（辛酉曾來避難），山曾相識倍相親。欣逢花縣神仙吏，同作桃源隱避人。燈影談心常對榻，礮聲到耳輒沾巾。登高無計惟祈禱（九日偕馬少尹登圓山禱神，為萬民請命），不禱身家禱萬民。

明確點出了「時間」，不管是「辛酉曾來避難」，還是「九日偕馬少尹登圓山禱神」，在這個避難的「桃花源」中，並不是毫無時間感的，此外，李逢時〈九日年伯石次炳邀飲黃秀才家有作〉「去年今日容易過」以及〈十二月二十日（乙丑）三姓械鬥〉、李望洋〈九月初旬歸山雜詠〉「墮落紅塵十二年」都是，這麼明確的時間意識，不應該出現在超脫時間歷史的「桃花源」，陳維英想當「桃源隱避人」，但他卻又強烈意識到「辛酉曾來避難」的事，耳邊聽到隆隆砲聲，又登山為萬民祈禱，種種描述都看不出隱於桃源的安適與出世，反而凸顯內心的不安、入世，以及對於時局那份「無能為力」的心情。

第三，因為戰火的緣故，原先精神寄託的「桃花源」（樂園），已經轉變成為「失樂園」，本土文人作品中呈現出來的黑暗、陰冷的氣氛，沖毀了原先

〔註311〕收於施懿琳等編，《全臺詩》第拾貳冊，臺南：國立臺灣文學館，2008 年，頁 143。

桃花源中「鳥趁白雲秋度水，人隨黃犢曉耕煙」的悠閒，其中以林占梅〈亂後經紅毛港有感〉爲代表，當他感嘆「桃源如可覓，競欲避秦行」、「干戈悲滿地，何處是桃源」時，我們可以從反面看出，原先的「桃源」充斥著「摧林」、「礙石」、「榛荊」、「破屋」、「荒村」、「田園荒廢」、「風亂吼」、「水橫流」、「鬼欺客」的黑暗景致，空氣中瀰漫著「陰森」、「寒威」的涼冷氣息，而使「桃源」變成「鬼域」的原因是「民苦兵」，是「笳聲起暮愁」；同樣的氛圍還可見於李逢時〈九日年伯石次炳邀飲黃秀才家有作〉，「綠螘香杯夕照傾，烏紗小帽秋風冷。秋風冷兮木葉飛，家家刀尺催寒衣」，即便是「綠螘香杯」、「烏紗小帽」，眼前所見，卻是「夕照傾」的頹殘，「秋風冷」、「木葉飛」、「催寒衣」的悲涼，一掃前面「父執忽來邀我飲。提壺挈榼赴城東」的歡宴氣氛，從樂園墮入到「失樂園」的無望心情。

　　本土文人對於「理想空間」的型塑與這一空間的崩毀，其實隱含著對這塊土地的矛盾心情，他們的認同，來自於將臺灣這塊土地比擬爲「桃花源」，將所有美好平和的因子，全放在這個土地上；但同時因爲戰亂與社會的動盪，「桃花源」面臨崩毀的境地，在「無力回天」的情緒中，有不少本土文人選擇「抽離」，這種矛盾情結和二種情況有關，一是當時清帝國已開始邁入腐敗之路，社會處於動盪不安；二是和本土文人在此時大量出現。因此本土文人作品中的「桃源」意象不像唐代，有著歷史變遷的脈絡與軌跡，它因爲本土文人對臺灣這塊土地的認同而被「建構」，但同時也因臺灣外在環境的動亂而被「消解」，因而呈現出矛盾多變的風格。

小　結

　　一般研究陶淵明的學者，多半會將焦點放在陶淵明「仕」與「隱」的情感糾結上，從不同的角度切入去看待陶淵明的「歸隱」，從認爲陶淵明的「五進五退」，證明他在二者之間的游移擺盪。當我們檢視本土文人的爲官之路後也會發現，他們在外地爲官的時間均不長，他們一方面希望能夠建功立業，造福鄉梓，但是一旦遭遇挫折，又不禁想放棄，或是慨嘆自己的「無能爲力」，他們將這種矛盾，甚至「無能」的心緒隱遁到心目中的「陶淵明」裡，以之爲寄託，然後證明自己並非是沒用的，而是如陶淵明一般可以崇敬的。自己的不如意來自於「生性淡泊」如淵明，是「外在」環境的「混亂」，而非因爲自己的無能。

　　本土文人對於陶淵明的接受，主要偏重在「偶用陶公故事」一點，其次是「言及淵明之詩」，再次為「擬陶或效陶詩」（以鄭用錫、陳維英為代表）、「不言效陶，而得神似」（以鄭如蘭為代表）。其在詩文中出現與陶淵明有關的詩句，比例遠遠超過清代所有文人，形成臺地書寫的特例。從文學發展脈絡來看，這是對於前代文學的「繼承」，但就詩人個人詩境的開拓來看，卻是一項極大的「侷限」。

　　此外，本土文人對於陶淵明形象的接受，和魏晉文人極為類似，清代本土文人對於陶淵明的認同，主要是建立在「隱士陶淵明」上頭，對於「詩人陶淵明」的認同比較少。這或許跟本土文人的師承有關，其中屬於道咸同時期的文人，除陳維英、林占梅外，幾乎宗魏晉六朝，而不管是魏晉文人或唐人，對於陶淵明的接受上，「隱逸」及「飲酒」是二個很重要的條件。而本土文人詩作中大量出現的「桃源」意象，可以說是歷代「集大成」者。自從陶淵明的〈桃花源記〉開創出一個理想世界的藍圖之後，後代文人對於「桃源」的內涵，隨著時代環境的不同，賦予它不同的意義，而持續深化著。他們全面繼承了這一脈的文學傳統，但也因為個人生命經驗不同，對於「桃源」定義的取捨因而有異，形成了「同中之異」的文學「特色」。可以說，盛行於清代的「陶淵明研究」，在臺灣的遊宦文人作品中被忽略了，相形之下，反而在本土文人集團中形成自己的書寫傳統。這一書寫傳統表面上是遙相呼應彼岸那一方的潮流，但事實上，不同於彼岸的呈現方式，清代本土文人用屬於自己的角度與方式詮釋再現陶淵明，而成為具有「在地」與「本土」色彩的文學現象。

　　方瑜在〈抉擇、自由、創造——試論蘇東坡筆下的陶淵明〉中曾以二十世紀知識分子流亡避禍的遭遇，詮解陶淵明與蘇東坡所處時代的處境，其中以李永熾在〈流亡的苦楚與思想的開花〉中所區分的「內在流亡」及「外在流亡」為論述依據：

　　　　一種是內在流亡，亦即國內流亡，這類流亡者為免牢獄之災，不敢
　　　　直接向一元化的意識形態挑戰，只有採取沉默的抵抗，……不發言、
　　　　不著述，讓內在熱情自我燃燒；另一種形式是外在流亡，亦即一般
　　　　所說的流亡，也就是逃到外國，繼續抵抗，或表示異議。

　　　　如果借用這兩種區隔來討論前近代專制政權下知識分子的處境，則
　　　　似乎應略加變易，所謂「內在流亡」乃是身體仍留在權力體制中，

並未主動選擇飄流逸走，但內心抗爭的熱情未熄，並不能默而不言，往往發為詩文、議論，因而導致下獄或謫降。而「外在流亡」則可解釋為身心都從權力中心脫逸而出，飄流到鄉間、海隅、山邊、水澤，徹底改變身份，不再是官僚體系中的一份子。〔註312〕

顯然，從臺灣本土文人的經歷看來，他們多半選擇「外在流亡」的方式，寧可為「鄉紳」，不願為「朝臣」，寧可明哲保身，不願干犯禁忌。這是他們的共同特點，卻也是共同侷限。

〔註312〕參考方瑜，〈抉擇、自由、創造——試論蘇東坡筆下的陶淵明〉，《臺大中文學報》，第12期，2000年5月，頁17。

第九章　結　論

　　本論文主要以道咸同時期臺灣本土文人的詩作作爲研究對象，嘗試藉由本土文人與本土文人、本土文人與遊宦文人間的比較，去歸納凸顯屬於本土文人的寫作特色，並進而論證其作品中潛在的「在地」性格與關懷。從本土文人書寫的內容來看，約略可以分成幾大類型：植物書寫、居住空間書寫、行旅書寫、現實民生的關懷，以及詠懷之作，因此本論文主要依循這幾類分別討論。當然文學作品不可能單獨存在，外在環境的變化與政治環境的改變，都或多或少會影響到文人作品，因此本論文第二章主要進行背景陳述，爲文人詩作中所反應的社會民生現實，找到一個可資對應的外在因素。

　　第三章「在地性與外地性的共存——本土文人植物書寫的特色」中筆者先藉由方志記錄與遊宦文人的遊記，進行臺灣在地與非在地植物的認定，再以此爲依據，逐一探討本土文人在植物書寫上所呈現出的共相與殊相，本節所要處理的問題即在於，本土文人的本地植物書寫，是否帶有相當程度的「自覺」？可否呈現臺灣的「在地」特色與獨特思維？而遊宦文人的書寫方式，必然就帶有「覽異」的眼光而已嗎？這二大文學書寫社群中，究竟何者的寫法最能凸顯臺灣的「本土」特色與「在地」思維？經過統計，遊宦文人對於臺地植物的書寫，側重在幾個部分，分別是「七里香」、「佛桑花」、「刺桐花」、「檳桐花」、「波羅蜜」、「檨」、「檳榔」，而本土文人則將「本地植物」書寫焦點放在「老來嬌」、「一丈紅」、「水仙」、「檳榔」、「佛手柑」、「竹」、「梅」、及「菊」、「柳」書寫上。

　　臺灣本土文人詩人對於「老來嬌」之所以偏愛，是因爲它似花而非花，顏色鮮紅嬌豔，色彩繁複，在本土文人的詩文中，多半有「晚節」的象徵意

味，除此之外，它謙遜藏拙、「大器晚成」的形象，都是它深爲本土文人接受的原因，我們或可把「老來嬌」視爲臺灣本土的詠物書寫傳統，這種書寫在相當程度上擺脫中國詠物傳統的類型，而形成具有臺灣「在地性」色彩的代表。而和松梅的傲立雪中相反，詩人對一丈紅的讚美是因爲能在烈日底下昂然生存，而氣候溫暖也正是臺地的特色，這些本土詩人們爲臺地植物找了新的象徵含意，也賦予它們在地的特色。

至於本土文人書寫「外來植物」的共相，則偏重在「牡丹」及「臺地罕見菊種」上，其中後者包含紫狀元、粉褒姒等菊種。本土文人對於遊宦文人常常提及的臺地特色的植物，除了「檳榔」的描寫比較多外，本土文人對於莿桐、波羅蜜、番檨幾乎是「視而不見」。

第三章第三節一開始，筆者提到，同治五年到八年之間，當時的北臺灣，可能有「賞花集會」之類的活動，在一時一地間聚集了許多「罕見」品種的花卉，以致出現書寫類型極爲雷同的狀況。而「本土文人植物的殊相書寫」中，鄭用鑑是「外地與本地植物均寫」；施瓊芳的植物書寫則是深受中國傳統文學影響，至於林占梅則強調於植物的「功用性書寫」。這裡要點出幾位文人的「第一」：施瓊芳的詠柳之作不只佔其植物書寫的一半，同時也是本土文人寫柳詩作最多的一位；黃文儀的詠梅數量之多。本土植物書寫的種類最多的是鄭用鑑，而植物書寫的詩文數量最多是林占梅。

我們認爲遊宦文人與本土文人對於臺地特有植物的書寫，呈現二個截然不同的面向。本土文人對於遊宦文人亟力書寫的內容，是「漠視」而「不參與」的，幾乎讓人有他們不關心本地物產的錯覺。這或許是因爲文學詮釋權早被這一批外來文人把持的緣故，因此本土文人採取「相應不理」的策略，嘗試去尋找新的書寫縫隙。而對於遊宦文人未予以關注的物產，本土文人則勉力爲之，在這些遺漏的縫隙裡找到可以安插自己的位置，這又是一種「重視」且努力尋得另外發聲管道的積極作爲。因此，我們可以發現，兩大書寫社群對於植物這一類書寫的重疊性很低，幾乎呈現各自爲政的狀態。但實際探討之後發現，本土詩人在老來嬌、一丈紅、佛手柑這幾類植物的書寫上，或許可以窺知其隱約想要擺脫傳統文學束縛，嘗試建立臺地文學傳統的渴望，這幾種植物屬臺地常見物產，缺乏中國的文學書寫傳統，當本土文人大量以這些花卉作爲書寫對象，反而對於竹、蘭、蓮這些植物興致缺缺時，其實也表示他們的視野正慢慢從中國拉回臺灣，他們找尋自己認爲最能代表臺

地風骨的植物進行書寫，賦予它新的文學意義，在在都充實了這一時期臺灣
文學的內容。

　　也因為如此，一旦將二大社群的書寫種類整合之後，就能看出臺地植物
書寫的「全面性」，並且能從中建立屬於臺地的「在地」書寫風格，這些特色
也許薄弱，卻是不容忽視與抹滅的存在。遊宦文人對於臺灣本地植物的「敏
感性」較本土文人來得強，儘管遊宦文人的植物書寫，不可避免的有些貶抑
言詞出現，但我們卻不能否認，他們所書寫的植物類型，正是因為在「覽異」
的眼光之下，所以較本土文人更能代表「在地」植物特色類型。對於本土文
人共同的感覺結構來說，長期處在這些物產類型中，如果缺乏比較的對象，
是很難凸顯出特殊性的。

　　而第四章「臺地生活空間的書寫與臺灣意象的認知」中，在「身在家園
——本土文人日常生活空間的即地書寫」裡，文人對於其日常生活空間的書
寫，是較八景書寫更能貼近本土文人生活空間的，幾位本土文人對於生活空
間的書寫，有一項很重要的特色，就是他們都有屬於自己的庭園或書齋，鄭
用錫有「北郭園」、陳維英有「太古巢」、黃敬有「觀潮齋」、林占梅則有「潛
園」、陳肇興有「古香樓」。他們在詩作中有許多細緻的描述：庭園的所在位
置、樓閣的分佈，在園中進行的種種活動，不只環環相扣，而且都是本土文
人藉以認知臺灣這塊土地的線索，這是因為他們居住樓閣的所在位置都是「臺
灣」，所以以這些生活空間作為定點，文人可以在空間之內進行交流與潛居，
也可以走出空間，到其他地方進行活動式的遊覽旅行，進一步擴大對臺灣土
地的認識。

　　鄭用錫曾指出丁曰健後來在郡城購置園庭，也仿用錫設八景並且賦詩，
可知鄭用錫對於「北郭園八景」的命名，在臺灣文學與文化上並不是特立的
存在，因為他的確影響到當時的文人，而且是遊宦文人。陳肇興的「古香
樓」建於咸豐八年，主要作為書房及居處，古香樓的建築對於陳肇興而言，
能夠藏書、讀書、享受生活、安頓家人，但是這樣的居家環境卻毀於戰火之
中，〈憶故居〉一詩可說是「古香樓」的終曲。咸豐七年，李逢時就已經與族
弟李春波合蓋「棲雲別墅」，雖然美其名是「別墅」，但也不過只是小茅屋而
已，我們如果對照詩人在居家生活以及待在棲雲別墅時的感受，不難發現李
逢時在棲雲別墅的生活有濃厚的隱遁意味。在「陳維英與『太古巢』」中可以
知道，陳維英的居住空間有老家（老家有仰龜書房）、而別業先後有棲野巢、

嘯園別業及太古巢，家裡應該還有一個場合是「養蘭棚」。詩人在這種環境得到了隱居的真髓，詩興也自然大發。黃敬有〈觀潮齋即景〉交代了觀潮齋的景致以及他的日常活動，黃敬在詩中的每一首詩中強調紅色色調的景致，以漁火為主，夕陽、紅花及野燈等等為輔，去營造居住空間的色彩，黃敬認為觀潮齋中所見的景致以夜晚最美，所以他大力在這一點中發揮。林占梅「潛園」之中的建築物極多，依徐慧鈺的研究，約可分成「雅集」及「潛居」二大類，因為潛園的生活常會讓詩人有歸隱的錯覺，所以他常會在詩中自比陶淵明。

本土文人的生活地標」中，筆者認為，對於本土文人而言，真正可以著根的地標，不一定是在那些被遊宦文人「命名」及「揀擇」的八景上，而是他們自身的生活空間。在此筆者分為三部分論述，分別是臺灣東部的「噶瑪蘭」及臺灣北部的「西（栖）雲巖」與「劍潭」。

在「臺灣東部的『噶瑪蘭』」上又分成「本土文人的『三貂』印象」及「李逢時與『蘭江』」敘述。「本土文人的『三貂』印象」中，李逢時作品中大量出現的「三貂」地名，幾乎已經成為他認知臺灣的重要「地標」。作為故鄉的門戶，「三貂」之於李逢時，有著多重的意義：它可以是山水情懷的寄託，同時也是他詩興的誘發點，「三貂」作為出入東部地區的地標，不只是李逢時對它情有獨鍾，遠赴大陸任官多年的李望洋，在返回家鄉之後，同樣對於這一個地點多所著墨，是除卻西遊記行的地點之外，唯一入詩最多的臺灣地名，因為地勢高聳之故，「三貂嶺」自然成為文人容易關注的目標，因為身在故鄉，舉目望見即是此山，這樣的代表性意義，正如富士山之於日本，玉山之於臺灣一樣。「三貂嶺」是淡蘭二廳中最高標的，詩人藉由「仰望」角度延伸的，是對於這座高嶺的崇敬之情，連帶成為故鄉的象徵。尤其對東部文人而言，「三貂」又是他們出入故鄉的重要門戶，是連接偏僻東部到繁榮西部的要道，但同時也是屏障安穩家鄉的遮蔽物，所以它的象徵意義是多重而糾結的。而「蘭江」是另一個常出現在李逢時詩作中的地名，筆者以為，李逢時所謂的蘭江當指「三貂溪」，這是因為三貂溪附近有官渡，所以常成為送別的場所，如果蘭地居民離開家鄉不採陸路的話，就必須由三貂溪走水路離開，所以倒映在蘭江上的月，也就被賦予了別愁。

臺灣北部的「西（栖）雲巖」分別有陳維英與林占梅二位將之視為重要生活地標。陳維英對於空間地點的重視，反應出他對這塊土地的高度認同，

他似乎有意一再以詩文標示，讓其他文人可以藉由他的作品，去認識西雲巖的所在與地理方位，即使無法親身蒞臨，至少可以透過他的詳細敘述，而有更爲明確的想像空間。如果不是對於這個地方的喜愛，當不會有要藉他作品將該地「推展出去」的意願。嚴格來說，栖雲巖應該不算林占梅「日常生活」的主要場所，筆者之所以放在此節論述，一方面是因爲「北淡之觀音山西（棲）雲巖寺、劍潭劍潭寺」二地，幾乎是林占梅生活中最爲重要的二個地標，另一方面是林占梅詩作中出現對於棲雲巖的描寫，數量居全詩集之冠，棲雲巖是林占梅書寫次數最多的一個「定點」，這個定點雖然不在林占梅居住的潛園中，離潛園也有一段距離，但它卻是「吸引」占梅「離開」潛園，動身「前往」的一個重要地點，對於林占梅而言，應該具有一定的意義，因此筆者將之放在生活地標書寫上。

第二節「走出故鄉——臺地遊歷空間書寫」中，「走出故鄉」不見得會「走出臺灣」，「走出故鄉」指的是離開自己原生家鄉，到臺灣各地進行遊歷，對臺灣這塊土地的其他地方進行記錄描述。我們在此節區分爲「本土文人的臺地空間書寫」及「本土文人的臺灣旅行詩」二部分，前者爲靜態定點書寫，後者則是動態空間遊歷。

「本土文人的臺地空間書寫」中，筆者又分成「八景詩書寫的再檢討」、「本土文人的『區域性八景』書寫」及「李逢時的『雞籠八景』詩」再一次討論，事實上，從劉麗卿開始，到陳佳妏、許玉青以及吳毓琪都有專章討論「八景詩」，但筆者重點放在遊宦文人與本土文人的書寫方式「比較」上，並嘗試經由數字統計，發現縣廳級八景詩寫作，遊宦文人與本土文人爲 16：34。我們可以將之視爲本土文人對於在地書寫的一種靠攏。若我們將焦點聚焦在「道咸同時期」時，會發現本土文人的書寫焦點，仍然集中在縣級與廳級八景。本土文人並未參與八景的「命名」工作，也同樣沒有八景的揀選權，這部分掌握在來臺遊宦的文人手上，但本土文人的「參與書寫」，卻可視爲另一種詮釋權的轉移。顯然，府級八景詩寫作社群以遊宦文人爲主，而縣廳級八景詩寫作以本土文人爲主要社群。隨著縣廳級八景的提出與書寫，本土文人比例的加重，可以看成是另一種「詮釋權」的參與，姑且不論這樣的轉移是文人「有意」或「無意」爲之，本土文人從對八景的「接受命名」到「參與命名」，並進一步「參與書寫」的過程，我們可以看成是一種對於本土的「認同」。

　　「本土文人的『區域性八景』書寫」則有著迥異於遊宦文人的書寫方式，他們採取與遊宦文人「對立」的作法，試圖建構自己的書寫「模式」，以與遊宦文人作出區隔。換言之，遊宦文人的「忽視」，就是本土文人的「重視」。相較於遊宦文人將臺灣八景「擬中國化」，本土文人的八景書寫，有的雖然無法擺脫這樣的模式，但仍具有自己的特色：如「嘗試以臺灣歷史取代中國歷史，重新奪回歷史的敘述權」、「對於八景與臺地生活的聯結關係更為緊密」、「更能凸顯臺地地名、地理環境的特色」。相形之下，「李逢時的『雞籠八景』詩」就顯得更特殊了，李逢時的八景與廳志所寫的八景，在名稱及選景上都有所不同。「雞籠八景」的選定時間無法確定，但記載在同治十年陳培桂修的《淡水廳志》中，而李逢時作「雞籠八景」的時間是在同治五年到八年間，較陳培桂《淡水廳志》出版為早，因此單就「雞籠八景」的命名而言，李逢時可能早於陳培桂，如果此點成立，則李逢時在臺灣八景詩的命名上，就佔有一席之地，因為這是唯一一位參與「聚落型八景」命名的「本土文人」。再者，我們比較《淡水廳志》和李逢時所列的八景，發現「景點相同但景觀相異」的有二，「所選景觀完全不同者」也有二，這表示李逢時在選取八景時，是很有自己主觀意見，及自己的美學觀點。這段期間的李逢時還有一首八景之作是〈澄臺觀濤〉，臺灣府八景名為「澄臺觀海」，觀濤與觀海的意思相近，但李逢時選擇命名「觀濤」，是將景觀重點由大海縮小到「濤聲」上，由此也可以看出詩人獨特的美學觀。

　　「本土文人的臺灣旅行詩」中，鄭用錫的行旅詩作數量非常少，且遊臺地點主要都集中在北臺，《北郭園詩鈔》中言及行旅的詩作有四首，但親身履之的只有二首。

　　陳維英在道光二十五年時，有過一次從淡水到府城的旅程，這次旅程應該是維英任福建閩縣教諭，準備由府城西渡，維英這次的旅途愁思深重，思鄉情切，從詩中透顯出來的訊息，我們大概可以猜測，詩人此次出遊應該是「被動」成份居多。李逢時在咸豐九年到十年間，應該有過一次府城之行，筆者以為，這趟旅程應該是李逢時準備渡海西試所走的路線：他是由宜蘭北上，經頭圍、北關然後從府城渡海到福州西試。他了錫口時，就開始有遊子歸鄉之意。而在這次府城行之前，李逢時應該已經去過許多地方，只可惜目前所見《泰階詩稿》並不完整，無法見到其早期作品。他在府城可能居留過一段不算短的時間，由於這次「西行」的旅途耗時極久，因此李逢時在府城

的二首題壁之作，才會充滿思鄉之情。他放榜後回臺，應該是在雞籠登岸，
所走路線和陳肇興極為相似，同治五年到八年間，李逢時應該有雞籠之遊，
並且寫下八景之作，同治十年至十一年間，李逢時可能還有一次西渡赴閩的
打算，所以又從宜蘭出發，經〈北關道〉準備到臺灣西部渡海，其中〈擬度
榕城〉一詩所寫應是想像之詞，李逢時應該沒有真的西渡。黃敬曾有過和美、
芝東之行，時間應是在道光九年左右，並與許先生進行唱和；這一次的旅行
中，黃敬似乎歸心似箭，所以無心賞玩風景。陳肇興集中的行旅之作雖然不
少，但我們實際分析之後會發現，除了二次因為科舉而赴臺南之外，他的遊
歷及避難地點幾乎不脫中部一帶，多集中在現在的彰化、臺中及南投，最北
不會超過苗栗，最南也不超過高雄。他的「兩度赴臺南的科舉之行」中，第
一次是咸豐三年南下府城參加科考，並考取秀才；第二次到府城，是為了渡
海參加福建八月舉辦的鄉試。陳肇興的科舉之路，很明顯的可以看出動線的
推移，由北而南一路前進。二次的府城之遊，都集中在古蹟的遊覽。「第一次
避難之行」是陳肇興第一次從臺南準備回鄉時，因為聽聞諸羅地區遭逢亂事
繞路而行，這一次因為家鄉不受亂事牽連，他自己生命沒有受到威脅，而且
又正在回鄉的路上，所以在詩中頗能表現遊玩閒適的樂趣，相形之下，他的
「第二次避難之行」就真的是逃難及避難了，因為他在這事件中深受其害，
所以詩中常常顯出鬱悶不平，在經歷過六保背約縱匪反噬燬陷義庄無數後的
陳肇興，幾乎沒有快樂的旅行之作。而他的「旅遊之行」還包括咸豐元年的
彰化之行，另外就是從今臺中市中區回到臺中縣烏日鄉。咸豐四年則在彰化、
臺中一帶遊歷，而以臺中為主。咸豐六年陳肇興有虎山巖之行，咸豐七年時
由西螺取道，經由諸羅到達茅港尾；咸豐九年又到過豐原，咸豐十年到過清
水，也到過濁水溪及水沙連一帶。林占梅的遊蹤，可以大分為「主動遊歷的
旅程」及「因公奉命的旅程」其中「主動遊歷的旅程」中以(1)劍潭(2)雙溪
(3)芝蘭(4)香山(5)青草湖(6)金包裡等地是他常到的地方，至於「因公奉命
的旅程」中有咸豐三年林恭事變，占梅協辦全臺團練，這一次前往香山、斗
案棚莊等地。咸豐四年，曾南下府城協辦團練，同治二年為掃平戴潮春事件，
占梅曾率軍南下，沿著香山、山腳莊的路線抵達彰化，回程則由大甲取道回
竹塹。占梅的遊歷之作與因公奉命團練之作，恰恰呈現二種不同心境，他「主
動」式的遊歷書寫，常常呈現閒適快樂的心境，能夠欣賞外在的美景，書寫
外在的美景；但因公奉命團練就不是，每一次的團練與勦匪，雖然可以因公

加賞，但也可以丟掉性命，在洽公的途中，詩人心境的沉重也一一反應在景物書寫上，這二種「主動」出遊的快活，與「被動」因公出遊的苦悶，對於林占梅而言，是非常清楚的分別的。

第三節「遊歷空間與文學的結合——本土文人的題壁詩」中，主要側重在「靜態」層面，但就「文學傳播」的角度而言，題壁詩又顯然是一種「動態」的交流方式。本土文人的題壁詩作，時間全部集中在道咸同時期，幾乎沒有例外，這又形成本土文人自己的書寫特色。而本土文人對於題壁的態度，也不若內地文人所面臨的考驗來得多，事實上，本土文人的題壁之作僅能符合「公開傳播」的功能，而作品並未同時面臨讀者品評，更遑論樹立審美標準。本土文人不管是公開場合的山水或佛寺題壁之作，抑或私人的居家或題友人居處之作，都好像戴著面具般，將自己隱身在安全又不至於招惹災禍的分際中，題壁詩之於本土文人，尤其是對於林占梅而言，變成一種自我文采炫耀式的「工具」，而非直言直諫的手段，如果要從題壁詩的「社會功能」來看本土文人的作品，我們會很遺憾的發現，幾乎看不到這樣的努力。

本土文人的題壁之作，是從遊宦文人手中取得文學版圖的另一項證明，從清代臺灣二大創作社群來看題壁詩的寫作，遊宦文人的題壁詩寫作數量，遠不如本土文人。這也是本節之所以會以本土文人為主要論述對象的原因。本土文人的題壁詩寫作，也可以看成是「在地化」的一項特徵，其大量出現於清代臺灣文學之中，主要有幾個原因：一、就「即景」之作而言，這些座落於鄉土地標中的景點，如果遊宦文人不是親履其地，很難在當地留下題壁作品，相較之下，在臺灣土生土長的本土文人，要到這些著名景區的機會就大了許多，也因此遊宦文人的臺地題壁數量遠低於本土文人。二、本地人民對於本土文人的認識，遠高於遊宦文人，就「成名」一點來看，本土文人於臺地的題壁成效，較遊宦文人為高。因為遊宦文人待在臺灣的時間有限，除非有極好政績，獲得百姓愛戴，或是文名滿天下，時人及後人皆知，否則一旦離開臺灣，這些題壁之作將容易被遺忘，進而永遠湮沒。本土文人則不然。三、部分地名的重複出現，可能和那些是文人聚集的場所有關，像劍潭寺就是一例，但是臺灣畢竟不像大陸，許多地點都有著悠久歷史文化，所以如果要從臺灣找出一個可以和西湖相提並論的題壁景點，是不太可能的，也因此，本土文人雖然掌握了題壁詩的書寫版圖，但是開闊性及承繼性卻不如內地文

人的內地題壁詩作，這是可以預期的。

　　本土文人對於臺地空間的「再現」，是先由自家生活空間開始，寫住家庭園，寫庭園所在的家鄉，寫家鄉所在的臺灣，最後寫到臺灣所在的清國。這種向外放射性的書寫順序，都先源於對這塊土地的重視。詩人藉由感官的視覺、聽覺與觸覺，帶領讀者進入他們營造出來的臺地空間，而空間又跟「地名」密不可分，「地名」是一個空間的標誌，有地名也就代表這空間的「存在」，隨著地名的轉變，可以看出詩人旅程中是如何移動？也可以看出詩人對那些地方有著什麼樣的偏愛與喜好。除此之外，本土文人的題壁詩寫作，也為自己找到了另一個發表的版圖，這個版圖之中，遊宦文人的參與度並不高，但相對於八景詩的命名與書寫，本土文人在更「在地」的題壁詩書寫上，反而更貼近這塊土地。

　　第五章「從東渡到西行——本土文人書寫空間的轉化」中，第二節「走出臺灣——本土文人的西渡經驗」裡，筆者分為「臺灣詩人的旅遊之路」、「臺灣詩人的科舉之路」、「臺灣詩人的為官之路」三部分進行討論。

　　「臺灣詩人的旅遊之路」一節分成「鄭用錫的杭州之行」、「滯京最久的臺灣進士——施瓊芳」、「『算來足跡遍天下，況復滄溟十一過』的陳維英」三部分討論。

　　其中「滯京最久的臺灣進士——施瓊芳」一節提到，施瓊芳在道光十七年即赴福州應鄉試，他是有意以詩文作為每次赴考的記錄的，並在這裡開始經歷奇險的旅遊經驗。道光十七年考中舉之後計偕，赴京參加道光十八年的戊戌會試，這一次的進京應禮闈，和蔡廷蘭均不幸落榜。總計三次赴京，五次參加會試。道光二十六年歸臺祭祖後，回祖籍福建晉江祭祖墳，瓊芳滯留晉江期間，所貽詩文甚多。因為北上進京趕考，因此施瓊芳的腳步還擴及其他地方，依其詩中所記地名來看，施瓊芳的赴考路線應該是由福建北上，經浙江、江蘇、河南到直隸的，也由於五次參加會試均往返於這一條路線，因此這些景點究竟作於那一次會試時，也就難以判斷。施瓊芳的行旅之作雖跟赴考密切相關，但是筆者不將之放在「科舉之路」談的原因在於他滯留內地的時間極長，有許多地方的行旅書寫不是「動線式」的，而是「定點式」的遊覽，如福建即是如此。也因為西渡次數非常頻繁，所以瓊芳對於這條路線上的景點古蹟也就相對熟悉。

　　「算來足跡遍天下，況復滄溟十一過」的陳維英，因為曉綠抄本的增補，

而使得陳維英的大陸之行有著完整而豐富的呈現。陳維英總共有二次大陸之行，第一次即道光二十四年赴省垣，道光二十五年任閩縣教諭；第二次爲咸豐九年考取己未科（恩科）舉人，隔年春闈不利，所以下第後咸豐十年捐內閣中書，任內廷國史館分校。筆者將陳維英的大陸之行訂爲「旅遊之行」而非「爲官之路」，主要原因在於這一段「由省北上至京」或是「由京南旋至廈」的過程，是陳維英往返京城與廈門的路線，他的北上雖跟任內閣中書一職有關，但所待時間並不長，而且從其詩作內容來看，這一些遊歷地點是陳維英「由京南旋至廈」的可能性更高，可以說是他解官之後準備返鄉時所作，他的大陸旅行地點當是由北而南行，沿途大約經過：河北→又往東到山東→河南→湖北→湖南→江西→廣西→福建。從其行經地點來看，大抵不會超過這一條路線，但遊歷順序恐怕就不那麼確定。

　　咸豐九年陳維英參加鄉試時已經在大陸，此後至咸豐十一年五月都留在大陸未返臺。整體來說，陳維英的大陸之行詩作，大多是臨地懷古之作，其中人文景觀最多。陳維英的「走出臺灣」，和他「走出故鄉」的筆調並不相同，他的「走出故鄉」充滿離愁，很難從他詩中去看出身處臺灣山水的快意愉悅，這是因爲陳維英的「走出故鄉」是爲了赴閩擔任教諭，屬於第一次離家遠行，也是第一次到大陸，在心情上難免有著不安與不捨；但到他第二次「走出臺灣」時就不一樣了，有了前一次大陸之行的經驗，加上科舉中恩科舉人的得意，他的第二次大陸之行就比較能夠在旅途中享受遊玩之樂，不過若相較於他對自己生活空間的即地書寫之作，陳維英花大量篇幅書寫的〈題劍潭古寺次韻〉與〈題西雲岩雜詠〉中強烈的臺灣史地記錄，其實更能凸顯他的在地意識與關懷。

　　「臺灣詩人的科舉之路」中，鄭用鑑僅有一首〈福州雨中〉當是他赴福州參加鄉試時留下的記錄；李逢時有許多詩均是記錄其福建所聞，當是赴福州參加科舉之作，時間應該是在咸豐九年及咸豐十一年，總共二次赴閩。第二次抵達福建時，李逢時原本打算自省垣北上，後來放棄，原因應該跟太平天國事件有關，因此李逢時繼續待在福建省城，〈歸計〉一詩提到李逢時決定自閩返臺的直接原因，而〈夜入雞籠用前韻〉一詩，則爲李逢時這一次的科舉之路劃下句點；陳肇興從府城搭船自澎湖取道至福建，從〈渡海〉開始，就可以看出本土文人不同於清初遊宦文人的渡海經驗，初抵福建時，陳肇興的遊歷地點都在省城附近，這跟他尚未完成科舉考試有關，確定榜上有名後

準備返臺，〈自南臺江至水口〉即是寫此時的心情。〈浴湯泉（浴湯泉，即溫泉）〉是考完之後，放榜之前的作品，這首詩最值得一提的是詩末「吾鄉硫黃亦同源，爛鳥遊魚眾所諤」，從福建溫泉聯想到家鄉溫泉，跟遊宦文人多以大陸風景比擬臺地八景的方式相比，陳肇興這樣的描寫，凸顯了臺灣的在地特色。他的〈由港口放洋望海上諸嶼尋臺山來脈處放歌〉則為這一次的大陸之行劃下句點。

「臺灣詩人的為官之路」部分只言及李望洋，同樣都是「遊宦」，臺灣本土文人李望洋到大陸的「宦」海記述中，有著不同於大陸遊宦文人至臺地的書寫模式，他的《西行吟草》雖然屬於清代「西部旅行詩」的範圍，但其描寫內涵，卻又和多數的「西部旅行詩」不同，詩人到一個完全陌生的地方，按理應該會有許多記錄風土民情的詩作，但李望洋對於甘肅地區的風俗文物，並沒有高度的興趣，不只沒有使用「比較」性的語言，也不去找出與故鄉不同的地方，更沒有像「西部旅行詩」一樣，側重在「風俗」上的記錄，使用「竹枝詞」寫作，這是因為《西行吟草》的寫作誘因，並不是為了風俗記錄或考察，橫亙於這本詩集的二大書寫內容：「思鄉」是他創作的第一個主因，其次是為報君恩，然而隨著為官多年，離家日遠，李望洋的第二個主因，已漸漸為「鄉愁」所取代，而終至選擇返臺，從作品中，多少能看出這樣的軌跡。因此這一本《西行吟草》的主要內容中，「綿貫十三年的思鄉之作」、「李望洋告退心意的萌發」、「故鄉地名書寫的另一層涵義」就成為他的重要創作主題。李望洋的關注眼光從自身轉移到故鄉，「西行」為官是一個極重要的轉折，當他返臺之後，生活重心都在故鄉宜蘭的社會參與上，對於當地民生的重視，其實是他「西行」之後的一項突破，西行之前的李望洋對於教化宜蘭當地文風，用心良多，但對其他社會建設的參與較少，也因此，購買水圳，以利民生一事，筆者才會認為這是一種突破，因為李望洋已經將關注的層面擴大了！另一個也算是西行之後才有的轉變是，李望洋大力投入到鸞堂的參與中。正因為李望洋的創作動機從來就不是以「采風問俗」為主要目的，所以他的詩文中，很少站在覽異或采風的觀點看內地西部，他對於彼岸的文物風俗，「貶抑」性的用詞極少。

相對於臺地空間書寫，本土文人的「西行」經驗，和遊宦文人的「東渡」有著心態上的根本差異，本土文人的「西行」雖然也是「被動」，但是卻缺乏遊宦文人那種「上對下」式的命令，以及「下對上」不敢違抗的無奈。他們

的「西行」幾乎是為了「應考」，所以每一位有功名的本土文人，都必然有過「渡海」經驗，必然有過「閩地」生活經驗，而從這些文人的詩文中，我們很少見到對於「黑水溝」海洋的恐懼，也極少看到對內地風俗的竹枝采風之作，雖然他們應考之前均未到過閩地，卻也不見他們對於陌生內地的不安，這自然跟「語言溝通沒有障礙」很有關係，語言溝通正常，加上臺灣人口多半由閩粵移民組成，文化風俗近似，因此他們雖然渡海到異地，卻沒有異鄉之感。遊宦文人則不然，因為「迴避制度」的關係，他們任官地點都是語言不通、風俗相異的地區，加上必須隻身渡臺，心裡的不確定與不安感是非常強烈的，這種心態跟臺人赴閩是截然不同的。再者，本土文人渡海西試或任官，有一個很大的前提是，他們前往的是同屬在漢文化教育圈底下，而且擁有高度文明及文化發展的地區，而非蠻荒之地。當這些遊宦文人從原先安穩舒適的家鄉，邁向茫然未知的異地時，究竟表現出什麼樣內心深層的思想？表面上他們似乎是藉由「覽異」去比較文化高低差異，但事實上，我們不妨認為，他們是藉由這樣的「比較」去緬懷故鄉。用一種「另類」懷鄉文學的方式，抒發自己對於故鄉的思念。然後，再進一步藉由這種想念，使自己取得一份安身立命的所在。如此一來，自然從內心獲得了「安穩」、「無懼」。因為「比較」需要「對象」，而作為一個被比較的「對象」，它自然也就有了「存在」的必要與必然。故鄉也可以在這樣的情狀下「存在」。

在第六章「本土文人的風俗民生觀察」中，道咸同時期的本土文人竹枝詞究竟反應了那些臺灣風土呢？這主要可以分成二大類，一是承繼卓肇昌的家鄉空間書寫傳統，以「局部地名」竹枝詞作為書寫重點，第二是節慶類的竹枝詞寫作。采風之作所反映的臺灣社會包含了（一）多元民間信仰。（二）歲時節氣記錄。（三）茶農與漁家生活展現。當清初遊宦文人在臺灣文壇大量創作竹枝詞時，本土文人因為尚未完成培養，所以在這一塊書寫版圖上是缺席的，到了道咸時期，本土文人陸續產生，他們開始寫作以填補這一塊空缺，但是由於政治與社會環境的不安定，文人的關注眼光也就自然地落在現實民生的關懷上，從日常生活中發生的社會事件，從中挖掘可供反省的題材，並提供深刻的觀察，使當時臺灣人產生一個反思的空間。除此之外，以書寫全臺灣為主的「臺灣竹枝詞」大量出現，並在遊宦文人手中完成建構時，本土文人所能夠另闢蹊徑的，就是局部地域性竹枝詞的書寫，另外則是庶民生活的記錄。本土文人對於吏治批判是「隱微」的，而如果吏治敗壞及班兵問題

是臺灣民變迭生的要因之一，何以不見本土文人對其的批判？若是單看本土
文人的在地書寫，幾乎不見吏胥壓榨一事，也可能產生當時臺地吏治清明的
錯覺，本土文人何以不願書寫吏治和班兵的問題？筆者以為，「非不願也，是
不敢也」，本土文人不是不想寫，是不敢寫。本土文人和遊宦文人不同，他們
是要久居在這塊土地上的，如果對執政批評太過，恐怕會引來不必要的麻煩，
而其他遊宦文人，短的任期不過三年，長的最多不過六年，臺灣不是他們久
居的地方，而且他們本身也多是朝廷官員，在立場及身份上，都遠較本土文
人超然及安全，也因此本土文人所不敢反應的層面，就可見於他們筆下。此
外，就本土文人身份來看，用錫之所以出現批判吏治的詩文，是因為他的進
士身份，以及曾經為官的背景，讓他較一般本土文人更為熟悉吏治，而施瓊
芳雖為進士，卻未曾為官；林占梅跟團練關係密切，但也沒有為官的經驗，
因此，本土文人的吏治批判只見於鄭用錫，原因或在此。

　　第七章「民變與災變——本土文人的災難書寫與觀察位置」中提到本土
文人對於分類械鬥的態度，和劉家謀純粹風俗記錄的態度是不同的，對於分
類械鬥頻繁，文人們都亟力抨擊，不管械鬥的理由多麼正當，都或多或少影
響文人的生活空間，他們無法置身事外，有時甚至還頗受連累，算是影響本
土文人最深的一項事件。本土文人對於這項議題的寫作，全部集中在道咸同
時期，顯示其所投注的心力遠較遊宦文人為高。道光間鳳山縣附貢生黃文儀，
有一組〈紀許逆滋事五古十二首〉，是記錄「張丙事件」的重要詩作，因為有
鄭蘭的〈勦平許逆紀事（並序）〉一文為對照，所以我們更可看出黃文儀這一
組詩的地位：可信度極高，批判也很中肯多面。對於起事者的殘忍無道，詩
人固然是極力指責，但對於官軍的勦敵不力，他也多所批評，至於百姓面臨
的苦況，詩人也都照顧到。這一詩一文，相當全面地保留張丙事件當時南部
地方的淪陷情形，也補足周凱等「官方」記錄的不足。林占梅對於民變或械
鬥的關注，遠較其他文人為多，咸豐三年四月發生「林恭案」，關於這一事件，
不見於其他本土文人的描述，只見於占梅筆下，而且數量高達八首，其中以
〈癸丑歲暮苦苦行〉最具代表性，全詩所言，集中在咸豐三年事，包括久雨、
窮民、林恭案、分類械鬥及吏治等，幾個事件又交相影響，該詩對於當時社
會，有著詳實的反應。

　　本土文人對於戴潮春事件的態度中，相對於陳肇興和林占梅對於戴潮春
起事的不能諒解，李逢時則多了同情，對於戴案的觀察視野，就百姓這一角

度看，並不是非常深刻寫實。因爲不是義民，也沒有參與平亂，更不是團練首領，因此李逢時會認爲自己對於百姓民生是無用的，這其實也是他詩作會呈現淡漠，並不深刻的主要原因。至於林占梅，因爲是地方團練的領導者，所以他的「位置」與觀看角度和李逢時有很大的不同，他有一系列跟戴潮春事件有關的作品，他直接稱戴氏爲「戴逆」、「戴匪」，都可以看出占梅所處的官方立場。占梅對於戴潮春之所以起事的原因隻字未提，更遑論對其有同情的理解。陳肇興本人就是義民的身分，和林占梅的領導身份又有不同，他之所以會成爲義民，不只是單純的爲了報效國家，更切身的利害關係在於保衛家園與家人。他對於戴案的描述比李逢時更多，是因爲他是這一事件的「受害者」。但他的批判角度多放在吏治班兵的不良上，對於戰爭形勢的誤判，以及擁兵自衛不願迅速平亂的將領，陳肇興是很有意見的。三位本土文人從戴案中看到橫亙於臺灣政治的重大問題——吏治不良與班兵素質低落。當我們在第六章第六節提出「本土文人隱微的吏治批判」時，只能勉強提出鄭用錫爲代表，但當我們檢視陳肇興《咄咄吟》中對於戴案的敘述，卻能一再看出詩人對吏治班兵的批判與不信任，文人對於吏治敗壞的批判，原來是隱藏在這二卷史詩式的記錄中，陳肇興對於戴案的書寫角度，重點不是放在對戴潮春個人的批判，也不在百姓如何痛苦，而是將鏡頭聚焦在官員及兵丁，當陳肇興一面倒的稱讚殉難官員時，其實也反應出多數官員是如何貪生怕死，李逢時對戴潮春則更多了同情，相比之下，他筆下的官吏形象也就不那麼正面了，林占梅的焦點則是放在主事者對平亂這件事的種種掣肘，連帶點出班兵素質低落的問題。相較於李逢時、林占梅、陳肇興將視野放在整個戴潮春事件上，相較於李逢時、林占梅、陳肇興等人集中於對戴潮春的批判，陳維英將焦點放在戇虎林日成，不能不說是另闢一格的寫法，也補足了戴潮春事件的另一面向。至於艇匪黃位事件屬於外來者對臺灣進行侵擾，主要見於林占梅的詩作中，而這也是道咸同時期，唯一有詩文記錄的「外患」事件。

　　本土文人對於太平天國事件的描述，鄭用錫對「長髮賊」的起事，無疑是抱著批判的態度的，對於其起事的原因，用錫也一一否定。但我們也不能據此苛責，因爲太平天國發生時，他畢竟不在內地，對於戰事發展與消息來源，應該來自「傳聞」或「聽聞」，也由於資訊來源單一，詩人自然無法看清全面的事實。李逢時也有〈長髮賊歌〉，我們能看出李逢時對「長髮賊」的厭惡，但是他的厭惡主要是在於其留髮一事，咸豐十一年間，李逢時人正好在

大陸福建一帶赴科考，當時太平天國事件仍在大陸四地起事，李逢時的北上被阻有可能是因爲「長髮賊」的緣故，李逢時和陳維英一樣，在太平天國事件發生的當下，人都剛好在大陸，但何以李逢時對於這個事件起事的原因感覺上很陌生，甚至有點盲從，他似乎不清楚太平天國爲何起事？也不清楚蔓延的狀況，這眞是非常奇怪。比較有可能的解釋是，李逢時當時人雖在大陸，但活動地點是在福建一帶，並未超出這一範圍，而太平天國事件對於福建一帶的侵擾較少，李逢時也不像陳維英一樣足跡踏遍東南半壁，對於太平軍恐怕也只是「耳聞」居多，更沒有和太平軍周旋交鋒的經驗，因此才會比較陌生。林占梅對於太平天國的訊息掌握，遠較鄭用錫和李逢時詳細，這是因爲占梅的消息來源是「邸抄」，因此算是可靠的來源，然而，占梅的批判不只對於太平軍而已，相較於鄭用錫、李逢時將矛頭指向太平軍，林占梅有更多是對於清廷將領的抨擊；陳維英曉綠抄本中的〈粵西獨秀峰題壁〉組詩，是他描寫「太平天國」事件非常重要的鉅作，陳維英對於太平天國的關注之多，最主要的原因和他當時正身處於中國內地有關。陳維英第二次到大陸的時間是咸豐九年到十一年五月。這一段時間裡，清廷內地正發生「太平天國事件」；除此之外，這一段時間也同時發生「英法聯軍」入侵北京。而「捻亂」也發生在這一時刻。正因爲他「身歷其境」，甚至有好幾次跟太平軍擦身而過的經驗，因此跟其他本土文人比較起來就深刻許多。維英這一組詩作所敘時間約至咸豐三年左右，而太平天國至同治三年才完全平定；同樣書寫太平天國事件，鄭用錫、李逢時都將矛頭指向太平軍，而林占梅除批判太平軍外，有更多是對於清廷將領的抨擊，陳維英則是將焦點全部放在對將領的批判上，這就使得他的書寫角度和鄭用錫、李逢時截然不同。

　　第二節「本土詩人眼中的臺地災難」中，不管本土文人所居的位置爲何，這時期的本土文人將視野關懷投注在群眾百姓身上，不能不說是一種對臺灣的在地關懷。「文人的地震書寫」中討論到，道咸同年間總共超過二十次的有感地震，但如此頻繁的震災次數中，本土文的相關詩作卻僅有三首，遊宦文人只見於徐宗幹和林豪等文集，詩作部分反而闕如。這是相當奇特的，因爲當我們認爲詩人對於自然災害的記錄，是一種「詩史」式的筆法時，卻很難了解，何以詩史式的記載，會「保留」一部分，「排除」一部分？並非是全面的記錄呢？更何況，地震頻繁是臺灣的特殊地理現象，而震度之大，往往造成重大傷亡，這樣強大的震度與伴隨而來的災難，不應只讓「內地人」或「外

江人」嘖舌而已，本土文人再怎麼習以為常，對於一些重大傷亡的震災，也應不至於到「無感」或「漠視」的地步才是，何以在本土文人詩文中竟少見敘寫？

本土文人的自然災害記載中，詩作數量最多的，應該是對於「苦雨」的記錄，當時北臺的鄭用錫、鄭用鑑、林占梅；中臺的陳肇興，南臺的施瓊芳，都有「苦雨」或「大水行」的相關著作，跟震災詩作相較，本土文人對於水災似乎更有感觸，他們多站在為庶民發聲的立場寫作，但這些文人都不是水災或大雨的「受害者」，頂多只是「旁觀者」。因為多半缺乏切身的受害經驗，所以雖然替庶民發聲，也嘗試忠實反映百姓的苦況，卻還是隔了一層。相較於「苦雨」書寫的多元、參與書寫人數眾多，「不雨」的書寫就非常單一，且集中在竹塹地區。目前所見的本土文人，僅鄭用錫及林占梅有相關書寫，並且數量不少，顯示當時竹塹地區曾發生旱災，但未列入官方記載中。不管是苦雨或是求雨，本土文人都是站在為民喉舌、發聲的立場記述，由於多數文人都不具備農事經驗，本身也多非受災戶，因此在描寫苦況時，總能看到他們以知識分子的身份「俯視」著百姓的疾苦，他們的眼光仍然看向百姓，但視角卻是上對下的，這種看待的視角，或多或少仍侷限住他們刻畫災變的深度與廣度，是相當可惜的地方。咸同時期的本土文人，在自然災變的書寫上，只偏重在「震災」及「旱潦之災」上，對於「風災」幾乎不見描寫。而航行路上所遭遇的風災，則屢屢出現於遊宦文人作品，至於本土文人，同樣相當少見，這會讓讀者誤以為，是不是本土文人比較不怕「黑水溝」？這裡有二個例外，一是李望洋，另一位則是陳維英。而道咸同當時本土文人渡海的「交通工具」及「對渡口岸」都較前期為佳，因此，本土文人的「西行」作品中，才會幾乎不見「黑水溝」，也不見風災的相關敘述。是二大書寫社群中，究竟誰更加專注於臺地災難書寫？當我們以道咸同時期幾位主要遊宦文人的詩作作為對照，將不難發現，他們對於臺地天然災和書寫的部分，參與度相當低，在常見的震災、水災和旱災中，只有旱災書寫，較常見於遊宦文人作品中；相對的，風災部分則因為遊宦文人對於海洋有陌生感，容易驚懼，因此書寫上也就遠較本土文人多。總而言之，遊宦文人和本土文人相較，在災變書寫上，仍要以本土文人最為關心自己土地上的災難。

不過，這裡卻有一個特例，劉家謀和林豪的關注焦點極為類似，若和他們描寫澎湖的作品相較，二人對於臺地災變的書寫在數量上並不多，而其對

澎湖災變的描述，則多集中在「饑荒」一事，或是跟饑荒有關。因此一旦對照本土文人的書寫，我們很容易有一個錯覺，那就是，「難道只有澎湖才有饑荒？」臺灣本島內的方志與遊記詩文中，也少見對於「饑荒」的描述，對於「饑荒」的記錄，反而多見於遊宦文人的寫澎作品中。遊宦文人對於臺灣本地災害是忽略的，但對於澎地卻是重視的。遊宦詩人之所以重澎湖而輕臺地，正和這樣的環境背景有關。澎湖先天環境的惡劣，假若「臺灣錢淹腳目」，臺灣人重豪奢的印象成立，則澎湖百姓屢屢因天災而陷入饑荒，就更加令人同情與重視。

　　道咸同之後出現一個特殊書寫類型，即「區域性氣候特徵」在這階段開始被「標舉」。清代臺灣詩人開始注意到臺地「區域性」氣候的特徵，時間點全部在道光之後，對於區域性氣候特色書寫，遊宦文人的關注顯然較本土文人為高，數量比例應是二（本土）比九（遊宦），之所以出現這樣的情形，深究其中原因，恐怕跟胡徵說「居民習慣渾閒事」有關。正因為太過於「習慣」，所以如果沒有經過比較，很難察覺出這些氣候有何特異之處。但筆者好奇的是，何以這些「區域性氣候特徵」會共同出現在道光之後？我們不妨將此看成是道咸同遊宦文人，在書寫策略上的一種「另闢蹊徑」。這些詩作出現的時間點，和本土文人將書寫焦點集中在縣級與廳級八景的時間相若。原先掌握在遊宦文人筆下的「八景詩」書寫，因為本土文人的參與，已經漸漸被瓜分取代，而且因為本土文人比一般文人更能「親臨」這些地方，所以描寫的深度也遠較遊宦文人為高。在這樣的情形下，遊宦文人要參與「區域性」的地方八景書寫並不容易，但不代表他們完全沒有寫作空間，由於他們比在地文人多了「比較」的基點，容易藉由感官察覺出氣候特色上的差異，因此在這一個時間點下將焦點轉移到「區域性氣候特徵」的描寫，不能不說是一種突破。

　　第八章「理想空間的型塑與崩毀——臺灣本土文人的陶淵明書寫」中我們發現，臺灣古典文學的「詠物」作品中，普遍有一種「陶淵明情結」，這樣的情結在整個清代文學環境下，只能算是支流，但對道咸同時期的臺灣本土文人而言，卻是其寫作上的主流，其數量與比例遠遠超越遊宦文人，此外在時間上，它上承乾嘉，下啟光緒，形成一脈相承的文學傳統。

　　如果陶集的編纂可以是判斷當代對於陶淵明是否接受的「指標」，則高建新在〈陶淵明在元明清及近代的地位及影響〉中所作出的統計，適足以證明

有清一代對於陶淵明的認同與重視，若我們單單檢視清代臺灣文學的作品，將會發現盛行於清代的「陶淵明研究」，卻在臺灣的遊宦文人作品中被忽略了，相形之下，反而在本土文人集團中形成自己的書寫傳統。這一書寫傳統表面上是遙相呼應彼岸那一方的潮流，但事實上，不同於彼岸的呈現方式，清代本土文人用屬於自己的角度與方式詮釋再現陶淵明，而成為具有「在地」與「本土」色彩的文學現象。首先，本土文人對陶淵明的崇敬，是直接融合於詩文之中，變成文學作品的一部分。對他們來說，陶淵明生平的考訂正確與否反倒是次要，他生命所透顯出來的真摯、作品自然樸實，志節高尚，才是文人普遍認可的地方。第二，本土文人對於陶淵明的接受，偏重在「隱士陶淵明」，對於「詩人陶淵明」的關注並不高，這一點和東晉南北朝至唐代的接受現象相似，和宋、清的情形相異，因此同樣可以視為一種臺灣特色。

　　至於「本土文人如何呈現陶淵明現象」這一節，可以發現清代本土文人的陶淵明書寫，呈現幾個重要面向：一、本土文人對於陶淵明的接受，和東晉南北朝文人相似，主要是建立在「隱士陶淵明」上頭，對於「詩人陶淵明」的認同比較少。不管是魏晉文人或唐人，對於陶淵明的接受上，「隱逸」及「飲酒」是二個很重要的條件。而本土文人對陶淵明的接受，也多以這二大部分為主。二、清代臺灣本土詩人對於「桃源」內涵的定義，幾乎不超過前人，他們全面繼承了這一脈的文學傳統，但也因為個人生命經驗不同，對於「桃源」定義的取捨因而有異，形成了「同中之異」的文學「特色」。

　　從「共相」角度來看，本土文人對於陶淵明書寫的情況，大致可以看出幾種關聯：第一是陶淵明與菊的關係、而詠菊詩作中，還有許多是與「歸隱」心態相連結，形成第二種特色，第三是陶淵明與柳的關係，第四是陶淵明與酒的關係。本土文人對於陶淵明的接受並不相同，「北郭園裡的隱逸之士——鄭用錫、鄭用鑑與鄭如蘭」裡，鄭用錫對陶淵明的接受，主要在於他的「歸隱」事跡上，對於「菊」的描寫，主要放在「志節」上，在他的書寫邏輯中，「陶淵明」與「菊」這二者是有連帶關係的。鄭用錫由寫菊→寫陶→寫歸隱→寫志節環環相扣，成為一個有機體。鄭用錫對於陶淵明的接受，來自於為官與歸隱間的糾葛。此外，鄭用錫作品中值得注意的，是他有「擬陶詩」，即〈擬陶淵明責子詩〉，龔師顯宗也指出「其〈讀劍俠題傳後〉四首，頗有陶潛〈詠荊軻〉的意味。」因此不妨也將〈讀劍俠題傳後〉視為另一首擬陶之

作。鄭用鑑天性不喜仕進，可以從他作品的題材與風格窺知一二，但他在「偶用陶公故事」及「言及淵明之詩」上，和唐人卻有同工之妙。鄭用鑑詠菊作品中，菊和陶淵明的關係不若鄭用錫緊密，不過他對菊的評價，卻很符合他的人生態度，鄭用鑑〈和淵明歸田園〉的五古四首，可視爲他對陶淵明接受的代表之作，他的〈郊居遣興〉亦有陶淵明〈歸田園居〉及〈飲酒〉詩的影子。鄭如蘭的詩集名爲《偏遠堂吟草》，乃因如蘭書齋之名而得，源於陶淵明〈飲酒詩〉中「問君何能爾，心遠地自偏」之意。他的作品中和菊有關的詩作有三首，均是和林維丞的〈訪菊〉或〈賞菊〉作，三首作品都用到陶典。

「積極用世與逃避隱遁的糾結——林占梅」，在其潛園中，有二處勝景，一名爲「陶愛草廬」，另一爲「東籬」：前者爲「社友雅集、賦菊處」，後者爲「賞菊、次韻」之地。從景點的命名，可以看出林占梅對於陶淵明的偏愛，此爲其一。林占梅的詠菊詩數量，居臺灣本土文人之冠。有許多是因爲愛菊緣故而寫的詠菊之作，他看菊的時間不分季節，不分早晚，對於家中有佳種，他是自豪的，和文人間的酬唱贈答，有許多也是圍繞在賞菊、詠菊、賦菊上，在在都可以看出他對菊的喜愛，此爲其二。他可以說是本土文人中生命情調和陶淵明最爲近似的一個文人。不同於其他文人的是，因爲林占梅本身喜愛音律，因之在使用陶典上，較他人多了「無絃琴」之典，而林占梅也是少數對於陶詩有所評論，並明言自己「愛陶詩」的。

「隱於花叢間的淡北文人——陳維英、曹敬與黃敬對陶淵明的接受」中陳維英對於陶淵明的接受，有幾個特點：第一，他的詠花詩作，大量與陶淵明畫上關係，主要原因在於陳維英對於陶淵明的人格頗爲推崇，將之認定爲一個「典範」，因此在詠花之時，若牽涉到關乎德性、志節等描寫時，不管該項植物是否與淵明相關，陳維英都會在書寫中論及陶淵明，而形成他自身的書寫特色。第二，陳維英的詩作中大量出現跟「歸隱」有關的詞彙，其中如「三徑」、「栗里」等用詞，常在詩作中並稱。第三，「桃源」的寄託可以見於二者，一是以居處「太古巢」比爲景致優美的「桃源」，而自比爲「羲皇上人」；第二點爲尋找可以避難的桃花源。第四，他的〈歸去來詞〉，可以視爲是另一種「仿陶詩」：黃敬對於陶淵明的接受非常單一，和曹敬類似的是，他只有詠花詩作和淵明產生關聯，但他的詠花詩數量又極多，因此陶淵明出現的比例也就升高許多。黃敬對陶淵明事蹟的接受，也和陳維英相同，都偏重在淵明

愛「酒」一事，詩中一再用到「柴桑」一詞，多少對他的「歸隱」生活有著
認同與嚮往。黃敬對淵明的接受同樣也是針對他的「人品」而言，這一點和
東晉南北朝對陶淵明的接受相似，對於「隱士陶淵明」的認同，遠高於對「詩
人陶淵明」的模仿。曹敬對陶淵明的接受，依目前所存文稿來看，極爲單一，
都是以詠菊詩作勾連陶淵明，曹敬在詠菊詩中，接連言及「三徑就荒」這一
跟「歸隱」相關的典故。此外，曹敬對於淵明的「人品」推崇，也似乎遠遠
超過對其「詩藝」的贊揚。

　　「尋找避世的桃花源──陳肇興、李逢時」中，如果許南英的「桃源」
是一種「理想世界」，是一種「依託」，那陳肇興的「桃源」就是「理想世
界」的「終不可得」，二者是非常截然的對比。陳肇興筆下的陶淵明，仍然和
「菊」脫不了關係，所以，寫菊時會提到陶淵明，陳肇興號「陶村」，自然也
是源於對陶淵明的傾慕與喜好，這也是他對於陶淵明接受的另一項證明。同
樣的避世心態也出現在東部詩人李逢時的作品中，李逢時詩作中大量出現的
「桃源」一詞，跟故鄉長年動亂密切相關，對於「桃源」的態度，是介於許
南英和陳肇興之間的，前面曾提到，許南英的「桃源」是一種「理想世界」，
是一種「依託」，陳肇興的「桃源」是「理想世界」的「終不可得」。但從李
逢時點出了「故鄉即是桃源」，更進一步把這個「桃源」和「仙侶」結合，營
造出超凡脫俗的境界，但另一方面「欲避桃源更無路」卻也告訴讀者，這
個「桃源」是「無路可往」的，因爲戰亂頻仍的緣故，而有著有家歸不得的
心酸。

　　「故鄉即是小桃源──李望洋」東部詩人李望洋的寫法，多半扣緊陶淵
明與菊之間的關連，另外就是「桃源」典故的出現，李望洋會將故鄉宜蘭稱
之爲「桃源」，這是因宜蘭縣有「小桃源」之稱的緣故。他和李逢時雖然都是
東部文人，也都有「故鄉即是小桃源」的聯結，卻又有著極大不同，李逢時
畫出了「故鄉是仙境桃源」的美景，但也指出通往這個桃源是「無路可往」
的，以暗示自己因動亂而長期離家，無法歸鄉的無奈與悲苦；而李望洋因爲
長久離鄉的原因，因此對於故鄉的特殊地標，會有著深刻的想念之情，認爲
「故鄉」即是「小桃源」，這樣的美化心態，其實也是另一種「在地」意念的
呈顯。

　　而接續道咸同時期的陶淵明書寫，到了光緒年間的許南英及施士洁，這
條書寫脈絡在其手中延續：

　　「繼續尋找避世的桃花源——許南英」，許南英詩中大量出現「桃源」一詞，將現實人世的逃難、失意，如陶淵明般的將理想寄託在「桃花源」裡。許南英詩作中出現跟「桃源」有關的書寫，數量居本土文人之冠，其用法大致分二方面：一是爲「避亂」，而去營造出一個可資逃避的「桃花源」。再來是對於現實生活的不如意，因而將理想寄託「桃源」的，「桃源」一詞也有對悠閒生活的稱讚，整體而言，許南英的「桃源」是一種理想世界的建構，這樣的「桃源」不需要太過「具體」，也毋須風景明媚，因爲他的目的只是爲了逃避現實生活的動亂或不如意，讓自己在面臨人生挫折時，有一個可資遁隱的空間，因此他詩中的「桃源」是抽象的。

　　「因慕蘇而愛陶——施士洁的詠陶詩」施士洁作品中大量和陶淵明有關的典故，當和蘇軾對陶淵明的崇高讚譽有關，我們應該先明白蘇東坡對陶淵明的接受，然後再看施士洁對蘇東坡的偏愛，最後則看施士洁因蘇東坡之故，對陶淵明接受，三個層次進行論述。筆者以爲，蘇東坡集中的一百〇九首〈和陶詩〉，應該多少影響到施士洁，所以在其長詩中特別提到「且和淵明詩」一事，施士洁的「桃源」意象使用，僅次於許南英，用法也很多元，除卻「樂園」意識的概念外，其餘多散見於祝壽詩、哀輓詩、和詩酬唱之作中，施士洁往往將「桃源」隱藏在往來酬唱的詩作中，藉由與友人的唱和，或表達自己冀望桃源的想望，或用以稱讚友人及其居住，如果說，其他本土文人的「桃源」是構築在自我世界之中的話，則施士洁隱藏在酬唱詩作的桃源，顯然多了可資「對話」的空間，能夠與往來友人共享，而非獨善其身。事實上，身爲臺灣望族的施家，父子進士二人均未曾爲官，而選擇歸隱於鄉這條路，這部分與淵明「隱」的部分是重疊的，但對於他們個人的生命歷程而言，他們也缺乏陶淵明在「仕」與「隱」糾葛中那份矛盾掙扎，因此不如東坡和陶詩的深刻，施士洁雖以東坡自許，但畢竟生命基調有著本質上的不同，故而無法如東坡一樣，對於陶淵明有更深入的體會。

　　「理想空間的型塑與崩毀」中，我們檢視臺灣本土文人的「陶淵明書寫」，發現240首詩中，關於「桃源意象」的書寫就有73首，這樣的比例相當高。其次，它們共同出現的時間約在道咸之後。本土文人對於「桃花源」的大量書寫，源自於對陶淵明的「接受」。本土文人的「桃源書寫」，其目的在於希望能夠型塑心目中的「理想空間」，讓自己的生命在遭遇困阨時，得以有所安頓寄託，並形成屬於本土文人共同，卻又風貌各異的「樂園」。在「樂園」

中，文人可以超脫、可以擺脫現實生活的不如意、可以帶來平安喜樂，更重要的是，這樣的樂園是可以「企及」的，只要是風景優美之地，隨處皆可見到桃源。換言之，詩人藉由把「桃源」、「田園」聯結，型塑出一個唾手可得的「樂園」。

然而隨著外在政治與社會環境的動亂變遷，這個存在於現實中的「樂園」，卻不得不受到現實的侵蝕，逐漸邁入「崩毀」的命運，因此「桃源」不再是「樂園」，也不再唾手可得，「桃源」變成詩人無法企及的所在，它從「現實」變成「幻想」，只能「寄託」，卻不見得能「到達」。我們嘗試用「樂園意識」的觀念，爲清代本土文人普遍的「桃源書寫」，作一個全面性的詮解，歐麗娟提到，南朝與初唐桃花源意象的特點，第一是「仙化」的例子，將桃花源塑造成一座仙風瀰漫的桃源異地，這樣的情形在清代本土文的桃源書寫中相當稀少。反而是初唐的第二類型「朝向隱逸的方向發展」充斥於本土文的書寫之中，從這一類的詩作可以看到，「桃源」是「確有其地」的，它們多爲風景優美所在，田園與桃源的雜揉，在本土文人的心中，是可以「企及」的樂土，只要外在的風景優美、閒適，就能帶給內心無比的安慰。認爲「桃源」的「可以企及」，這其中又以林占梅的詩作最爲明顯，這是因爲他心目中的「桃源」被「田園化」了，和他本身的生活空間，形成密不可分的聯結，並慢慢朝向「隱逸」的方向邁進。但這樣的發展，卻也同時將原本超脫於世俗之外的「桃花源」，拉回到世俗之內。而對於「桃源」的探求，又可以分爲「主動追尋」與「被動尋得」二種心理，若依陶淵明〈桃花源記〉的原始意涵來看，漁人「無意」間進入桃花源地，是「被動」的，而當漁人回到現實，想要再「主動」回去時，卻不可得。相形之下，本土文人的桃源追尋卻都是「主動」的，並且「易得」，只要願意，在臺灣這塊土地上，風景優美之地，處處皆可爲「桃源」。

而不同於唐人的「田園化」書寫，清代本土文人會將「桃源」、「田園山水」及「居家」三者作聯結，有著自成一格的書寫特色。「北郭園」之於鄭用錫，「太古巢」之於陳維英，「潛園」及「西城別業」之於林占梅，這些地方都是他們日常生活的居住之地，並將居住之地比擬爲「桃源」，東部詩人李逢時及李望洋則較前三人的範圍更進一步，李望洋是將「宜蘭」視爲桃源，李逢時則是「臺灣」整塊土地視爲桃源。從地域範圍來看，本土文人以「明確」的地名指涉「桃源」，從詩人的日常居住地，進而到宜蘭，再擴及到臺灣，不

僅如此，事實上，從這幾個書寫通例來看，本土文人將自己的居住園地視爲「桃花源」般的喜愛，同樣可以視爲「以『邊陲』對抗『中央』的思維存在」，並且更能彰顯其對於臺灣這塊土地的「認同」思維。本土文人的「桃源」書寫，也有部分來自於〈桃花源記〉的讀後感，來自於題圖，來自於詠花（武陵桃或武陵花），所以詩作中大量堆砌和〈桃花源記〉有關的人事物。

本土文人的部分「桃源」詩作，也可以視爲是一種「幻滅」與「瓦解」，這同樣也是因爲戰亂頻仍，時局不安，對於詩人內心造成難以平復的衝擊。誠如〈桃花源記〉裡，村民之所以在桃源聚集，也是爲了避開秦時動亂一樣，這一些作品共同呈顯出一個樣貌——詩人所冀望可以逃避現實戰亂所帶來的種種苦痛的地方，就是「桃源」的所在，筆者認爲，本土文人這一些詩作，是一種桃源的「幻滅」與「瓦解」，有幾個理由：

首先，這個「凡人不易到達的『絕境』」，卻遭受「人間」戰火無情的摧殘。使得「絕境」眞的成爲「絕」境。其次，「始終都處於一種超脫歷史之演進」的桃花源，卻因「時間意識侵入」，而淪入生滅律則，再也不是永恆的象徵。第三，因爲戰火的緣故，原先精神寄託的「桃花源」（樂園），已經轉變成爲「失樂園」，本土文人作品中呈現出來的黑暗、陰冷的氣氛，沖毀了原先桃花源中的悠閒，本土文人對於「理想空間」的型塑與這一空間的崩毀，其實隱含著對這塊土地的矛盾心情，他們的認同，來自於將臺灣這塊土地比擬爲「桃花源」，將所有美好平和的因子，全放在這個土地上；但同時因爲戰亂與社會的動蕩，「桃花源」面臨崩毀的境地，在「無力回天」的情緒中，有不少本土文人選擇「抽離」，這種矛盾情結和二種情況有關，一是當時清帝國已開始邁入腐敗之路，社會處於動蕩不安；二是和本土文人在此時大量出現。因此本土文人作品中的「桃源」意象因爲本土文人對臺灣這塊土地的認同而被「建構」，但同時也因臺灣外在環境的動亂而被「消解」，因而呈現出矛盾多變的風格。

本土文人對於陶淵明形象的接受，和魏晉文人極爲類似，清代本土文人對於陶淵明的認同，主要是建立在「隱士陶淵明」上頭，對於「詩人陶淵明」的認同比較少。這或許跟本土文人的師承有關，其中屬於道咸同時期的文人，除陳維英、林占梅外，幾乎宗魏晉六朝，而不管是魏晉文人或唐人，對於陶淵明的接受上，「隱逸」及「飲酒」是二個很重要的條件。而本土文人詩作中大量出現的「桃源」意象，可以說是歷代「集大成」者。自從陶淵明的〈桃

花源記〉開創出一個理想世界的藍圖之後，後代文人對於「桃源」的內涵，隨著時代環境的不同，賦予它不同的意義，而持續深化著。他們全面繼承了這一脈的文學傳統，但也因為個人生命經驗不同，對於「桃源」定義的取捨因而有異，形成了「同中之異」的文學「特色」。可以說，盛行於清代的「陶淵明研究」，在臺灣的遊宦文人作品中被忽略了，相形之下，反而在本土文人集團中形成自己的書寫傳統。這一書寫傳統表面上是遙相呼應彼岸那一方的潮流，但事實上，不同於彼岸的呈現方式，清代本土文人用屬於自己的角度與方式詮釋再現陶淵明，而成為具有「在地」與「本土」色彩的文學現象。

從在「地」到「在」地
——清代臺灣詩中的空間意識與在地認同

在「地」指的是空間性的存在，清朝領臺前期，不管是遊宦或本土文人，都同時在當時聚集到臺灣這塊「土地」上，思想上的互相撞擊，產生出屬於臺灣的獨特文化，當時「外來」的遊宦文人，對於臺灣的認知是「空間」上的——地理環境的不同，物產的特殊，渡海而來的心路歷程，種種都與「空間」密切相關。而「既有」的本土文人，出現時間較晚，對於土生土長的地域，他們有著「時間」傳承上的情感，熟悉當地的歷史變遷，臺灣對他們而言，不只是「空間」上的存在，還包含了歷史文化等情感質素，因此，「在」地的「在」字，相當程度上包含了他們的「認同」過程，表現出「存在」於這塊土地上，對於這塊土地在歷史文化（時間）及地理環境（空間）的「全面性」認同，因而產生了「地方感」。因此從在「地」到「在」地，即標示著從「空間」到「地方」的演進歷程。

這是一項漸進式的改變，當遊宦文人佔據著早期臺灣文壇時，他們對於「空間」的認知與書寫，在某種程度上補足了本土文人的書寫空白，他們對於物產差異的敏銳度，讓「習以為常」的臺灣人，有了比較的機會，而本土文人的出現，在大中國意識的涵蓋下，他們也許「自覺」，也許「不自覺」地發展出屬於自己的寫作傳統。清代臺灣文學中的植物書寫，標示出遊宦／本土文人不同的書寫面向，遊宦文人的臺地「特色」植物書寫，在相當程度上補足了本土文人的不足，但這不表示本土文人的忽視值得苛責。

丘逸民引用人本主義文學地理學的概念架構，來解釋人們對於家鄉與異

鄉的不同感受時說：

> 對家鄉具有歸屬感，內在性的存在的身份（home-insider）來謳歌家
> 鄉事物的地區或地方文學是文學上甚為普遍的主題，可見到的作品
> 多是鄉村的描寫；相反的人在異鄉所常有的存在的外部性
> （away-outsider），使人對地方沒有歸屬感，作品中的漂泊、流離、
> 無根，是作者對他所無法投入的異鄉（多為都市）的吶喊；異鄉對
> 旅人不盡然是負面的意象，如他以新加入者的身份，卻對新地懷有
> 情愫，或與當地人事發展了種種正向的關係，促成了一種存在的內
> 部性，他的作品就成為他鄉的內在性存在（away-insider）的文學典
> 型。〔註1〕

以清代臺灣文學的二大社群來說，「對家鄉具有歸屬感，內在性的存在的身份
（home-insider）來謳歌家鄉事物」所指當為本土文人社群，他們由於生長在
這塊土地上，因此對於這塊土地的人事史物有著濃厚的情感，而「人在異鄉
所常有的存在的外部性（away-outsider），使人對地方沒有歸屬感」可以指稱
遊宦文人，尤其是清初遊宦社群，至於「以新加入者的身份，卻對新地懷有
情愫，或與當地人事發展了種種正向的關係，促成了一種存在的內部性，他
的作品就成為他鄉的內在性存在（away-insider）的文學典型」正可以道咸同
時期的遊宦文人社群為代表。

研究價值

一、藉由詩作全面比較，使得部分詩作得以「各歸其主」，不能確定者也可藉此提出存疑

（一）鄭用錫〈感時〉一詩經過討論之後確定應為陳維英的作品：

鄭用錫有〈感時〉〔註2〕一詩，研究者多以為是用錫之作，原詩為：

> 秀才一個值三千，不論文章只論錢。利市襴衫當議價，膠庠弟子竟
> 增員。莫誇司馬能掄士，須讓宏羊為主權。剜肉原知非至計，那堪
> 軍務望誰填。

〔註1〕　見丘逸民，《清代臺灣詩歌中的氣候識覺》，國立臺灣師範大學地理學系，2005
　　　　年2月，頁80。
〔註2〕　收於施懿琳等編，《全臺詩》第陸冊，臺南：國立臺灣文學館，2008年，頁
　　　　218。

這一首詩作只見於「稿本」，而不見於龍文本，而陳維英同樣也有〈感時〉
〔註3〕之作，他的第一首說：

> 秀才一個值千金，不論文章只論錢。利市襴衫當議價，膠庠弟子竟
> 增員。莫誇司馬能掄士，須讓宏羊爲主權。剜肉原知非至計，那堪
> 軍務望誰塡（八月九日同林丈文翰舍人，同年邱湯臣、進士家鏡颿
> 比部，及門家洞漁中翰，出都豫楚江右回閩，途中漫興）。

陳維英曉綠抄本有一首〈感時〉，詩句爲「秀才一個值千金，不論文章只論錢。
利市襴衫當議價，膠庠弟子竟增員。莫誇司馬能掄士，須讓宏羊爲主權。剜
肉原知非至計，那堪軍務望誰塡」，而《臺北文物》誤爲此詩註解的「八月九
日同林丈文翰舍人，同年邱湯臣、進士家鏡颿比部，及門家洞漁中翰，出都
豫楚江右回閩，途中漫興」部分，卻是下一首詩的詩題，換言之，在曉綠抄
本中，有另一首詩題爲〈八月九日同林丈文翰舍人同年邱湯臣進士家鏡颿比
部及門家洞漁中翰出都豫楚江右回閩途中漫興〉，詩句內容爲「同譜同官同本
生，同餐同宿又同行。燕山楚水歡風俗，茅店蓬窗話月明。處處關心詢古跡，
時時屈指數歸程。五人外更添新體，秋塞南飛旅雁征。」的詩作，因此這是
二首詩而非同一首。

筆者以爲這一首〈感時〉當爲陳維英之作，主要原因在於曉綠抄本與臺
北文物本均收有此詩，因此爲陳維英之作當無疑問。這首詩之所以出現在鄭
用錫稿本中，或許是因爲陳維英的觀念與用錫接近，因此用錫「手錄」維英
之作，但由於未署名之故，遂使後人誤以爲此詩是用錫的的作品。而楊浚之
所以未收入刊本，可能是曾同時看過陳維英的作品，知道這首詩是維英之作，
故予以剔除。

（二）陳維英〈癸丑之變兄弟俱死於難〉、〈癸丑秋長兄四弟爲拒匪俱死
於難張程九以書及詩來慰聊裁以答〉、〈哭三歲兒〉等詩確定非陳維英之作，
而應是其學生周鳴鏘的作品。詩題中所寫「癸丑之變」也非指「頂下郊拼」，
而應爲「林恭案」。

據謝志賜的研究，這幾首詩之所以非陳維英之作，是因爲「考先生長兄
維藻卒於道光十五年，且先生排行第四，而三大房中先生之兄弟、堂兄弟並
無人去世於癸丑年（即咸豐三年），故知二詩非先生所作。」〔註4〕曉綠抄本

〔註3〕 收於施懿琳等編，《全臺詩》第伍冊，遠流出版公司，2004年，頁171。
〔註4〕 見謝志賜，〈道咸同時期淡水廳文人及其詩文研究——以鄭用錫、陳維英、林占

在題目下也註明「一曰此恐非迂谷先生之詩」，同樣情形見於曉綠抄本的〈哭三歲兒〉〔註5〕，其詩題下註明「一曰此恐非迂谷先生之作」，可知這二首作品在《臺北文物》及曉綠抄本的抄錄者的認知中，都覺得並非維英之作，除此之外，〈癸丑秋長兄四弟爲拒匪俱死於難張程九以書及詩來慰聊裁以答〉〔註6〕也被懷疑非維英作品。此外，維藻是「二次北上春幃，途中卒於蘇州」〔註7〕的，而非卒於臺灣。這二首詩之所以誤入《偷閒集》，恐怕跟《臺北文物》當時刊登的，是「某氏珍藏之鈔本」，而非原本有關，既是「鈔本」，在傳鈔繕寫的過程中，很有可能因爲詩題相似，又敍寫同一件事，以致將他人之作誤爲陳維英的作品。然而，即使非維英之作，這二首詩仍然很有價值，我們可以看出：該位詩人及家人同樣在「癸丑」年經歷亂事，而且其親人顯然參與其中，此外，這位詩人的親人應該不少，如果有長兄、四弟，則兄弟最少有六人，長兄與四弟同時於咸豐三年過世，過世時家中尚有高堂在，此外，詩人與「張程九」相善，張程九既然可作詩文，顯然也屬於知識階層。長兄、作者與四弟均在臺灣，則其爲臺灣本土文人的可能性也就極高，非屬遊宦文人。

筆者以爲，此位詩人所經歷的，應非北部地區「頂下郊拼」，除了詩文中未曾言及「械鬥」外，這裡還用到「拒匪」的字眼，可知詩人一家恐怕是站在官方立場與當時作亂者對抗，而〈癸丑之變兄弟俱死於難〉提到「飲恨難消龍目井，洗冤空對虎形陂」，其中「龍目井」在雞籠、彰化縣、鳳山縣都有此地名，而虎形陂同樣可見《鳳山縣采訪冊》而不見於其他地區。從二個地名所在地來看，詩人所處位置應在臺灣南部一帶，咸豐三年，發生於臺灣南部的民變，是四月發生的「林恭案」。地點遍及鳳山、臺灣、嘉義及彰化諸縣。因此這應該是對於林恭案的記錄。廖毓文在《臺北文物》二卷四期〈偷閒錄（二）〉後面的代束第二條曾補充「前稿發表，即蒙陳培漢先生指摘，〈癸丑秋長兄四弟爲拒匪俱死於難張程九以書及詩來慰聊裁以答〉一詩，係迂谷先生之高徒周貢生鏘鳴所作……」〔註8〕，周鏘鳴是光緒九年「安平縣」歲

梅爲對象〉，國立臺灣師範大學國文研究所碩士論文，1995年6月，頁108。
〔註5〕收於施懿琳等編，《全臺詩》第伍冊，遠流出版公司，2004年，頁153～154。
〔註6〕同前註，頁155～156。
〔註7〕見陳培漢，〈先曾叔祖維英公事蹟〉，《臺北文物》2卷2期，1953年8月15日，頁89。
〔註8〕見《臺北文物》2卷4期，1954年1月20日，頁106。

貢，一作「淡水縣」，此筆資料目前只見於《臺灣通志》〈選舉〉，且校者提到
「安平、淡水，名多雷同，姑兩存之；此外，亦有類此情形。」〔註9〕同治
四年，鄭用鑑過世，陳維英率領門人所送的輓聯中，周鑱鳴還是「生員」的
身份，若周鑱鳴是「淡水縣」歲貢，與他是陳維英學生的身份似乎更爲貼
近，但筆者以爲，從詩中所透露的地名訊息，周鑱鳴應該還是「安平縣」歲
貢爲是。

（三）陳維英〈遊西岩〉詩究竟何爲陳維英之作？何爲郭襄錦所作？只
能存疑之。

陳維英〈游西岩〉〔註10〕的一三首似乎重複，廖毓文在《臺北文物》二
卷四期〈偷閒錄（二）〉曾補充「原有註：郭雲裳有〈初冬遊龜山西雲寺〉二
首，並註：前一首與本詩第一首同。不知實出誰手，並列於後，以待後考。」
〔註11〕郭襄錦目前所知僅有一首〈送曹懷樸司馬謹謝病歸里〉〔註12〕傳世，
就廖毓文的資料看，則〈初冬遊龜山西雲寺〉也是襄錦之作，但有目而無
詩。徐麗霞在〈陳維英之別業：太古巢與棲野巢（三）〉則提到「臺灣分館
藏『曉綠用紙』手抄《偷閒錄：太古巢詩鈔》僅有第一與第三首，作者爲郭
雲裳。《五股志》第十篇〈五股的藝文〉第一節〈詩賦〉，則把第一、二首歸
屬於陳維英，詩題〈遊西岩〉，而把第三、四首歸屬於郭雲裳，詩題〈初冬遊
龜山西雲寺〉。這四詩究竟『實出誰手』，眞是『以待後考』，疑不能明。」
〔註13〕曉綠抄本中的郭雲裳〈初冬遊龜山西雲寺〉爲「一身裏在翠嵐中，無
路終尋有路通（披榛覓路）。僧抱白雲眠未起，權將我作主人翁（客到僧眠，
郭曰茗里人即主人也，安用僧）。」、「雨意先防双子傘（是日天陰），山光爭
入一詩囊。傍花品茗香夷惠（汲寺名泉，以瀹佳茗，值蕙桂齊開），坐石看雲
起老莊。」即《臺北文物》版本的三四首，而《臺北文物》版本的一二首則
爲「一身裏在翠微中，無路還尋有路通。僧把白雲眠不起，權將我作主人

〔註9〕 見蔣師轍，《臺灣通志》〈選舉〉「貢生」‧「淡水縣」條，臺灣銀行經濟研究
　　　室，臺灣文獻叢刊第130種，光緒二十一年，頁420。

〔註10〕〈遊西岩〉的一、二首爲「一身裏在翠微中，無路還尋有路通。僧把白雲眠
　　　不起，權將我作主人翁」、「絲絲微雨洗輕塵，好趁風來五股坑。爲解主人多
　　　繾綣，青山爭出笑顏迎」。

〔註11〕見《臺北文物》二卷四期，1954年1月20日，頁106。

〔註12〕收於施懿琳等編，《全臺詩》第伍冊，遠流出版公司，2004年，頁58。

〔註13〕見徐麗霞，〈陳維英之別業：太古巢與棲野巢（三）〉92卷3期＝549期，2004
　　　年3月，頁109。

翁。」「絲絲微雨洗輕塵，好趁風來五股坑。爲解主人多繾綣，青山爭出笑顏迎。」

如果就第三首「一身裹在翠嵐中，無路終尋有路通（披蓁覓路）。僧把白雲眠未起，權將我作主人翁（客到僧眠，郭曰茗里人即主人也，安用僧）」的註解來看，倘若「郭」指的是「郭襄錦」，則第三首爲郭襄錦所作的可能性就不高。然曉綠抄本將前二首歸郭襄錦所作，這樣的情形誠如徐麗霞所言，是「這四詩究竟『實出誰手』，眞是『以待後考』，疑不能明。」

（四）陳維英曉綠抄本中〈題劍潭古寺次韻〉的二十四首作品，有部分可確定作者：

陳維英本人的〈題劍潭古寺次韻〉，不是只有《臺北文物》所載一首而已，就曉綠抄本所載，這是一組二十四首的長篇鉅製，楊添發認爲「關於二十四首詩的作者，僅知一首爲陳登元所作，其餘詩作不知作者何人。」〔註14〕如果對照連橫《臺灣詩乘》卷四，則有幾首詩的作者是可以查證的，第一首「寒潭誰擲劍，終古化龍騰。長憶凌霄客，而無呪鉢僧。虹藏風弄影，光躍水生稜。空際盤旋舞，秋波分外澄」〔註15〕的作者是「白良驥（少溪）」，第二首「波流旋不定，神物昔飛騰。遺跡尋荒寺，禪心證野僧。藏形辭玉匣，餘氣露圭稜。明月空潭夜，寒光澈底澄」〔註16〕是「查元鼎（少白）」；第四首「自有名詩鎭，潛蛟囷敢騰。山青頭似佛，月白影隨僧。頑石偏通竅，恬波不起稜。斯遊非劍俠，一片道心澄」〔註17〕的作者是「張書紳（半崖）」，但賴子清《臺灣詩醇》及陳漢光《臺灣詩錄》卻題爲潘永清之作，就時間先後來看，恐當以連橫之說爲是。第十九首「化龍龍已去，龍去劍光騰。古跡談名士，空山剩老僧。迴瀾開寶鏡，斷石露圭稜。夜靜星辰落，江天一色澄。」賴子清《臺灣詩海》亦題爲張書紳之作。

第十八首「八景居其一（劍潭夜光爲淡北八景之一），詩人論沸騰。開心方見佛，無髮豈眞僧。竹榻經多蛀，苔碑字有稜。劍沉龍不見，空對碧波澄。」收於林欽賜《瀛洲詩集》，題爲陳維菁之作。

第二十三首「此日舟休刻，當年劍不騰。鐘聲停過客，笠影認歸僧。寶

〔註14〕 見楊添發，《陳維英及其文學研究》，私立銘傳大學應用語文研究所中國文學組碩士論文，2006年2月，頁107。

〔註15〕 見陳維英曉綠抄本。

〔註16〕 同前註。

〔註17〕 同前註。

相胸成卍，金剛目有稜。千潭同一月，悟徹道心澄。」賴子清《臺灣詩醇》題為陳樹藍之作，陳漢光《臺灣詩錄》亦從此說。

再對照國家圖書館陳維英民國抄本，則除第三首確定是維英之作外，第十六首「汎汎扁舟去，風恬浪不騰。蛇靈靈在佛（乾隆初，一僧自潮州奉大士至，現紅蛇得夢而成寺，迄今紅蛇出沒，未嘗傷人），猿瘦瘦於僧（寺蓄一猿）。劍氣波三折（水獨圓折），潭光月一稜（相傳荷蘭有劍墜，居民多見夜光燭天）。延津迴首處，心俱水與澄（延平府有化劍津，區君曾守延平，著廉聲）。」〔註18〕也是維英之作。因此二十四首詩作中，確定是維英之作的只有二首，確定是他人之作的有七首，如果再對照廖毓文詩前小註，則潘永清、連日春也應有作品才是，因此加起來一共是九首他人之作，至於其他十三首只能姑且存疑，不納入陳維英詩作作品討論。

二、重新定位二位東部重要詩人李逢時與李望洋的文學地位

（一）李逢時

李逢時作「雞籠八景」的時間是在同治五年到八年間，較陳培桂《淡水廳志》出版為早，因此單就「雞籠八景」的命名而言，李逢時可能早於陳培桂，如果此點成立，則李逢時在臺灣八景詩的命名上，就佔有一席之地了，因為這是唯一一位參與「聚落型八景」命名的「本土文人」；再者，我們比較《淡水廳志》和李逢時所列的八景，可以發現所選八景並不一致，而李逢時顯然是經過實地探勘後決定的，這表示李逢時在選取八景時，是很有自己主觀意見，及自己的美學觀點。

李逢時作品中大量出現的「三貂」地名，幾乎已經成為他認知臺灣的重要「地標」。作為故鄉的門戶，「三貂」之於李逢時，有著多重的意義：它可以是山水情懷的寄託，藉由遊歷「三貂」，表現其悠遠閒適的心境。除了呈現山中靜謐的氣氛外，這裡也是他詩興的誘發點，是促使其詩歌創作的動力之一，而相較於本土文人對臺地特產的「無感」，李逢時卻是清楚入詩，〈蘭陽閒居即事用前韻呈洪判官〉詩云「竹城三里趁溪斜」，蘭陽當時應是竹子環繞城郭，而且應該是一大特色，所以李逢時在〈答舊館人訊蘭中山水〉說「欲從雲外望瀛州，漂渺仙蹤何處求。一局殘棋疏雨過，**萬竿修竹滿城秋**」，還是在強調這一景觀，其在地觀念之強，幾乎是本土文人的前幾名。

〔註18〕見陳維英曉綠抄本。

（二）李望洋

　　同樣都是「遊宦」，臺灣本土文人李望洋到大陸的「宦」海記述中，有著不同於大陸遊宦文人至臺地的書寫模式，他的《西行吟草》雖然屬於清代「西部旅行詩」的範圍，但其描寫內涵，卻又和多數的「西部旅行詩」不同，依趙宗福對於「西部旅行詩」作者類型的歸納，李望洋在身份上應屬於「宦游型官吏詩人」，但他又不同於「宦游型官吏詩人」，他到西部為官也不是因為貶謫，他自己提到到了甘肅之後「聞所未聞見未見，此行斷是不尋常」，按理應該會有許多記錄風土民情的詩作，但奇怪的是，李望洋對於甘肅地區的風俗文物，並沒有高度的興趣，到甘肅任官之前，他對於這個地方是陌生的，對於該地的氣候，他都是「聞道」，並非親身體驗，對於一個不熟悉的地方，他應該是會如同來臺遊宦文人一般，用「比較」性的語言，極力找出與故鄉不同的地方才是，或是如前述「西部旅行詩」一樣，側重在「風俗」上的記錄，或是大量使用「竹枝詞」寫作，但這幾點都不見於其詩作中。事實上，《西行吟草》的寫作誘因，並不是為了風俗記錄或考察，「思鄉」是他創作的第一個主因，其次是為報君恩。正因為李望洋的創作動機從來就不是以「采風問俗」為主要目的，所以他的詩文中，很少站在覽異或采風的觀點看內地西部，他對於彼岸的文物風俗，「貶抑」性的用詞極少，以一個臺灣本土文人的身份，到達有著豐富文物及文化內涵的中原，他所感受的是「衣冠文物仰中華，車馬功同輯轅譁。不是夏王勞八載，川原此日尚龍蛇。」（〈漢水懷古〉），對於甘肅當地文風是「文章半是逢青眼，場屋能無嘆白頭」（〈壬申九月十五日夜在玉尺堂同黃畊翁考校試卷首場閱畢步月有感〉），抱持著仍是相當正面的態度。

　　為官晚期的李望洋，詩作中常會出現故鄉地名，或是標示自己出身地的詩句，李望洋一再在詩中提到臺地地名，而且這些地名的出現都是他即將返臺之前重複出現，這種情形有點類似之前十餘年為官生涯中，好像都是苦苦壓抑思鄉之情，如果多寫一次家鄉地名，想家的心情就更深一層，也更難按捺，而今返家在即，無所顧忌，之前壓抑的情緒鬆綁解套後，就奔放不可扼抑了。本土文人「西行」經驗最為特殊者，要數李望洋了，因為他是真正西行又西行，為官地點遠在甘肅一帶。從東南邊陲到西北邊陲，從四面環海到四面黃沙。只是當我們實際分析他的作品時卻會發現，除了「苦熱」讓他吃不消外，李望洋幾乎不去描寫西部一帶的地理人文特色，他的《西行吟草》

重點不在景，而在詩人內心的心情記錄。

李望洋的關注眼光從自身轉移到故鄉，「西行」爲官是一個極重要的轉折，當他返臺之後，即不再西渡任官，生活重心都在故鄉宜蘭的社會參與上，另一個也算是西行之後才有的轉變是李望洋大力投入到鸞堂的參與中。

三、補充部分本土文人生平

這些本土文人因爲目前所知資料有限，因此在其生平研究上往往因爲材料不足，無法得知其進一步的作爲，藉由詩作的討論，可以進行一部分補充。

（一）黃敬

陳維英《太古巢聯集》中有〈黃必先捷泮〉〔註 19〕及〈黃必先由廳案前捷泮〉、〈輓黃必先祖母（年八十五）〉〔註20〕三聯，其中〈黃必先由廳案前捷泮〉〔註 21〕有註云「黃別構於關渡山以濱水曰：觀潮齋。而齋適對坌嶺，而坌嶺吐霧，乃淡北八景之一也」，所以「必先」應該也是黃敬的字或號之一，《偷閒錄》中還有一首〈賀黃景寅新婚〉〔註 22〕詞作，從這幾首作品來看，陳維英與黃敬的交游是密切的。陳維英的長女嫁給廳庠生黃馭，「黃馭字覺民，淡水干豆庄人，即著名的『關渡先生』黃敬之弟。」〔註 23〕顯然陳維英應年長於黃敬，由此可知黃敬的生年不會早於陳維英出生的嘉慶十六年（1811），道光九年（1829）左右，黃敬曾有過和美、芝東之行，並與許先生進行唱和；辛卯年有〈步高梅園書齋元韻〉、〈步陳晴川書齋元韻〉；壬辰年也有〈作步高梅園書齋元韻〉、〈步陳晴川書齋元韻〉、〈壬辰閏九月芝東諸〔註 24〕先生詠庭菊步其元韻〉，之所以能夠確定黃敬和美、芝東之行是道光九年而非光緒十八年（1892），主要原因是「壬辰」年又同時碰到「閏九月」的時間，只有道光十二年（1832）年而已，依此前推，則「己丑」當是道光九年無疑。這一次的旅行中，黃敬似乎歸心似箭，所以無心賞玩風景，〈遊

〔註 19〕 收於施懿琳等編，《全臺詩》第伍冊，遠流出版公司，2004 年，頁 218～219。
〔註 20〕 同前註，頁 245。
〔註 21〕 同前註，頁 219。
〔註 22〕 陳維英，《偷閒集》，《臺北文物》3 卷 2 期，頁 92。
〔註 23〕 見廖漢臣，〈巢名太古尋遺跡──記迂谷陳維英〉，《臺北文物》2 卷 2 期，1953 年 8 月 15 日，頁 98。
〔註 24〕 按，「諸」字當爲「許」字之誤。

和美將歸遇雨（己丑年）〉〔註 25〕及〈江頭訪舟（己丑年在和美作）〉〔註 26〕
都是這樣的心情，甚至到芝東訪友不遇，黃敬也沒空多等，只能留題一絕，
表明自己的到來，〈尋友不遇留題一絕（己丑年在芝東作）〉〔註 27〕說「只因
歸思茫茫急，不復與君話別情」，而〈東鄰吹笛（己丑年在芝東步許先生元
韻）〉〔註 28〕應該也是作於此時。道光二十五年乙巳（1845）秋，黃敬作〈曹
仁憲榮壽〉〔註 29〕祝賀曹謹，道光二十八年（1848），安溪舉人盧春選來淡
設教，乃師事之；咸豐四年（1854）取中歲貢生，後獲授福建福清縣學教
諭；同治五年到八年（1866～1869）與李逢時、陳維英等人同時參與賞花
活動。

（二）李逢時

　　李逢時在咸豐九年到十年間，應該有過一次府城之行，筆者以為，這趟
旅程應該是李逢時準備渡海西試所走的路線：他是由宜蘭北上，經頭圍、北
關、三貂、暖暖、錫口、中壢、府城，然後從府城渡海到福州西試。他了錫
口時，就開始有遊子歸鄉之意了。而在這次府城行之前，李逢時應該已經去
過許多地方，只可惜目前所見《泰階詩稿》並不完整，無法見到其早期作品。
其作於咸豐十年〈別郡城〉、〈路經礦溪次茄苳社陳同年汝梅家〉、〈龜崙道中〉
及咸豐十一年的〈發蘭陽〉、〈由中壢至鳳山崎望竹塹城〉、〈西螺對雨作〉應
該都是李逢時身在福州時對於咸豐九年到十年間臺灣西部之行的「回想」，他
在府城可能居留過一段不算短的時間，由於這次「西行」的旅途耗時極久，
因此李逢時在府城的二首題壁之作，才會充滿思鄉之情。放榜後回臺，應該
是在雞籠登岸，所走路線和陳肇興極為相似，同治五年到八年間，李逢時應
該還有一次雞籠之遊，並且寫下八景之作，同治十年至十一年間，李逢時可
能還有一次西渡赴閩的打算，所以又從宜蘭出發，經〈北關道〉準備到臺灣
西部渡海，〈擬度榕城〉、〈安平即景〉、〈大溪坪即事〉及〈茅港尾客舍〉都是
此時之作，其中〈擬度榕城〉一詩所寫應是想像之詞，李逢時應該沒有真的
西渡。

〔註 25〕收於施懿琳等編，《全臺詩》第肆冊，遠流出版公司，2004 年，頁 130。
〔註 26〕同前註。
〔註 27〕同前註。
〔註 28〕同前註。
〔註 29〕同前註，頁 113～114。

四、重新定位二位鳳山文人卓肇昌與黃文儀的文學地位

（一）卓肇昌的竹枝詞

本土文人開始在詩作中大量出現「竹枝詞」這一體裁，大約要到道咸時期之後，在此之前，不得不先提到卓肇昌，他是目前可見，最早有竹枝詞作品傳世的本土文人。卓肇昌所流傳下來的竹枝詞有二首，分別是〈東港竹枝詞〉〔註30〕及〈三畏軒竹枝詞（即書院東軒）〉〔註31〕，這二組竹枝詞的寫作方式，有可能影響後來本土文人的竹枝詞寫作，卓肇昌主要以生活空間作為竹枝詞書寫的對象，後來本土文人的竹枝詞多冠以臺灣局部地名，或許受到他的影響，這是特色之一，這些極為貼近自己成長環境的書寫方式，是非常在地的，如果不是因為真心喜歡與認同，卓肇昌不會將自己的夢想寄託在這塊土地上。卓肇昌可以說是本土文人中，第一位將書寫視野落實在臺灣這塊土地的文人，他老老實實的記錄日常生活空間，將視野放在身邊的土地，而非遙遠的內地，這一點深深影響後來本土文人的竹枝詞寫作。

（二）黃文儀對張丙事件的史詩記錄

道光間鳳山縣附貢生黃文儀，有一組〈紀許逆滋事五古十二首〉〔註32〕是記錄「張丙事件」的重要詩作，因為有鄭蘭的〈勦平許逆紀事（並序）〉一文為對照，所以我們更可看出黃文儀這一組詩的地位：可信度極高，批判也很中肯多面。對於起事者的殘忍無道，詩人固然是極力指責，但對於官軍的勦敵不力，他也多所批評，至於百姓面臨的苦況，詩人也都照顧到。這一詩一文，相當全面地保留張丙事件當時南部地方的淪陷情形，也補足周凱等「官方」記錄的不足，黃文儀與鄭蘭的立場雖然也是官方的，但他們指責的對象除了「作亂者」的「行動」外，還有「作亂者」的「身份」，尤其是知識份子和僧侶的投入作亂，黃文儀與鄭蘭都是相當不以為然的。

五、修正其他論文觀點與錯誤

（一）陳維英〈癸丑之變兄弟俱死於難〉、〈癸丑秋長兄四弟為拒匪俱死於難張程九以書及詩來慰聊裁以答〉、〈哭三歲兒〉等詩確定非陳維英之作，

〔註30〕收於施懿琳等編，《全臺詩》第貳冊，遠流出版公司，2004年，頁313～315。
〔註31〕同前註，頁315～317。
〔註32〕收於施懿琳等編，《全臺詩》第伍冊，遠流出版公司，2004年，頁132～135。

而應是其學生周鳴鏘的作品。因此，顧敏耀在〈仙拼仙，拼死猴齊天——以分類械鬥爲主題的臺灣古典詩文作品比較〉一文中，以〈癸丑之變兄弟俱死於難〉及〈癸丑秋長兄四弟爲拒匪俱死於難張程九以書及詩來慰聊裁以答〉來論證出陳維英「他的家族也實際參與了械鬥，屬於敗戰的下郊陣營。他的長兄與四弟皆陣亡於這場『內戰』當中，他的房子還有別莊都被敵對陣營焚燒一空，是當時的在地古典詩人之中，受害最深的。」〔註33〕是很有問題的，因爲這二首詩作確定並非維英之作，因此並不適合用以論證，並得出這樣的結論。

　　（二）薛建蓉在《清代臺灣本土士紳的角色扮演與在地意識研究：以竹塹文人鄭用錫與林占梅爲探討對象》分析「劍潭」相關詩作時，作者一方面說「劍潭寺是臺北府附淡水境內信仰回教的寺廟」，一方面卻又以林占梅的〈諸同友人重遊劍潭寺〉說「在寺妙理（按：應爲廟裡）藉著禮佛法聽鐘鳴，洗滌林占梅內心煩悶的思慮。」〔註34〕回教寺廟中豈有聽見佛法之理？連橫在《臺灣通史》卷二十二〈宗教志〉的「回教」也說「回教之傳，臺條灣絕少。其信奉者僅爲外省之人，故臺灣尚無之清眞寺也。」〔註35〕作者可能將連橫放置於此頁的「臺灣廟宇表」中的寺廟，均誤爲回教寺廟，這一點是需要先更正的。

　　（三）薛建蓉在《清代臺灣本土士紳的角色扮演與在地意識研究：以竹塹文人鄭用錫與林占梅爲探討對象》中引用了《臺灣輿圖》〈宜蘭縣圖〉的記載，提出雙溪位於「海口之著者，曰三貂溪，又名下雙溪，爲淡、蘭交界之所。」〔註36〕這一點同樣是有問題的，因爲這邊的雙溪，係指「三貂溪，又名**下雙溪**」，是位於「淡、蘭交界之所」，就地理位置來看，位於竹塹的林占梅將別業置於淡蘭交界，未免太遠了些，《新竹縣采訪冊》卷一「竹南堡川」條提到「有苗栗縣中港南堡一水自暗潭院東南分來注之，名**內雙溪**；又紆徐

〔註33〕見顧敏耀在〈仙拼仙，拼死猴齊天——以分類械鬥爲主題的臺灣古典詩文作品比較〉，http://www.fgu.edu.tw/~wclrc/drafts/Taiwan/gu-min-yao/gu-min-yao_02.htm。

〔註34〕見薛建蓉，《清代臺灣本土士紳的角色扮演與在地意識研究：以竹塹文人鄭用錫與林占梅爲探討對象》，成功大學臺灣文學研究所碩士論文，2005年7月，頁125。

〔註35〕連橫，《臺灣通史》，卷二十二〈宗教志〉，「回教」，臺灣銀行經濟研究室，1962年，頁583。

〔註36〕《臺灣輿圖》〈宜蘭縣圖〉，臺灣銀行經濟研究室，光緒五年，頁42。

盤繞西北行三里至內大坪，又二里至龜山前，又一里至大挑坪口，有九塊寮院一水自東北方十餘里來注之，**名外雙溪。**」〔註37〕唐贊袞在《臺陽見聞錄》的「雙溪」條就說「臺北有**上雙溪**、下雙溪，水雲環抱，上下相接。」〔註38〕可知「雙溪」不只分上下，也分內外，林占梅設置別業的雙溪，應該是指位於竹塹境內「隙子溪」流域的雙溪，《新竹縣采訪冊》卷一的「隙子溪」條提到「隙子溪在縣西三里。……，**有南方一水自三叉崃發源，經大分林、三條院、六塊寮、庚子寮十里來匯合，名雙溪。**」〔註39〕

（四）施瓊芳的〈題臺灣府志八景圖〉〔註40〕組詩，雖僅存四首，但都和施瓊芳生長的「臺南」有關，只是從其描寫來看，「鹿耳春潮」及「安平晚渡」的景致，至瓊芳時已不復見〔註41〕，既是題圖之作，則他的「八景詩」描寫，也並非「即地」之作，僅為「想像」之語。也因此，當余育婷在《施瓊芳詩歌研究》一文中，認為施瓊芳「吐吞日月吼奔雷」這句對鹿耳門濤聲的描寫符合連橫「驚濤扮湧，厥聲迴薄，遠近相聞」的情況不謀而合，並逐一詳談這四首詩時〔註42〕，恐怕就顯得牽強。

六、藉由詩作比較，從中得知詩人的創作手法與技巧，並可確定部分詩作撰寫時間

（一）鄭用錫稿本版的〈北郭園新擬小八景蒙諸公唱和題詩不勝榮幸爰作長歌以答之〉與〈述翁公祖大人於郡城內置有公寓一所園亭花木甚得佳勝間分八景邀客賦詩余不及隨景分題惟彙作長古一則以見剛方磊落中偏自具雅人深致也錄此寄呈〉二詩，在詩文的後半段相似到令人驚訝的地步，用錫根本就是將前一首詩改易數字之後贈給丁曰健的，茲以簡表對照如下：

〔註37〕陳朝龍，《新竹縣采訪冊》，卷一〈山川〉「竹南堡川」，臺灣銀行經濟研究室，臺灣文獻叢刊第145種，光緒十九年，頁44～45。

〔註38〕唐贊袞，《臺陽見聞錄》，卷下「山水」，「雙溪」，臺灣銀行經濟研究室，1958年，頁120。

〔註39〕陳朝龍，《新竹縣采訪冊》，卷一〈山川〉「竹塹堡川」，臺灣銀行經濟研究室，臺灣文獻叢刊第145種，光緒十九年，頁43。

〔註40〕收於施懿琳等編，《全臺詩》第五冊，遠流出版公司，2004年，頁371。

〔註41〕依姚瑩，《東槎紀略·籌建鹿耳門砲臺》所載，道光三年七月，因臺地大風雨之故，造成鹿耳門海沙驟長，成為陸地，姚瑩《東槎紀略》，大通書局，頁30～31。「安平晚渡」也在鹿耳門淤積之後不復存在。

〔註42〕余育婷，《施瓊芳詩歌研究》，東吳大學中文研究所碩士論文，2005年6月，頁51。

北郭園新擬小八景蒙諸公唱和題詩不勝榮幸爰作長歌以答之	似此八景非虛名，因斯特創爲起例。 有人駭笑過鋪張，週遭祇是數畝計。 既非洞天六六巖，但有萬逕三三嶅。得非堂拗當海觀，毋乃封垤作山企。 試較石家梓澤園，李家平泉花木記。美嘗蚊睫蟭螟巢，豈足分題謝清閟。 我聞軼然忽失笑，拘墟不可以語智。達觀美論境寬窄，芥孔納得須彌翠。 況茲撮土雖不多，亦足引人入深邃。玻璨户牖虛生白，四時能納清爽氣。 閒來偶此寓目觀，弄月嘲風恣遊戲。巡簷索笑得少佳，顧影獨酌亦成醉。 客聞此言大有理，名時直抉南華祕。 此是老夫安樂窩，何妨分晰標勝致。
述翁公祖大人於郡城內置有公寓一所園亭花木甚得佳勝間分八景邀客賦詩余不及隨景分題惟彙作長古一則以見剛方磊落中偏自具雅人深致也錄此寄呈	似此好景非虛名，何妨特創爲起例。 有客駭笑過鋪張，週遭祇是數畝計。 難比洞天六六峰，但有萬逕三三嶅。得非堂坳當海觀，毋乃封垤作山譬。 試較石家梓澤園，李家平泉花木記。美嘗蚊睫焦螟巢，豈足分題謝清閟。 主人軼然忽失笑，拘墟不可以語智。達觀美論境寬窄，芥孔尚納須彌翠。 況此數勺雖不多，亦足引人入深邃。□開户牖虛生白，四時能納清爽氣。 退閒偶此寓目觀，弄月嘲風恣娛戲。巡檐索笑得少佳，顧影獨酌亦成醉。 客聞此言太有理，數語直抉南華祕。 此第暫時安樂窩，豈爲潔身高位置。

　　（二）陳正榮〈鄭用鑑〈地震行〉與林占梅〈地震歌有序〉辨析〉提出鄭用鑑這一首〈地震行〉的佈局、靈感是來自於黃景仁的〈後觀潮行〉，指出用鑑「改『海潮』爲『地震』、改『讚嘆』爲『恐懼』、改『雄絕』爲『恐怖』。至於感嘆的詩句『獨客吊影行自愁，大地與身同一浮。乘槎未許到星闕，採藥何年傍祖洲。』就只略作改動，此外，『尋常坤軸忽動搖』來自『怪底山川忽變容』；『賦罷此行發長歎』改自『賦罷觀潮長太息』；『此時萬户同屏息』一句則是原文照抄。」〔註43〕而說他「難逃套用之嫌」，則是相當重要與中肯的發現。

　　相形之下，林占梅的震災書寫就更貼近百姓的角度了。他的〈地震歌〉〔註44〕前有一小序，交待了二次地震發生的時間：

　　　　道光戊申仲冬，臺地大震。吾淡幸全；而嘉彰一帶城屋傾圮，人畜喪斃，至折肢破額者，又不可勝計矣。傷心慘目，殊難名狀。今歲暮春，復大震二次，驚悼之餘，乃成七古一篇，歌以當哭，時三月初八日未刻也。

〔註43〕陳正榮，〈鄭用鑑〈地震行〉與林占梅〈地震歌有序〉辨析〉，《竹塹文獻雜誌》33 期，2005 年 4 月，頁 105。

〔註44〕收於施懿琳等編，《全臺詩》第柒冊，臺南：國立臺灣文學館，2008 年，頁 37。

其中「道光戊申」點明一次是發生在道光二十八年，這一點是沒有疑問的，道光二十八年是以臺澎、彰化、鹿港災情最重，彰化、嘉義兩縣共倒屋 22664 間，死亡 1030 口（見上表）。淡水廳影響不大，所以林占梅才會說「吾淡幸全；而嘉彰一帶城屋傾圮，人畜喪斃，至折肢破額者，又不可勝計矣。傷心慘目，殊難名狀」，這是對於民眾死傷無數的嘆惋。但是第二次地震發生的時間究竟是何時？黃美娥在《清代臺灣竹塹地區傳統文學研究》認為是道光二十九年〔註45〕，徐慧鈺認為是咸豐元年〔註46〕，戴雅芬的《臺灣天然災類古典詩歌研究──清代至日據時代》及其所引徐泓〈清代臺灣地震史料〉〔註47〕，對此詩的解讀都是放在「咸豐元年」。陳正榮〈鄭用鑑〈地震行〉與林占梅〈地震歌有序〉辨析〉提出許多研究者之所以將這首詩時間訂在咸豐元年，是因為〈地震歌有序〉收錄在《潛園琴餘草》卷一，而收錄作品時間是「少時至辛亥（咸豐元年）」的緣故，他認為卷一的作品時間「可以將咸豐元年作為下限，但不必非繫於咸豐元年不可。」〔註48〕並結合方志與其他史料，認為〈地震歌有序〉寫作時間「應斷定在咸豐元年的前一年，即道光三十年庚戌（1850），而所指的地震時間則是當年三月八日未刻（陽曆 4 月 19 日下午 1～3 時）」關於卷一作品收錄時間及此詩的時間判定二點，筆者持同樣看法。

這一次的地震顯然是林占梅的親身經歷，和鄭用鑑相同，他在地震發生前，同樣聽到「震鳴」，「耳根徘彿隱雷鳴，又似波濤風激怒。濤聲乍過心猶疑，忽詫棟樑能動移」，不過鄭用鑑詩作未繫年，因此無法明確看出地震發生的年月日。陳正榮的分析僅訂正了〈鄭用鑑先生年表〉所引道光二十八及二十九年地震資料可能有誤，但未確定鄭用鑑〈地震行〉的寫作時間。事實上，以鄭用鑑跟林占梅同處竹塹的地緣關係來看，道光三十年，用鑑仍在世，應該有可能和林占梅同時經歷竹塹大震才是，用鑑詩中提到「驚破夢魂茫側耳」，也提及「恍似鬼神行空陷日轂」，陳正榮認為此句是「反用典故」，強調

〔註45〕黃美娥，《清代臺灣竹塹地區傳統文學研究》，頁 273。

〔註46〕徐慧鈺，〈林占梅先生年譜〉，《林占梅資料彙編》，新竹市立文化中心，頁 61。

〔註47〕徐泓，《清代臺灣天然災害史料彙編》，行政院國家科學委員會防災科技研究報告 72-01 號，頁 17。

〔註48〕陳正榮，〈鄭用鑑〈地震行〉與林占梅〈地震歌有序〉辨析〉，《竹塹文獻雜誌》33 期，2005 年 4 月，頁 110。

「被神仙當作車駕的太陽」如今卻「彷彿因『鬼神行空』而陷落，正好呼應『驚破夢魂』的時刻與夜空」，認爲地震時間在夜晚〔註49〕。但筆者認爲「恍似鬼神行空陷日轂」可以視爲「實寫」，地震發生時可能是在白天，因此雖處於睡夢之中被「驚破夢魂」，但時間應是白天的「午睡」，和林占梅所說「天朗氣清日亭午，閒吟散食步廊廡」的時間應該相合。筆者大膽推斷，鄭用鑑〈地震行〉所寫，同樣應是道光三十年間事。

七、新版本的出現與再研究的可能

　　陳維英曉綠抄本的出現，提供陳維英「大陸之行」與「太平天國事件」的記錄，對於研究陳維英而言，是相當重要的資料。而國家圖書館尚有第三個版本可供研究，在國家圖書館的註記上，說明這是「民國」抄本，書號爲9163／26219，藏於「善本書室」中，係毛筆字手抄本，但沒有註明是何人所抄。從其抄寫習慣判斷，此抄本應爲同一人所抄錄〔註50〕。此版本只有一冊，長13.5公分，寬15.8公分，線裝書，共67頁。封面爲直寫「偷閒錄詩」，首二頁爲〈陳維英先生略傳〉，經過統計，國家圖書館版本共收詩作數量爲七十五詩題〔註51〕，152首詩，並收有對聯九對，〈賣花聲賦〉一文，陳如嵩與林世經詩作各一首。

　　此抄本錯別字較曉綠抄本及臺北文物版多，收錄詩作的內容大抵和曉綠抄本第一冊重疊，但詩作數目較曉綠抄本第一冊少，和曉綠抄本相比，所缺詩作有〈題窗外美人蕉〉、〈（哭三歲兒）載作〉、〈有感〉、〈梅花〉、〈過廣平唐文貞公墓〉、〈安陽縣過宋韓魏公故里〉諸詩及〈兄弟娣姒同穴碑文〉一文，此外，國圖版有二首詩作是在曉綠抄本第二冊，這二首詩作國圖版題爲〈遊劍潭寺步歐觀察原韻　五言〉，但曉綠抄本及臺北文物版均題作〈題劍潭古寺

〔註49〕陳正榮，〈鄭用鑑〈地震行〉與林占梅〈地震歌有序〉辨析〉，《竹塹文獻雜誌》33期，2005年4月，頁103。

〔註50〕按：如「多」字均抄寫爲「爹」，而「千」、「水」字的草寫也很一致，「聲」字除寫成「声」外，另外一種寫法也很常見於此抄本，抄寫者甚至在封面內頁寫上「千」與草寫的千字同，「聲」與另一種草寫的聲字同，顯示抄錄者爲同一人。

〔註51〕筆者按：此詩題數量統計包括抄寫者誤爲〈弔草吟爲五峰主人作〉一詩後半的〈哭三歲兒〉一詩，此外，〈臺北八景〉組詩，筆者亦視爲同一詩題的八首詩作，〈倉庚〉一詩因用韻不同，故視爲二首不同詩題。〈遊劍潭寺步歐觀察原韻〉及〈自題養蘭棚〉的〈其二〉均視爲同一詩題。如此得詩題共七十五題。

次韻〉。嚴格來說，〈題劍潭古寺次韻〉此組詩曉綠抄本收有二十四首，國圖版第一首爲曉綠抄本第三首，國圖版〈其二〉則爲曉綠抄本第十六首。臺北文物版則只收第一首。

　　在版本對照之後可以發現，國圖版的錯誤仍然不少，〈弔草吟爲五峰主人作〉一詩，國圖版將〈哭三歲兒〉一詩誤爲此詩後半，且詩作順序與其他版本皆不同，並缺「庸醫視疾眼如矇，不解攻邪但補中。朮草參苓偏殺汝（謂小兒熱症醫誤爲虛冷，飲□人參白朮湯。飲後霍亂，繼以轉筋，庸醫之殺人如此，誠是可痛云），那知汝病熱兼風」一詩，〈臺北八景〉組詩第二首〈坌嶺吐霧〉，國圖版作「岔嶺吐霧」，顯然是形近而誤。第六首〈關渡分潮〉，國圖版作「關渡八潮」，情況也和前例類似。

　　〈步徐宗幹觀察七十述懷瑤韻〉第三首缺前四句，只剩「舊畔任拋琴鶴去，新田將賜杖鳩來。重陽節過剛週日，羊酒欣聯鹿燕開」，且文字與其他版本略異。

　　〈賀陳霞林中舉〉的註解「丁述淡水廳搜訪淡北人才，安爲予以生對，后廳考試第一」的文字是錯置的，曉綠抄本與臺北文物版均作「丁述安爲淡水廳搜訪淡北人才，予以生對，後廳考試拔第一」；〈施生希尹入泮〉，國圖版作「希君」，曉綠抄本及臺北文物版均作「希尹」，爲國圖版之誤。

　　雖然國圖版錯誤極多，但不表示它就沒有可資對照的功能，曉綠抄本及臺北文物版均題作〈喝馬仰山書院記事〉一詩，在國圖版題爲〈葛馬蘭仰山書院記事十二韻〉當以國圖版爲是，仰山書院位於噶瑪蘭，而曉綠抄本及臺北文物版的「喝馬」當是「噶瑪」的誤寫。

　　而〈觀飼圭者作戲作〉、〈圭籠謝生錫五入泮〉二詩詩題，在曉綠抄本及臺北文物版爲〈視餵雞者戲作〉、〈雞籠謝生錫五入泮〉，可知國圖版的抄寫者是以閩南語思考來進行抄寫。

參考書目

原典

一、詩文別集與總集（依姓名筆畫順序排列）

1. 王松，《臺陽詩話》，臺灣銀行經濟研究室，1959 年。

2. 王凱泰等著，《臺灣雜詠合刻》，臺灣銀行經濟研究室，1958 年。

3. 李望洋，《西行吟草》，臺北市：龍文，1992 年。

4. 李逢時，《泰階詩稿》，臺北縣：龍文出版，2001 年。

5. 林占梅，《潛園琴餘草》，臺灣分館藏。

6. 林占梅，《潛園琴餘草簡編》，臺灣銀行經濟研究室，1963 年。

7. 林占梅，《潛園琴餘草》，徐慧鈺編，新竹市立文化中心，1994 年 6 月。

8. 林豪，《誦清堂詩集》，龍文出版社，2006 年 5 月。

9. 施士洁，《後蘇龕合集》，臺灣銀行經濟研究室，1965 年。

10. 施士洁，《後蘇龕合集》，臺北市：龍文，1992 年。

11. 施瓊芳，《石蘭山館遺稿》，收於《臺南文化》8 卷 1 期，1965 年 6 月 15 日。

12. 施瓊芳，《石蘭山館遺稿》，臺北市：龍文，1992 年。

13. 章甫，《半崧集簡編》，臺灣銀行經濟研究室，1963 年。

14. 章甫，《半崧集》，日治時期大正六年（1917）據嘉慶二十一年（1816）騰錄的抄本。

15. 許南英，《窺園留草》，臺灣銀行經濟研究室，1962 年。

16. 許南英，《窺園留草》，臺北市：龍文，1992 年。

17. 曹敬，《曹敬詩集手稿》。

18. 曹敬，《曹敬詩文略集》，陳鐓厚錄，《臺北文獻》直字 15、16 期，1971年 6 月 30 日。

19. 陳維英，《偷閒集》，《臺北文物》2 卷 2 期，1953 年 8 月 15 日；2 卷 4期，1954 年 1 月 20 日；3 卷 1 期，1954 年 5 月 1 日；3 卷 4 期，1955年 3 月。

20. 陳維英，《太古巢聯集》，陳鐓厚、田大熊編，無聊齋發行，1937 年 10月 30 日。

21. 陳維英、陳宗賦，《太古巢聯集、篇竹遺藝》，臺北縣：龍文出版，2006年。

22. 陳璸，《陳清端公（璸）詩集》，文海出版社，1973 年 6 月。

23. 陳肇興，《陶村詩稿》，臺北市：龍文，1992 年。

24. 陳肇興，《陶村詩稿》，臺灣銀行經濟研究室，1962 年。

25. 黃敬，《觀潮齋詩集》，陳鐓厚編，芸香齋藏書。

26. 鄭用錫《北郭園詩鈔》稿本。

27. 鄭用錫，《北郭園全集》，楊浚編，臺北市：龍文，1992 年。

28. 鄭用錫，《北郭園詩鈔》，臺灣銀行經濟研究室，1959 年。

29. 鄭用鑑，《靜遠堂詩文鈔》，新竹市：新竹市政府出版，2001 年。

30. 鄭如蘭，《偏遠堂吟草》，王松輯，臺北市：龍文，1992 年。

31. 《百壽詩錄》，收於《臺北文獻》直字 36 期，1976 年 6 月 15 日。

32. 施懿琳等編，《全臺詩》壹至伍冊，遠流出版公司，2004 年；《全臺詩》陸至拾貳冊，臺南：國立臺灣文學館，2008 年；《全臺詩》拾參至貳拾壹冊，臺南：國立臺灣文學館，2011 年；《全臺詩》貳拾貳至貳拾陸冊，臺南：國立臺灣文學館，2012 年。

二、方志（依成書時間先後排列）

1. 蔣毓英，《臺灣府志》，北京：中華書局，1984 年重印，康熙二十四年（1685）。

2. 林謙光，《澎湖臺灣紀略》，臺灣銀行經濟研究室，臺灣文獻叢刊第 104種，康熙二十四年（1685）。

3. 高拱乾，《臺灣府志》，臺灣銀行經濟研究室，臺灣文獻叢刊第 65 種，康熙三十五年（1696）。

4. 周鍾瑄，《諸羅縣志》，臺灣銀行經濟研究室，臺灣文獻叢刊第 141 種，康熙五十五年（1716）。

5. 周元文，《重修臺灣府志》，臺灣銀行經濟研究室，臺灣文獻叢刊第 66種，康熙五十七年（1718）。

6. 李丕煜，《鳳山縣志》，臺灣銀行經濟研究室，臺灣文獻叢刊第 124 種，康熙五十八年（1719）。

7. 王禮，《臺灣縣志》，臺灣銀行經濟研究室，臺灣文獻叢刊第 103 種，康熙五十八年（1719）。

8. 王瑛曾，《重修鳳山縣志》，臺灣銀行經濟研究室，臺灣文獻叢刊第 146 種，乾隆二年（1737）。

9. 杜臻，《澎湖臺灣紀略》，臺灣銀行經濟研究室，臺灣文獻叢刊第 104 種，乾隆五年（1740）。

10. 劉良璧，《重修福建通志臺灣府》，臺灣銀行經濟研究室，臺灣文獻叢刊第 74 種，乾隆七年（1742）。

11. 范咸，《重修臺灣府志》，臺灣銀行經濟研究室，臺灣文獻叢刊第 105 種，乾隆十二年（1747）。

12. 魯鼎梅，《重修臺灣縣志》，臺灣銀行經濟研究室，臺灣文獻叢刊第 113 種，乾隆十七年（1752）。

13. 胡建偉，《澎湖紀略》，臺灣銀行經濟研究室，臺灣文獻叢刊第 109 種，乾隆三十六年（1771）。

14. 余文儀，《續修臺灣府志》，臺灣銀行經濟研究室，臺灣文獻叢刊第 121 種，乾隆三十九年（1774）。

15. 薛志亮，《續修臺灣縣志》，臺灣銀行經濟研究室，臺灣文獻叢刊第 140 種，嘉慶十二年（1807）。

16. 陳國瑛，《臺灣采訪冊》，臺灣銀行經濟研究室，臺灣文獻叢刊第 55 種，道光九年（1829）。

17. 孫爾準，《重纂福建通志臺灣府》，臺灣銀行經濟研究室，臺灣文獻叢刊第 84 種，道光九年（1829）。

18. 薩廉，《噶瑪蘭廳志》，臺灣銀行經濟研究室，臺灣文獻叢刊第 106 種，道光十二年（1832）。

19. 蔣鏞，《澎湖續編》，臺灣銀行經濟研究室，臺灣文獻叢刊第 115 種，道光十二年（1832）。

20. 周凱，《廈門志》，臺灣銀行經濟研究室，臺灣文獻叢刊第 95 種，道光十二年（1832）。

21. 李元春，《臺灣志略》，臺灣銀行經濟研究室，臺灣文獻叢刊第 18 種，道光十五年（1835）。

22. 柯培元，《噶瑪蘭志略》，臺灣銀行經濟研究室，臺灣文獻叢刊第 92 種，道光十五年（1835）。

23. 周璽，《彰化縣志》，臺灣銀行經濟研究室，臺灣文獻叢刊第 156 種，道光十五年（1835）。

24. 穆彰阿，《清一統志臺灣府》，臺灣銀行經濟研究室，臺灣文獻叢刊第 68 種，道光二十二年（1842）。

25. 陳培桂，《淡水廳志》，臺灣銀行經濟研究室，臺灣文獻叢刊第 172 種，同治九年（1866）。

26. 林焜熿，《金門志》，臺灣銀行經濟研究室，臺灣文獻叢刊第 80 種，光緒八年（1882）。

27. 林豪，《澎湖廳志》，臺灣銀行經濟研究室，臺灣文獻叢刊第 164 種，光緒十九年（1893）。

28. 鄭鵬雲，《新竹縣志初稿》，臺灣銀行經濟研究室，臺灣文獻叢刊第 61 種，光緒十九年（1893）。

29. 沈茂蔭，《苗栗縣志》，臺灣銀行經濟研究室，臺灣文獻叢刊第 159 種，光緒十九年（1952）。

30. 陳朝龍，《新竹縣采訪冊》，臺灣銀行經濟研究室，臺灣文獻叢刊第 145 種，光緒十九年（1893）。

31. 胡傳，《臺東州采訪冊》，臺灣銀行經濟研究室，臺灣文獻叢刊第 81 種，光緒二十年（1894）。

32. 倪贊元，《雲林縣采訪冊》，臺灣銀行經濟研究室，臺灣文獻叢刊第 37 種，光緒二十年（1894）。

33. 盧德嘉，《鳳山縣采訪冊》，臺灣銀行經濟研究室，臺灣文獻叢刊第 73 種，光緒二十年（1894）。

34. 陳文緯，《恆春縣志》，臺灣銀行經濟研究室，臺灣文獻叢刊第 75 種，光緒二十年（1894）。

35. 蔣師轍，《臺灣通志》，臺灣銀行經濟研究室，臺灣文獻叢刊第 130 種，光緒二十一年（1895）。

36. 不著傳人，《嘉義管內采訪冊》，臺灣銀行經濟研究室，臺灣文獻叢刊第 58 種，明治三十年（1897）。

37. 蔡振豐，《苑裏志》，臺灣銀行經濟研究室，臺灣文獻叢刊第 48 種，明治三十年（1897）。

38. 林百川，《樹杞林志》，臺灣銀行經濟研究室，臺灣文獻叢刊第 63 種，明治三十一年（1898）。

39. 朱仲西、陳正祥編，《基隆市志》，〈文物篇〉，臺北：成文出版社，1983 年 3 月。

三、其他（依姓名筆畫順序排列）

1. 丁曰健，《治臺必告錄》，臺灣銀行經濟研究室，1959 年。

2. 丁紹儀，《東瀛識略》，臺灣銀行經濟研究室，1957 年。

3. 王先謙，《東華錄選輯》，臺灣銀行經濟研究室，1969 年。

4. 左宗棠，《左文襄公奏牘》，臺灣銀行經濟研究室，1960 年。

5. 朱仕玠，《小琉球漫誌》，臺灣銀行經濟研究室，1957 年。

6. 朱景英，《海東札記》，臺灣銀行經濟研究室，1958 年。

7. 李元春，《臺灣志略》，臺灣銀行經濟研究室，1958 年。

8. 吳德功，《戴施兩案紀略》，臺灣銀行經濟研究室，1959 年。

9. 周凱，《內自訟齋文選》，臺灣銀行經濟研究室，1960 年。

10. 林豪，《東瀛紀事》，臺灣銀行經濟研究室，1957 年。

11. 郁永河，《裨海記遊》，臺灣銀行經濟研究室，1959 年。

12. 姚瑩，《東槎紀略》，臺灣銀行經濟研究室，1957 年。

13. 姚瑩，《東溟奏稿》，臺灣銀行經濟研究室，1959 年。

14. 姚瑩，《中復堂選集》，臺灣銀行經濟研究室，1960 年。

15. 徐宗幹，《斯未信齋文編》，臺灣銀行經濟研究室，1960 年。

16. 徐宗幹，《斯未信齋雜錄》，臺灣銀行經濟研究室，1960 年。

17. 唐贊袞，《臺陽見聞錄》，臺灣銀行經濟研究室，1958 年。

18. 見連橫，《臺灣詩乘》卷四，收於《連雅堂先生全集》，臺灣省文獻委員會，1992 年。

19. 連橫，《臺灣通史》，臺灣銀行經濟研究室，1962 年。

20. 清高宗敕撰，《清朝文獻通考》，臺北市：臺灣商務，1987 年。

21. 許天奎，《鐵峰山房唱和集・鐵峰詩話》。

22. 陳衍，《臺灣通紀》，臺灣銀行經濟研究室，1961 年。

23. 陳盛韶，《問俗錄》，北京・書目文獻，1983 年 12 月一版一刷。

24. 黃叔璥，《臺海使槎錄》，臺灣銀行經濟研究室，1957 年。

25. 黃逢昶，《臺灣生熟番紀事》，臺灣銀行經濟研究室，1960 年。

26. 董天工，《臺海見聞錄》，臺灣銀行經濟研究室，1961 年。

27. 趙爾巽等撰，《清史稿》，北京：中華出版，1977 年。

28. 翟灝，《臺陽筆記》，臺灣銀行經濟研究室，1958 年。

29. 蔣師轍，《臺游日記》，臺灣銀行經濟研究室，1957 年。

30. 蔡廷蘭，《海南雜著》，臺灣銀行經濟研究室，1959 年。

31. 蔡青筠，《戴案紀略》，臺灣銀行經濟研究室，1963 年。

32. 藍鼎元，《東征集》，臺灣銀行經濟研究室，1958 年。

33. 藍鼎元，《平臺紀略》，臺灣銀行經濟研究室，1958 年。

34. 鄭兼才，《六亭文選》，臺灣銀行經濟研究室，1962 年。

35. 羅大經，《鶴林玉露》，臺北：中華書局，1997 年。

36. 譚其驤主編，《中國歷史地圖集》第八冊「清時期」，中國社會科學院主辦，中國地圖出版社出版，1987 年 4 月。

（依書名筆畫順序排列）

1. 《東華續錄選輯》，臺灣銀行經濟研究室，1968 年。

2. 《軍機處月摺包奏摺副錄》。

3. 《清代臺灣職官印錄》，臺灣銀行經濟研究室，1960 年。

4. 《清職貢圖選》，「臺灣文獻叢刊」，臺灣銀行經濟研究室，1963 年。

5. 《清高宗實錄選輯》，臺灣銀行經濟研究室，1963 年。

6. 《清仁宗實錄選輯》，臺灣銀行經濟研究室，1963 年。

7. 《清世宗實錄選輯》，臺灣銀行經濟研究室，1963 年。

8. 《清宣宗實錄選輯》，臺灣銀行經濟研究室，1963 年。

9. 《清文宗實錄選輯》，臺灣銀行經濟研究室，1963 年。

10. 《清史稿臺灣資料集輯》，臺灣銀行經濟研究室，1968 年。

11. 《清季申報臺灣紀事輯錄》，臺灣銀行經濟研究室，1968 年。

12. 《清經世文編選錄》，臺灣銀行經濟研究室，1966 年。

13. 《清會典臺灣事例》，臺灣銀行經濟研究室，1966 年。

14. 《清穆宗實錄選輯》，臺灣銀行經濟研究室，1963 年。

15. 《清朝史話》，木鐸出版社，1988 年 9 月。

16. 《欽定重修六部處分則例》。

17. 《新校漢書集注》，臺北：世界書局，1973 年 3 月。

18. 《福建省例》，臺灣銀行經濟研究室，1964 年。

19. 《道咸同光四朝奏議選輯》，臺灣銀行經濟研究室，1971 年。

20. 《臺案彙錄甲集》，臺灣銀行經濟研究室，1959 年。

21. 《臺案彙錄乙集》，臺灣銀行經濟研究室，1963 年。

22. 《臺案彙錄丙集》，臺灣銀行經濟研究室，1963 年。

23. 《臺案彙錄丁集》，臺灣銀行經濟研究室，1963 年。

24. 《臺案彙錄戊集》，臺灣銀行經濟研究室，1963 年。

25. 《臺案彙錄己集》，臺灣銀行經濟研究室，1963 年。

26. 《臺案彙錄庚集》，臺灣銀行經濟研究室，1964 年。

27. 《臺案彙錄辛集》，臺灣銀行經濟研究室，1964 年。

28. 《臺案彙錄壬集》，臺灣銀行經濟研究室，1966 年。

29. 《臺案彙錄癸集》，臺灣銀行經濟研究室，1966 年。

30. 《臺灣府輿圖纂要》，臺灣銀行經濟研究室，1963 年。

31. 《臺灣地輿全圖》，臺灣銀行經濟研究室，1963 年。

32. 《臺灣詩薈雜文鈔》，臺灣銀行經濟研究室，1966 年。

33. 《臺灣詩鈔》，臺灣銀行經濟研究室，1970 年。

34. 《臺灣關係文獻集零》，臺灣銀行經濟研究室，1972 年。

35. 《劉銘傳撫臺前後檔案》，臺灣銀行經濟研究室，1969 年。

36. （梁）蕭子顯，《南齊書》，臺北市：臺灣商務，1988 年。

37. 《陶淵明研究資料彙編》，明倫出版社。

學位論文（依姓名筆畫順序排列）

1. 丁鳳珍，《「歌仔冊」中的臺灣歷史詮釋：以張丙、戴潮春起義事件敘事歌為研究對象》，東海大學中國文學系博士論文，2004 年。

2. 王幼華，《清代臺灣漢語文獻原住民記述研究》，國立中興大學中國文學系博士論文，2004 年。

3. 王秀玲，《清代臺灣盜案之研究》，國立臺灣師範大學歷史研究所碩士論文，1994 年。

4. 王春美，《姚瑩的生平與思想》，國立臺灣師範大學歷史研究所碩士論文，1975 年。

5. 王惠琛，《清代臺灣科舉制度的研究》，國立成功大學歷史語言研究所碩士論文，1989 年。

6. 王俊勝，《清代臺灣鳳山縣詩歌研究》，中國文化大學中國文學研究所碩士論文，2001 年。

7. 王嘉弘，《清代臺灣賦的發展》，東海大學中國文學系碩士論文，2004 年。

8. 朱瑪瓏，《近代颱風知識的轉變：以臺灣為中心的探討》，國立臺灣大學歷史學研究所碩士論文，1999 年。

9. 何培夫，《楊廷理臺灣治績考》，文化大學史學研究所碩士論文，1980 年。

10. 李毓嵐，《徐宗幹在臺施政之研究（1848～1854）》，國立中央大學歷史學系碩士論文，1996 年。

11. 吳青霞，《臺灣三大民變書寫研究——以古典詩文為主》，國立成功大學臺灣文學研究所碩士論文，2006 年 7 月。

12. 吳玲瑛，《孫元衡及其《赤嵌集》研究》，國立政治大學中等學校教師在職進修國文教學碩士學位班碩士論文，2002 年。

13. 吳盈靜，《清代臺灣紅學初探》，國立中央大學中國文學研究所博士論

文，2002 年。

14. 吳賢妃，《唐詩中桃源意象之研究》，國立中正大學中國文學系碩士論文，2002 年。

15. 吳毓琪，《康熙時期臺灣宦遊詩之研究》，國立成功大學中國文學研究所博士論文，2006 年 6 月。

16. 吳麗珠，《《四庫全書》收錄臺灣文史資料之研究》，東吳大學中國文學系碩士論文，2003 年。

17. 林丁國，《清代臺灣游民研究：以羅漢腳爲中心的探討（1684～1874）》，東海大學歷史學系碩士論文，1998 年。

18. 林孟輝，《清代臺灣學校教育與儒學教化研究》，國立成功大學中國文學系碩士論文，1998 年。

19. 林淑慧，《黃叔璥及其《臺海使槎錄》研究》，國立臺灣師範大學國文研究所碩士論文，1999 年。

20. 林淑慧，《臺灣清治時期散文發展與文化變遷》，國立臺灣師範大學中國文學系研究所博士論文，2004 年。

21. 林煜真，《沈光文及其文學研究》，國立中山大學中國文學研究所碩士論文，1997 年。

22. 周滿枝，《清代臺灣流寓詩人及其詩之研究》，國立政治大學中國文學系研究所碩士論文，1979 年。

23. 施志汶，《清康雍乾三朝的治臺政策》，國立臺灣師範大學歷史研究所博士論文，2000 年。

24. 施懿琳，《清代臺灣詩所反映的漢人社會》，國立臺灣師範大學中國文學研究所博士論文，1999 年。

25. 涂一卿，《清代臺灣社會變遷與地方領導精英——霧峰林家與板橋林家之比較》，東海大學社會學研究碩士論文，1987 年。

26. 徐慧鈺，《林占梅先生年譜》，國立政治大學中國文學研究所碩士論文，1990 年。

27. 徐慧鈺，《林占梅園林生活之研究》，國立政治大學中國文學研究所博士論文，2002 年。

28. 郭侑欣，《憂鬱的亞熱帶：郁永河《裨海紀遊》中的臺灣圖像及其衍異》，靜宜大學中國文學系碩士論文，2000 年。

29. 陳佳妏，《清代臺灣記遊文學中的海洋》，國立政治大學／中國文學系碩士論文，2000 年。

30. 陳貞俐，《蘇軾詠花詩研究》，國立高雄師範大學國文學系碩士論文，2000 年。

31. 張啓豐，《清代臺灣戲曲活動與發展研究》，國立成功大學中國文學系博

士論文，2004 年。

32. 張惠喬，《北宋題壁詩之研究》，國立臺灣師範大學國文研究所碩士論文，2004 年。

33. 張鈺翎，《清代臺灣方志中藝文志之研究》，國立政治大學中國文學研究所碩士論文，2004 年。

34. 許玉青，《清代臺灣古典詩之地理書寫研究》，國立中央大學中國文學研究所碩士論文，2005 年 6 月。

35. 許毓良，《清代臺灣的軍事與社會──以武力控制爲核心的討論》，國立臺灣師範大學歷史研究所博士論文，2004 年。

36. 連慧珠，《「萬生反」──十九世紀後期臺灣民間文化之歷史觀察》，東海大學歷史學系碩士論文，1994 年。

37. 黃昭仁，《清代臺灣知府之研究》，東海大學歷史學系碩士論文，1994 年。

38. 黃美娥，《清代臺灣竹塹地區傳統文學研究》，輔仁大學中文系博士論文，1998 年。

39. 黃淑莘，《劉家謀宦臺詩歌研究》，東吳大學中國文學系碩士論文，1999 年。

40. 楊添發，《陳維英及其文學研究》，私立銘傳大學應用語文研究所中國文學組碩士論文，2006 年 2 月。

41. 曾學奎，《臺灣客家〈渡臺悲歌〉研究》，國立新竹師範學院臺灣語言與語文教育研究所碩士論文，2004 年。

42. 曾蕙雯，《清代臺灣啓蒙教育研究（1684～1895）》，國立臺灣師範大學教育研究所碩士論文，1999 年。

43. 塗怡萱，《清代邊疆輿地賦研究》，暨南國際大學中國語文學系碩士論文，2002 年。

44. 葉連鵬，《澎湖文學發展之研究》，國立中央大學中國文學研究所碩士論文，1999 年。

45. 葉憲峻，《清代臺灣教育之建置與發展》，中國文化大學史學研究所博士論文，2002 年。

46. 劉妮玲，《清代臺灣民變研究》，國立臺灣師範大學歷史研究所碩士論文，1980 年。

47. 蔡玉滿，《林占梅詩形賞析》，國立新竹師範學院／臺灣語言與語文教育研究所碩士論文，2002 年。

48. 蔣淑如，《清代臺灣的檳榔文化》，東海大學歷史學系碩士論文，2001 年。

49. 蔡淵洯，《清代臺灣的社會領導階層（1684～1895）》，國立臺灣師範大學

歷史研究所碩士論文，1980 年。

50. 歐麗娟，《唐詩中的樂園意識》，國立臺灣大學中國文學系博士論文，1996 年。

51. 蔡寶琴，《海音詩俗語典故之分析》，國立政治大學中國文學系碩士論文，2000 年。

52. 盧胡彬，《清代臺灣方志之研究》，中國文化大學歷史研究所碩士論文，1984 年。

53. 戴文鋒，《清代臺灣的社會救濟事業》，國立成功大學歷史語言研究所碩士論文，1990 年。

54. 謝宏武，《清代臺灣義民之研究》，國立臺灣師範大學歷史研究所碩士論文，1993 年。

55. 謝志賜，《道咸同時期淡水廳文人及其詩文研究——以鄭用錫、陳維英、林占梅爲對象》，國立師範大學／中國文學研究所碩士論文，1994 年。

56. 謝宜蓉，《清代臺灣民變與宗教關係的研究》，國立成功大學歷史研究所碩士論文，1997 年。

57. 謝碧菁《陳維英生平及其詩歌研究》，私立東吳大學中國文學系碩士論文，2006 年 1 月。

58. 薛建蓉，《清代臺灣士紳角色扮演及在地意識研究——以竹塹文人鄭用錫與林占梅爲探討對象》，國立成功大學臺灣文學研究所碩士論文，2004 年。

59. 戴雅芬，《臺灣天然災害類古典詩歌研究——清代至日據時代》，國立政治大學中等學校教師在職進修國文教學碩士學位班碩士論文，2001 年。

60. 顧敏耀，《陳肇興及其《陶村詩稿》研究》，國立中央大學中國文學研究所碩士論文，2004 年。

61. 羅士傑，《清代臺灣的地方菁英與地方社會：以同治年間的戴潮春事件爲討論中心（1862～1868）》，國立清華大學歷史研究所碩士論文，1999 年。

62. 嚴紀華，《唐人題壁詩之研究》，中國文化大學中文研究所博士論文，1994 年。

專書（依姓名筆畫順序排列）

一、文學史

1. 江寶釵，《嘉義地區古典文學發展史》，嘉義市立文化中心，1998 年 6 月。

2. 施懿琳、鍾美芳、楊翠著，《臺中縣文學發展史：田野調查報告書》，臺中縣立文化中心，1994 年。

3. 施懿琳、許俊雅、楊翠著,《臺中縣文學發展史》,臺中縣立文化中心,1995 年。

4. 施懿琳、楊翠著,《彰化縣文學發展史》,彰化縣立文化中心,1997 年。

5. 莫渝、王幼華,《苗栗縣文學史》,苗栗縣政府,2000 年 1 月。

6. 陳青松,〈漫談基隆地區傳統文學發展史〉(上)(下),《臺北文獻》直字 160、161 期,2007 年 6 月、9 月。

7. 彭瑞金,〈鳳山文學發展簡史〉,《淡水牛津臺灣文學研究集刊》3 期,2000 年 8 月。

8. 葉石濤,《臺灣文學史綱》,文學界,1993 年 9 月再版。

9. 劉登翰,汪毅夫,《臺灣文學史》,海峽文藝出版社,1991 年 6 月。

10. 龔顯宗,《安平區志》藝文志,臺南市安平區公所,1998 年 6 月。

11. 龔顯宗,《臺南縣文學史》,臺南縣文化局,2007 年。

二、會議論文集

1. 江寶釵、施懿琳、曾珍珍編,《臺灣的文學與環境》,麗文出版社,1996 年。

2. 李豐楙、劉苑如主編,《空間、地域與文化——中國文化空間的書寫與闡釋》,中央研究院中國文哲研究所,2002 年。

3. 東海大學中國文學系編輯,《臺灣古典文學與文獻》,文津出版社,1999 年。

4. 東海大學中國文學系編輯,《旅遊文學研討會論文集》,文津出版社,2000 年。

5. 東海大學中國文學系編輯,《明清時期的臺灣傳統文學論文集》,文津出版社,2002 年。

6. 東海大學中國文學系編輯,《日治時期臺灣傳統文學論文集》,文津出版社,2003 年。

7. 夏黎明、呂理政主編,《族群、歷史與空間——東臺灣社會與文化的區域研究研討會論文集》,國立臺灣史前文化博物館籌備處,2000 年 3 月。

8. 劉昭明主編,《旅行與文藝國際會議論文集》,書林出版有限公司,2001 年 12 月。

三、其他

1. Leslie Kanes Weisman,《設計的歧視:「男造」環境的女性主義批判》,巨流出版社,1997 年。

2. Yi-Fu Tuan,潘桂成譯,《經驗透視中的空間和地方》,國立編譯館:正中書局經銷,1998 年。

3. （德）H. R.姚斯、（美）R. C.霍拉勃，《接受美學與接受理論》，遼寧人民出版社，1987 年。

4. 丁成泉，《中國山水詩史》，文津出版社，1995 年 8 月。

5. 王志弘，《流動、空間與社會：1991～1997 論文選》，田園城市文化出版社，1998 年。

6. 王志弘，《性別化流動的政治與詩學：the experiences of Taiwan》，田園城市文化，2000 年。

7. 王國璠、邱勝安，《三百年來臺灣作家與作品》，臺灣時報社，1977 年 8 月。

8. 王國璠，《臺灣先賢著作提要》，臺灣省立新竹社會教育館，1974 年 6 月。

9. 王國瓔，《中國山水詩研究》，聯經出版事業公司，1996 年 7 月。

10. 王詩琅，《臺灣人物表論》，德馨室出版社，1979 年 10 月。

11. 王瑤，《中古文學史論》，北京：北京大學出版社，1979 年。

12. 王衛平，《接受美學與中國現代文學》，吉林教育出版社，1993 年。

13. 王德威，《臺灣——從文學看歷史》，麥田出版社，2005 年 9 月。

14. 孔慶萊等編，《植物學大辭典》，新亞書店，1956 年 2 月。

15. 艾永明，《清朝文官制度》，商務印書館，2005 年 4 月。

16. 布萊恩‧勞森著，楊青娟、韓效、盧芳、李翔譯，《空間的語言》，中國建築工業出版社，2003 年 12 月。

17. 丘逸民，《清代臺灣詩歌的氣候識覺》，國立臺灣師範大學地理系，2005 年。

18. 朱立元著，《接受美學》，上海人民出版社，1989 年。

19. 朱雙一，《閩臺文學的文化親緣》，福建人民出版社，2003 年。

20. 朱雙一，《臺灣文學思潮與淵源》，海峽學術，2005 年。

21. 加斯東‧巴舍拉（Gaston Bachelard），《空間詩學》，張老師，2003 年。

22. 江慶林等譯，《臺灣文化志》，臺中：臺灣省文獻委員會，1991 年。

23. 呂宗力、欒保群，《中國民間諸神》，臺灣學生書局，1991 年。

24. 余英時，《中國思想傳統的現代詮釋》，聯經出版社，1987 年 8 月。

25. 吳密察監修，《臺灣史小事典》，遠流出版公司，2000 年 9 月。

26. 汪毅夫，《臺灣近代詩人在福建》，幼獅出版社，1998 年。

27. 李劍峰，《元前陶淵明接受史》，齊魯書社，2002 年 9 月。

28. 金明求，《虛實空間的移轉與流動——宋元話本小說的空間探討》，大安出版社，2004 年 2 月。

29. 林文龍，《臺灣的書院與科舉》，常民文化，1999 年 9 月。

30. 林翠鳳，《陳肇興及其《陶村詩稿》之研究》，臺中：弘祥，1999 年。

31. 林偉盛，《羅漢腳──清代臺灣社會與分類械鬥》，自立晚報文化出版部，1993 年 3 月。

32. 柯志明，《番頭家：清代臺灣族群政治與熟番地權》，中央研究院社會學研所籌備處出版，2001 年。

33. 柯慶明，《中國文學的美感》，麥田出版：城邦文化發行，2000 年。

34. 施懿琳，《從沈光文到賴和 臺灣古典文學的發展與特色》，春暉出版社，2000 年。

35. 施懿琳，《跨語、漂泊、釘根》，春暉出版社，2000 年。

36. 徐泓，《清代臺灣天然災害史料彙編》，行政院國科會，1983 年。

37. 徐復觀，《徐復觀文錄選粹》，臺灣學生書局，1980 年。

38. 徐復觀，《徐復觀文錄》（二），環宇出版社，1971 年。

39. 翁聖峰，《清代臺灣竹枝詞之研究》，文津出版社，1996 年。

40. 高賢治、劉燕儷編，《臺灣地區文獻會期刊總索引》，臺北市：龍文出版社，1989 年。

41. 夏鑄九、王志弘編譯，《空間的文化形式與社會理論讀本》，明文出版社，1994 年。

42. 夏鑄九，《空間，歷史與社會》，臺灣社會研究叢刊 103，1995 年二版。

43. 郭少棠，《旅行：跨文化想像》，北京大學出版社，2005 年 3 月。

44. 郭伶芬，《清代臺灣知識份子社會參與之研究》，必中出版社，1994 年。

45. 莊吉發，《清代臺灣會黨史研究》，南天出版社，1999 年。

46. 陳孔立，《清代臺灣移民社會研究》，廈門大學出版社出版：福建省新華書店發行，1990 年。

47. 陳其南，《臺灣的傳統中國社會》，允晨出版社，1989 年。

48. 陳香，《臺灣竹枝詞選集》，臺灣商務印書館，1983 年。

49. 陳昭瑛，《臺灣詩選注》，正中書局，1996 年 2 月。

50. 陳昭瑛，《臺灣文學與本土化運動》，正中出版社，1998 年。

51. 陳昭瑛，《臺灣儒學：起源、發展與轉化》，正中出版社，2000 年。

52. 陳昭瑛，《臺灣儒學的當代課題：本土性與現代性》，中國社會科學出版社，2001 年。

53. 陳昭瑛，《臺灣與傳統文化》，臺灣書店出版，1999 年。

54. 陳益源，《蔡廷蘭及其《海南雜著》》，里仁書局，2006 年 8 月。

55. 陳捷先，《清代臺灣方志研究》，學生書局，1996 年 8 月。

56. 畢恆達，《空間就是權力》，心靈工坊文化出版：大和書報總經銷，2001年。

57. 畢恆達，《空間就是性別》，心靈工坊文化出版：大和書報總經銷，2004年。

58. 許東海，《另一種鄉愁：山水田園詩賦與士人心靈圖景》，新文豐出版社，2004年1月。

59. 許雪姬等撰，《臺灣歷史辭典》，行政院文化建設委員會，2004年。

60. 許雪姬，《清代臺灣的綠營》，中央研究院近代史研究所，1987年5月。

61. 黃美娥，《重層現代性鏡像：日治時代臺灣傳統文人的文化視域與文學想像：cultural visions and literary imagination of tradional Taiwanese literati under Japanese rule》，麥田出版：家庭傳媒城邦分公司發行，2004年。

62. 董仲舒，《春秋繁露》，臺北中華書局，1966年3月。

63. 楊念群主編，《空間‧記憶‧社會轉型——「新社會史」研究論文精選集》，上海人民出版社，2001年5月。

64. 楊文雄，《李白詩歌接受史》，五南圖書出版公司，2000年3月。

65. 楊國楨，《閩在海中：追尋福建海洋發展史》，江西高校出版社，1998年。

66. 楊雲萍，《臺灣史上的人物》，成文出版社，1981年。

67. 蔡振念，《杜詩唐宋接受史》，五南圖書出版公司，2002年2月。

68. 潘富俊，《紅樓夢植物圖鑑》，貓頭鷹出版社，2004年。

69. 潘朝陽，《明清臺灣儒學論》，臺灣學生書局，2001年。

70. 劉純編，《旅遊心理學》，揚智文化事業股份有限公司，2002年7月。

71. 劉麗卿，《清代臺灣八景與八景詩》，文津出版社，2002年。

72. 龍協濤，《讀者反應理論》，揚智文化事業股份有限公司，2000年1月。

73. 盧嘉興，《臺灣文化集刊》，三冊，古亭書屋編。

74. 鄭武燦，《臺灣植物圖鑑》上下，國立編譯館，2000年2月。

75. 蕭翠霞，《南宋四大家詠花詩研究》，文津出版社，1994年5月。

76. 蕭瓊瑞，《認同與鄉愁——臺灣方志八景圖研究》，典藏藝術家庭，2006年5月。

77. 錢鍾書，《談藝錄》，《錢鍾書作品集一》，書林出版有限公司，1988年11月

78. 謝國興，《官逼民反：清代臺灣三大民變》，自立晚報出版，1993年。

79. 謝崇耀，《清代臺灣宦遊文學研究》，蘭臺出版：成信總經銷，2002年。

80. 薛聰賢編著，《木本花卉195種》，臺灣普綠出版社，1998年。

81. 薛聰賢編著，《木本花卉 196 種》，臺灣普綠出版社，1999 年。

82. 戴炎輝，《清代臺灣之鄉治》，聯經出版社，1979 年。

83. 戴寶村，《帝國的入侵——牡丹社事件》，自立晚報文化出版部，1993 年 3 月。

84. 魏秀梅，《清代之迴避制度》，中研院近史所，1992 年。

85. 龔顯宗，《臺灣文學研究》，五南圖書出版公司，1999 年 9 月。

期刊論文 (依姓名筆畫順序排列)

1. 丁亞傑，〈從桐城到臺灣——姚瑩與臺灣的淵源〉，《元培學報》8 期，2001 年 6 月，頁 83～103。

2. 丁鳳珍〈用誰的語言？解釋啥人的歷史？——「臺灣歌仔」與臺灣知識份子對「戴潮春抗清事件」論述的比較〉，http://iug.csie.dahan.edu.tw/giankiu/GTH/2004/LanguageRights/lunbun/3B03-hongtin.pdf#search='%E6%88%B4%E6%BD%AE%E6%98%A5。

3. 王幼華，〈清代臺灣文學中的民變與動亂〉，《臺灣文藝（新生版）》183 期，2002 年 8 月，頁 77～101。

4. 王見川，〈李望洋與新民堂——兼論宜蘭早期的鸞堂〉，《宜蘭文獻》15 期，1995 年 5 月。

5. 王建國，〈施士洁《後蘇龕詩鈔》之鄉愁書寫〉，《文學臺灣》43 期，2002 年 7 月，頁 244～274。

6. 王國瓔，〈史傳中的陶淵明〉，《臺大中文學報》12 期，2000 年 5 月，頁 193～228。

7. 方瑜，〈空間　圖像　靈光　李賀詩中的女性圖像——以鬼神二首為例〉，《臺大中文學報》19 期，國立臺灣大學中國文學系，2003 年 12 月。

8. 方瑜，〈抉擇、自由、創造——試論蘇東坡筆下的陶淵明〉，《臺大中文學報》，12 期，2000 年 5 月。

9. 田啓文，〈修補族群的傷口——鄭用錫〈勸和論〉試析〉，《靜宜語文論叢》1 卷 2 期，2005 年 12 月，頁 139～160。

10. 田啓文，〈文章與人品並臻——鄭用鑑散文的道德理念與實踐〉，《興國學報》5 期，2006 年 1 月，頁 279～295。

11. 田靜逸，〈清代竹塹開啓民智的教育家——鄭氏一門三傑〉，《實中學刊》12 期，1998 年 8 月，頁 40～50。

12. 江日新，〈文昌崇祀與臺灣的書院和道德勸化研究之一〉，收入李豐楙、朱榮貴主編《儀式、廟會與社區——道教、民間信仰與民間文化》，中央研究院中國文哲研所籌備處，1996 年，頁 49～66。

13. 池永歆，〈清初詩文所描述的臺灣地理景觀——以《諸羅縣志》阮蔡文詩爲例（上）〉，《鵝湖月刊》24 卷 10 期＝286 期，1999 年 4 月，頁 39～46。

14. 池永歆，〈清初詩文所描述的臺灣地理景觀——以《諸羅縣志》阮蔡文詩爲例（下）〉，《鵝湖月刊》24 卷 11 期＝287 期，1999 年 5 月，頁 41～48。

15. 向麗頻，〈清代臺南詩人施瓊芳近體詩用韻考察〉，《東海中文學報》13 期，2001 年 7 月，頁 183～194。

16. 江寶釵，〈戀戀鄉城——「區域文學史」撰述經驗談〉，《文訊》174 期，2000 年 4 月，頁 45～47。

17. 李文良，〈清初臺灣方志的「客家」書寫與社會相〉，《臺大歷史學報》31 期，2004 年 6 月，頁 141～168。

18. 李友煌，〈失落的亞熱帶植物群落初探——清代鳳山縣二志一冊植物書寫爲例〉，《高市文獻》16 卷 3 期，2003 年 9 月，頁 1～24。

19. 李冊，〈新竹老人〉，《史聯雜誌》6 期，頁 7～12。

20. 余育婷，〈臺南詩人施瓊芳詩歌中所反映的臺灣風土面貌〉，《東方人文學誌》5 期 3 卷，2005 年 7 月，頁 107～124。

21. 余育婷，〈從鄭用錫、陳維英、施瓊芳看清代道咸時期臺灣詩人的傳承與發展〉，《國文天地》21 卷 10 期＝250 期，2006 年 3 月，頁 87～91。

22. 余育婷，〈施瓊芳題畫詩探析〉，《東方人文學誌》4 卷 2 期，2005 年 6 月，頁 197～211。

23. 余美玲，〈海東進士施士洁的詩情與世情〉，《逢甲人文社會學報》1 期，2000 年 11 月，頁 33～54。

24. 何晉勳，〈「旗尾秋蒐」與「珠潭浮嶼」——清代臺灣八景圖的異族紀念〉，《臺灣人文生態研究》7 卷 1 期，2005 年 1 月，頁 1～17。

25. 何晉勳，〈論清人對玉山的認知〉，《漢學研究》22 卷 1 期，2004 年 6 月，頁 281～297。

26. 吳密察，〈清代臺灣的「羅漢腳」〉，《歷史月刊》7 期，1988 年 8 月，頁 66～69。

27. 吳毓琪，〈臺南詩人施瓊芳作品中的臺灣社會面相〉，《文學臺灣》36 期，2000 年 10 月，頁 114～143。

28. 吳嘉苓，〈空間、規訓與生產政治〉，《國立臺灣大學社會學刊》29 期，2001 年 2 月，頁 1～58。

29. 李美燕，〈林占梅琴詩中的遊藝生活及美感意境〉，《中國學術年刊》24 期，2004 年 6 月，頁 325～342＋394～395。

30. 武文瑛，〈全球化與在地化概念辯證、分析與省思〉，《教育學苑》7 期，

2004 年 7 月，頁 43～57。

31. 林丁國，〈清代臺灣羅漢腳存在因素之探討〉，《臺灣史料研究》，14 期，1999 年 12 月，頁 33～57。

32. 林文龍，〈淡水廳林占梅被控傳說與新史料〉，《臺北文獻》直字 105 期，1993 年 9 月，頁 83～95。

33. 林淑慧，〈臺灣清治中期淡北文人曹敬及其手稿的詮釋〉，《臺北文獻》直字 152 期，2005 年 6 月，頁 59～94。

34. 林淑慧，〈竹塹文人鄭用錫、鄭用鑑散文的文化意涵及其題材特色〉，《中國學術年刊》26 期，2004 年 9 月，頁 173～204＋238。

35. 林富士，〈清代臺灣的巫覡與巫俗——以《臺灣文獻叢刊》爲主要材料的初步探討〉，《新史學》16 卷 3 期，2005 年 9 月，頁 23～99。

36. 林翠鳳，〈從《陶村詩稿‧呦呦吟》看陳肇興之儒士性格表現〉，《臺中技術學院學報》1 期，2000 年 6 月，頁 17～38。

37. 林耀潾，〈清臺灣縣學教諭鄭兼才的儒學思想與實踐〉，《成大中文學報》6 期，1998 年 5 月，頁 129～148。

38. 林耀潾，〈在邊緣的邊緣實踐——以清代臺灣澎湖文石書院山長林豪爲例的研究〉，《成大中文學報》13 期，2005 年 12 月，頁 195～213。

39. 周榮杰，〈從臺灣諺語來談分類械鬥〉，《史聯雜誌》15 期，頁 35～36。

40. 施士洁，〈後蘇龕泉廈日記〉，《臺南文化》8 卷 2 期，1965 年 6 月，頁 68～95。

41. 施志汶，〈臺灣史研究的史料運用問題：以清代渡臺禁令爲例〉，《臺灣史蹟》36 期，2000 年 6 月，頁 148～189。

42. 施懿琳，〈臺南府城古典文學概述（上）〉，《國文天地》16 卷 7 期＝187 期，2000 年 12 月，頁 56～60。

43. 施懿琳，〈臺南府城古典文學概述（下）〉，《國文天地》16 卷 8 期＝188 期，2001 年 1 月，頁 57～61。

44. 施懿琳，〈撰寫區域文學史的幾點感想〉，《文訊》174 期，2000 年 4 月，頁 40～41。

45. 高志彬〈李望洋研究的課題與文獻〉，《宜蘭文獻》12 期，1994 年 11 月。

46. 高志彬，〈臺灣方志之纂修及其體例流變述略〉，《臺灣文獻》49 卷 3 期，1998 年 9 月，頁 187～205。

47. 高建新，〈陶淵明在元明清及近代的地位及影響〉，《零陵學院學報》24 卷 3 期，2003 年 5 月，頁 42～45。

48. 高建新，〈陶淵明在元明清及近代的地位及影響〉，《零陵學院學報》24

卷 3 期，2003 年 5 月，頁 44。

49. 侯迺慧，〈從西湖看宋人的造園與遊園活動——以文學範疇為主（上）〉，《國立政治大學學報》69 期，1994 年 6 月，頁 47～87。

50. 洪健榮，〈清修臺灣方志「風俗」門類的理論基礎及論述取向〉，《中國歷史學會史學集刊》32 期，2000 年 7 月，頁 119＋121～152＋154。

51. 翁聖峰，〈劉家謀的《觀海集》〉，《臺灣文獻》47 卷 4 期，1996 年 12 月，頁 181～189。

52. 徐慧鈺，〈吟四座互飛觴——話潛園詩酒盛會〉，《竹塹文獻》6 期，1998 年，頁 88～103。

53. 徐慧鈺，〈「構得潛園堪寄跡，十年樂趣在林泉」——談林占梅的園林生活〉，《竹塹文獻雜誌》13 期，1999 年，頁 60～75。

54. 徐麗霞，〈陳維英之別業：太古巢與棲野巢〉一～四，《中國語文》92 卷 1 期＝547 期、92 卷 2 期＝548 期、92 卷 3 期＝549 期、92 卷 4 期＝550 期，2004 年 1 月、2004 年 2 月、2004 年 3 月、2004 年 4 月，頁 102～114、103～114、101～114、102～114。

55. 徐麗霞，〈劉家謀詩作的澎湖庶民圖象〉（上）（下），《中國語文》96 卷 6 期＝576 期、97 卷 2 期＝578 期，2005 年 6 月、2005 年 8 月，頁 103～114、102～114。

56. 徐麗霞，〈姚瑩「臺灣班兵議」論述〉，《中國語文》95 卷 2 期＝566 期、95 卷 3 期＝567 期、95 卷 4 期＝568 期，2004 年 8 月、2004 年 9 月、2004 年 10 月，頁 102～114、102～114、100～114。

57. 陳正榮，〈鄭用鑑〈地震行〉與林占梅〈地震歌有序〉辨析〉，《竹塹文獻雜誌》33 期，2005 年 4 月，頁 102～117。

58. 陳世榮，〈近年來國內學者對「械鬥」問題之研究——兼論清代桃園地區械鬥與區域發展之關係〉，《史匯》3 期，1999 年 4 月，頁 1～34。

59. 陳其南，〈清代臺灣社會的結構變遷〉，《中央研究院民族學研究所集刊》49 期，1980 年，頁 115～147。

60. 陳佳妏，〈滾滾波濤聲不息，斐然有緒煥文章——論清代臺灣八景詩中的自然景觀書寫〉，臺灣生態文化研討會會議論文。

61. 陳益源，〈澎湖蔡進士的史料與傳說〉，發表於「澎湖民間文學學術研討會」，2001 年 5 月 18～20 日。

62. 陳浩然、陳培璇《登瀛文瀾渡臺始祖族譜》，1953 年，長房前 4～6 頁。

63. 陳國揚，〈清代竹塹開發與信仰、文教之開展〉，《中興史學》1 期，1994 年，頁 87～151。

64. 陳培漢，〈先曾叔祖維英公事蹟〉，《臺北文物》2 卷 2 期，1953 年 8 月 15 日。

65. 陳漢光，〈李望洋先生文獻選輯〉，《臺灣文獻》17 卷 4 期，1966 年 12 月 27 日。

66. 陳漢光，〈林豪先生傳記及其詩文〉，《文獻》18 卷 2 期，1967 年，頁 114 ～118。

67. 陳運棟，〈鄭用錫進士取進入學的一篇八股文〉，《臺北文獻》直字 77 期，1986 年 9 月，頁 319～331。

68. 莊吉發，〈清代臺灣自然災害及賑災措施〉，《臺灣文獻》51 卷 1 期，2000 年 3 月。

69. 許惠玟，〈清代臺灣詩中儒學傳承與文昌信仰的關係〉，《東海大學文學院學報》46 卷，2005 年 7 月。

70. 許惠玟，〈李逢時生平交遊及其《泰階詩稿》初探〉，《東海大學文學院學報》48 卷，2007 年 7 月。

71. 許惠玟，〈陳維英《偷閒錄》版本研究〉，《臺北文獻》直字第 161 期，2007 年 9 月。

72. 許聖倫、夏鑄九、翁註重，〈傳統廚房爐灶的空間、性別與權力〉，《婦研縱橫》72 期，1967 年 10 月，頁 50～65。

73. 張炎憲，〈開臺第一位進士鄭用錫〉，《國文天地》5 卷 11 期，1990 年 4 月，頁 52～58，

74. 張炎憲，〈臺灣新竹鄭氏家族的發展型態〉，收於《中國海洋發展史論文集（二）》，臺北：中央研究院三民主義研究所，1986 年，頁 199～217。

75. 張炎，〈同姓械鬥的吳阿來事件〉，《臺灣文獻》20 卷 4 期，1069 年 12 月，頁 118～136。

76. 張德南，〈學界山斗鄭用鑑〉，《臺北文獻》直字 93 期，1990 年 9 月，頁 131～139。

77. 曹如秀，〈初探清代閩粵械鬥及其空間分布演變——以道光朝李通事件為例〉，《竹塹文獻雜誌》27 期，2004 年 8 月，頁 48～59。

78. 郭伶芬，〈清代臺灣中部望族的對立與聯合——從戴潮春事件的觀察〉，《臺灣人文生態研究》4 卷 1 期，2002 年 1 月，頁 19～50。

79. 梁其姿，〈清代的惜字會〉，《新史學》5 卷 2 期，1994 年 6 月。

80. 盛清沂，〈清代本省之災荒救濟事業〉，《臺灣文獻》22 卷 1 期，1971 年 3 月，頁 123～143。

81. 康培德，〈清代「後山」地理空間的論述與想像〉，《臺大文史哲學報》61 期，2004 年 11 月。

82. 程俊南，〈清代臺灣方志在社會人類學的材料——以「臺灣府志」與「諸羅縣志」有關 1717 年以前的平埔族風俗紀錄為例〉，《臺灣風物》49 卷 2 期，1999 年 6 月，頁 65～88。

83. 黃美娥，〈一種新史料的發現——談鄭用錫「北郭園詩文鈔」稿本的意義與價值〉，《竹塹文獻雜誌》4 期，1997 年 7 月，頁 31～56。

84. 黃美娥，〈明志書院的教育家——鄭用鑑〉，《竹塹文獻雜誌》5 期，1997 年 10 月，頁 53～74。

85. 黃美娥，〈「心遠由來地亦偏，柴桑風格想當年」——竹塹詩人鄭如蘭及其《偏遠堂吟草》〉，《竹塹文獻》13 期，1999 年，頁 39～59。

86. 黃美娥，〈日治時代詩社林立的社會考察〉，《風物》47 卷 3 期，1997 年，頁 43～88。

87. 黃美娥，〈一種新史料的發現——談鄭用錫《北郭園詩文鈔》稿本的意義與價值〉，《竹塹文獻》4 期，1997 年，頁 31～56。

88. 黃美娥，〈清代竹塹地區文學的發展與特色〉，《竹塹城學術研討會》，新竹市：新竹文化中心，1999 年。

89. 黃美娥，〈北臺文學之冠——清代竹塹地區的文人及其文學活動〉，《臺灣史研究》5 卷 1 期，1999 年 11 月，頁 91～139。

90. 黃美娥，〈北臺灣傳統文學發展概述——清代至日治時代（上）〉，《國文天地》16 卷 9 期＝189 期，2001 年 2 月，頁 61～68。

91. 黃美娥，〈北臺灣傳統文學發展概述——清代至日治時代（下）〉，《國文天地》16 卷 10 期＝190 期，2001 年 3 月，頁 59～66。

92. 黃美娥，〈臺灣古典文學史概說（1651～1945）〉，《古典臺灣－文學史·詩社·作家論》，臺北：國立編譯館，2007 年 7 月，頁 1～60。

93. 黃美娥，〈清代流寓文人楊浚在臺活動及其作品〉，《臺北文獻》直字 127 期，1999 年 3 月，頁 73～122。

94. 黃美娥，〈「心遠由來地亦偏，柴桑風格想當年」——竹塹詩人鄭如蘭及其「偏遠堂吟草」〉，《竹塹文獻雜誌》13 期，1999 年 11 月，頁 39～59。

95. 黃美娥，〈笑看人生　麗句寫愁——清代竹塹地區流寓文人查元鼎及其詩作〉，《竹塹文獻雜誌》18 期，2001 年 1 月，頁 6～31。

96. 黃美娥，〈開啟臺灣文學研究的另一扇窗〉，《文訊》174 期，2000 年 4 月，頁 48～50。

97. 黃憲作，〈花蓮地區的傳統文學（上）〉，《國文天地》16 卷 12 期＝192 期，2001 年 5 月，頁 77～81。

98. 黃憲作，〈花蓮地區的傳統文學（下）〉，《國文天地》17 卷 1 期＝193 期，2001 年 6 月，頁 86～89。

99. 曾慶豹，〈解構巴別塔：空間、權力與上帝〉，《中外文學》32 卷 5 期＝377 期，2004 年 10 月，頁 125～149。

100. 葉英，〈徐宗幹事略〉，《臺南文化》新 5 期，1978 年 5 月，頁 135～159。

101. 楊書濠，〈清代臺灣文官養廉銀與行政規費研究〉，《中興史學》9 期，

2004 年 4 月，頁 41～63。

102. 趙文榮，〈清代臺南地區漢人社會的動亂與分析〉，《臺南文化》51 期，2001 年 9 月，頁 23～46。

103. 廖振富，〈臺灣中部地區的古典詩人及其作品（上）〉，《國文天地》16 卷 8 期＝188 期，2001 年 1 月，頁 62～67。

104. 廖振富，〈臺灣中部地區的古典詩人及其作品（下）〉，《國文天地》16 卷 9 期＝189 期，2001 年 2 月，頁 56～60。

105. 廖振富，〈清代臺灣古典詩中的渡海經驗〉，《航向世界的臺北：探尋華人的海洋文化——第二屆「臺北學」國際學術研討會》，臺北市政府，2006 年 5 月 6、7 日。

106. 廖漢臣，〈巢名太古尋遺跡——記迂谷陳維英〉，《臺北文物》2 卷 2 期，1953 年 8 月 15 日，頁 356～357。

107. 廖藤葉，〈臺灣古典詩中有關中元普度主題析論〉，《臺中技術學院學報》第三期，2002 年 6 月，頁 1～19。

108. 潘朝陽，〈空間‧地方觀與『大地具現』暨『經典訴說』的宗教性詮釋〉，《中國文哲研究通訊》10 卷 3 期，2000 年 9 月。

109. 劉平，〈拜把結會、分類械鬥與林爽文起義〉，《史聯雜誌》35 期，1999 年 11 月，頁 93～118。

110. 蔡玉滿，〈林占梅傳統詩的結構賞析〉，《竹塹文獻雜誌》28 期，2004 年 12 月，頁 99～115。

111. 蔡懋棠，〈林占梅軼事〉，《臺灣風物》25 卷 4 期，1975 年 12 月，頁 74。

112. 程玉凰，〈林占梅與「萬壑松」唐琴之謎〉，《竹塹文獻雜誌》30 期，2004 年 7 月，頁 74～96。

113. 鄭吉雄，〈中國方志學的跨世紀展望〉，第二屆中華文明的二十一世紀新意義學術研討會，美國‧史丹福大學：喜瑪拉雅研究發展基金會、史丹福大學亞洲語言文學系，2001 年 3 月。

114. 鄭喜夫，〈李靜齋先生年譜初稿〉，《臺灣文獻》28 卷 2 期，1977 年 6 月 30 日。

115. 賴明珠，〈林占梅的書畫藝術世界——以「潛園琴餘草」為主要分析依據〉，《臺灣史研究》7 卷 1 期，2001 年 4 月，頁 27～79。

116. 盧嘉興，〈開臺唯一父子進士施瓊芳與施士洁〉，《臺灣研究彙集》1。

117. 盧嘉興，〈澎湖唯一的進士蔡廷蘭〉，《臺灣研就彙集》1，《現代學苑》32 期抽印，1966 年 12 月 10 日。

118. 盧嘉興，〈清季流寓臺灣的大詩人楊浚〉，《古今談》24 期，1967 年 2 月，頁 12～21。

119. 鍾述之，〈臺北名儒——陳維英〉，《古今談》28 期，1967 年 6 月 25 日。

120. 薛順雄，〈臺灣清代〈竹枝詞〉價值研討〉，引自 http://www.nchu.edu.tw/~chinese/EO12.HTML。

121. 戴順發、陳東鐘，〈茄子品種介紹及栽培技術改進〉，《高雄區農技報導》第 17 期。

122. 賴麗娟，〈「海音詩」觀風問俗析論〉，《成大中文學報》9 期，2001 年 9 月，頁 99～134。

123. 蕭瓊瑞，〈從「臺灣八景」到「澎湖八景」〉，《西瀛風物》9 期，2004 年 12 月，頁 97～108。

124. 謝貴文，〈清代臺灣循吏姚瑩的番政主張〉，《臺北文獻》直字 152 期，2005 年 6 月，頁 95～113。

125. 謝貴文，〈清代臺灣循吏姚瑩的治安事功〉，《屏東教育大學學報》24 期（下），2006 年 3 月，頁 413～444。

126. 謝貴文，〈清代臺灣循吏姚瑩的治軍思想〉，《國文學報（高師大）》1 期，2004 年 12 月，頁 229～240。

127. 謝崇耀，〈劉家謀在臺之詩作初探〉，《臺灣文獻》52 卷 4 期，2001 年 12 月，頁 403～416。

128. 謝碧菁，〈陳維英詩歌反映之臺灣自然與人文〉，《臺灣文學評論》5 卷 4 期，2005 年 10 月，頁 65～87。

129. 謝碧連，〈府城臺南父子雙進士——施瓊芳、施士洁〉，《臺南文化》53 期，2002 年 10 月，頁 43～63。

130. 羅肇錦，〈「漳泉鬥」的閩客情結初探〉，《臺灣文獻》49 卷 4 期，1998 年 12 月，頁 173～185。

131. 羅肇錦，〈漳泉鬥的閩客情結再探〉，《臺灣文獻》54 卷 1 期，2004 年 3 月，頁 105～132。

132. 蘇子建，〈林占梅潛園琴餘草校勘記——從東門城的詩壁說起〉，《竹塹文獻》34 期，2005 年 8 月，頁 106～115。

133. 顧敏耀，〈仙拚仙，拚死猴齊天——以分類械鬥為主題的臺灣古典詩文作品比較〉，http://www.fgu.edu.tw/~wclrc/drafts/Taiwan/gu-min-yao/gu-min-yao_02.htm。

134. 龔顯宗，〈李望洋宦遊西北〉，《鄉城生活雜誌》44 期，1997 年 9 月，頁 37～42。

135. 龔顯宗，〈不為功名亦讀書——論鄭用錫詩的題材多樣與風格統一〉，《第五屆清代學術研討會》，1997 年 11 月 15～16 日，頁 347～360。

大陸學者（依姓名筆畫順序排列）

1. 何海燕，〈論宋代文人對陶淵明的接受〉，《貴州大學學報（社會科學版）》

5 期，2004 年。

2. 李劍鋒，〈陶淵明接受史新局面的開創者梅堯臣〉，《山東師大學報（社會科學版）》5 期，1997 年。

3. 李劍鋒，〈論唐代人接受陶淵明的原因和條件〉，《文史哲》3 期，1999年。

4. 李劍鋒，〈論蕭統對陶淵明的接受〉，《山東大學學報（社會科學版）》4期，1997 年。

5. 李劍鋒，〈論江淹在陶淵明接受史上的貢獻〉，《山東師大學報（社會科學版）》3 期，1997 年。

6. 李劍鋒，〈加強陶淵明接受史研究〉，《九江師專學報》3 期，2000 年。

7. 李劍鋒，〈隋唐五代陶淵明接受史概論〉，《山東師大學報（人文社會科學版）》3 期，2001 年。

8. 汪毅夫，〈從劉家謀詩看道咸年間臺灣社會之狀況——記劉家謀及其《觀海集》和《海音詩》〉，《臺灣研究集刊》4 期，2002 年，頁 76～83。

9. 汪毅夫，〈臺灣內渡文人與清末民初社會變遷和社會問題——以臺灣進士許南英、丘逢甲和汪春源為例〉，《臺灣研究集刊》1 期，2006 年，頁 67～73。

10. 汪毅夫，〈從"福建臺灣府"到"福建臺灣省"——臺灣建省初期閩、臺關係的一個側面〉，《福建論壇（文史哲版）》1 期，2000 年，頁 26～29。

11. 汪毅夫，〈近代臺灣詩人的抗英事跡和愛國詩文〉，《臺聲》12 期，1997年，頁 36～37。

12. 汪毅夫，〈清代臺灣的幕友〉，《東南學術》1 期，2004 年，頁 125～131。

13. 汪毅夫，〈地域歷史人群研究：臺灣進士〉，《東南學術》3 期，2003 年，頁 120～127。

14. 汪毅夫，〈林樹梅作品里的閩臺地方史料〉，《臺灣研究集刊》1 期，2004年，頁 66～67。

15. 李云飛，〈清代臺灣民間械斗與清政府的對策〉，《社會科學輯刊》4 期，1998 年，頁 112～118。

16. 陳曉紅，〈試論陶淵明在文學史上的被忽視與被重視〉，《懷化學院學報》23 卷 3 期，2004 年 6 月，頁 75～78。

17. 陳支平，〈從碑刻、民間文書等資料看福建與臺灣的鄉族關係〉，《臺灣研究集刊》1 期，2004 年，頁 57～65。

18. 趙山林，〈古代文人的桃源情結〉，《中國古代、近代文學研究》3 期，2001年，頁 3～10。

19. 盧佑誠，〈錢鍾書的陶淵明接受史研究〉，《皖西學院學報》19 卷 1 期，

2003 年 2 月，頁 101～104。

20. 戴可來、于向東，〈蔡廷蘭《海南雜著》中所記越南華僑華人〉，《華僑華
    人歷史研究》1 期，1997 年，頁 40～50。

21. 魏章柱，〈清代臺灣自然災害對社會發展的影響〉，《西南師范大學學報
    （人文社會科學版)》5 期，2002 年，頁 121～124。

22. 顏章炮，〈清代臺灣民間的守護神信仰和分類械斗〉，《清史研究》4 期，
    1998 年，頁 48～54。

網路資料

1. http://www.sinica.edu.tw/~pingpu/library/fulltext/npmdatabase/xian001.htm。

附表一：清代臺灣本土文人一覽表

姓　　名	字　號	朝代	籍貫	身　份	作　　品	重　要　事　蹟
王　璋〔註1〕	字昂伯	康熙	臺灣縣	康熙32年舉人		曾任宜良知縣、監察御史；康熙 34 年曾分修臺灣郡志，有名於詩。爲明遺老王忠孝之侄孫。
莊一煝〔註2〕		康熙	鳳山縣	康熙33年府學學貢		鳳邑鄉飲賓
林中桂		康熙	諸羅縣	康熙35年貢生		
施世榜〔註3〕	字文標	康熙	臺灣縣	康熙36年鳳山縣拔貢		樂善好施，興築水利，亦能詩。參與平定朱一貴之亂，陞兵馬司副指揮。後轉文職，任壽寧教諭，屬漳州教授
盧芳型	字愧如	康熙	臺灣縣	康熙36年拔貢		
陳文達〔註4〕		康熙	臺灣縣	康熙46年府學歲貢		曾修高拱乾《臺灣府志》、周元文《重修臺灣府志》、《臺灣縣志》、《鳳山縣志》
陳聖彪〔註5〕		康熙	臺灣縣	康熙47年副貢		善文工詩。曾參與康熙49年宋永清增修臺灣府志的分校序次工作
郭必捷〔註6〕	字汝奏	康熙	臺灣縣	明經康熙48年臺灣縣歲貢		參與編纂周元文《重修臺灣府志》
陳宗達		康熙	鳳山縣			

〔註 1〕 此筆資料見施懿琳《清代臺灣詩所反映的漢人社會》，並由王詩琅《臺灣人物表論》進行增補。
〔註 2〕 此筆資料見施懿琳《清代臺灣詩所反映的漢人社會》，並由王俊勝《清代臺灣鳳山縣詩歌研究》進行增補。
〔註 3〕 此筆資料見施懿琳《清代臺灣詩所反映的漢人社會》，並由王俊勝《清代臺灣鳳山縣詩歌研究》進行增補。
〔註 4〕 此筆資料見施懿琳《清代臺灣詩所反映的漢人社會》，並由王俊勝《清代臺灣鳳山縣詩歌研究》進行增補。
〔註 5〕 此筆資料見施懿琳《清代臺灣詩所反映的漢人社會》，並由王俊勝《清代臺灣鳳山縣詩歌研究》進行增補。
〔註 6〕 此筆資料見施懿琳《清代臺灣詩所反映的漢人社會》，並由王俊勝《清代臺灣鳳山縣詩歌研究》進行增補。

鄭應球〔註7〕	字桐君	康熙	鳳山縣	康熙52年鳳山縣恩貢		性耿介，尚氣節，掌教書院達十餘年。朱一貴起事，嘗禮聘之，不為所動。宋永清建鳳山縣義學，擇鄭應球為義學教師
施士安〔註8〕	字伯欽	康熙	臺灣縣	康熙54年臺灣縣例貢		施世榜之子
王鳳池〔註9〕		康熙	鳳山縣	康熙年間廩生，雍正9年貢生		
李　雰〔註10〕	字梅賓	康熙	臺灣縣	康熙54年臺灣府學例貢		
張士箱〔註11〕	汝方	康熙	臺灣縣	雍正10年臺灣府學歲貢		康熙59年分修《臺灣縣志》
王名標〔註12〕		康熙		臺灣諸生		
林萃岡〔註13〕		康熙	鳳山縣	康熙47年鳳山縣學歲貢生		
李廷綱〔註14〕		康熙	鳳山縣	俊秀捐鳳山縣例監生		
李欽文〔註15〕	世勳	康熙	臺灣縣	康熙60年歲貢		能文工詩，分修重訂《臺灣府志》，並分修、初修《諸羅縣志》、《鳳山縣志》、《臺

〔註7〕 此筆資料見施懿琳《清代臺灣詩所反映的漢人社會》，並由王俊勝《清代臺灣鳳山縣詩歌研究》進行增補。

〔註8〕 此筆資料見施懿琳《清代臺灣詩所反映的漢人社會》，並由王俊勝《清代臺灣鳳山縣詩歌研究》進行增補。

〔註9〕 此筆資料由施懿琳等編《全臺詩》進行增補。

〔註10〕 此筆資料見施懿琳《清代臺灣詩所反映的漢人社會》，並由王俊勝《清代臺灣鳳山縣詩歌研究》進行增補。

〔註11〕 此筆資料見施懿琳《清代臺灣詩所反映的漢人社會》，並由王俊勝《清代臺灣鳳山縣詩歌研究》進行增補。施懿琳《清代臺灣詩所反映的漢人社會》作「雍正九年歲貢」，王俊勝《清代臺灣鳳山縣詩歌研究》則作「雍正十年臺灣府學歲貢生」。

〔註12〕 此筆資料由施懿琳等編《全臺詩》進行增補。

〔註13〕 此筆資料由王俊勝《清代臺灣鳳山縣詩歌研究》進行增補。

〔註14〕 此筆資料由王俊勝《清代臺灣鳳山縣詩歌研究》進行增補。

〔註15〕 此筆資料見施懿琳《清代臺灣詩所反映的漢人社會》，並由龔師顯宗《安平區志》〈藝文志〉、王俊勝《清代臺灣鳳山縣詩歌研究》進行增補。龔師顯宗作「臺南市東安坊人」，並言及曾任「福建南靖訓導」。

						灣縣志》，〈節烈行〉之作頗佳
卓夢采〔註16〕	字狷夫	康熙	鳳山縣	鳳山縣茂才庠生		朱一貴事起，慕其名，致之再三，不爲所動，而遁入鼓山深處，吟哦自娛。鳳山知縣陳志高表其廬曰「儒林芳標」亦爲鳳邑鄉飲賓
卓夢華〔註17〕		康熙	鳳山縣	生員		似爲卓夢采兄弟
張僊客〔註18〕		康熙	鳳山縣	生員		參與編纂高拱乾《臺灣府志》
施陳慶〔註19〕		康熙	臺灣縣	茂才康熙間諸生		
蔣仕登〔註20〕		康熙		臺灣諸生		
鄭煥文〔註21〕		康熙		臺灣增生		
鄭鳳庭〔註22〕		康熙	諸羅縣	廩生		曾參與康熙 49 年宋永清增修臺灣府志的分校序次工作。鄭鳳庭參與諸羅縣文廟興建工作，並有〈諸羅文廟記〉記頌宋永清興建諸羅縣文廟之功。鄭鳳庭得輓鄭節婦詩，寫道節婦鄭用娘爲其家孫女，可見兩人應有親屬關係。
謝正華〔註23〕		康熙	鳳山縣	康熙間貢生		據《廈門志·選舉志·國朝選舉》載「康熙時期貢生（年分無考）：謝正華，大崎人，往廈門，由南安學。」

〔註16〕 此筆資料見施懿琳《清代臺灣詩所反映的漢人社會》，並由王俊勝《清代臺灣鳳山縣詩歌研究》進行增補。
〔註17〕 此筆資料見施懿琳《清代臺灣詩所反映的漢人社會》，並由王俊勝《清代臺灣鳳山縣詩歌研究》進行增補。
〔註18〕 此筆資料並由王俊勝《清代臺灣鳳山縣詩歌研究》進行增補。
〔註19〕 此筆資料見施懿琳《清代臺灣詩所反映的漢人社會》，並由王俊勝《清代臺灣鳳山縣詩歌研究》進行增補。
〔註20〕 此筆資料由施懿琳等編《全臺詩》進行增補。
〔註21〕 此筆資料由王俊勝《清代臺灣鳳山縣詩歌研究》進行增補。
〔註22〕 此筆資料由王俊勝《清代臺灣鳳山縣詩歌研究》進行增補。
〔註23〕 此筆資料見施懿琳《清代臺灣詩所反映的漢人社會》，並由王俊勝《清代臺灣鳳山縣詩歌研究》進行增補。

黃名臣〔註24〕		康熙	臺灣縣	康熙間廩生 雍正9年府 學貢生		曾僉請重修臺灣府志（劉志）
張纘緒〔註25〕	字繩武	康熙	臺灣縣	康熙50年臺 灣縣歲貢生		曾參與康熙51年周元文 《重修臺灣府志》的分訂工 作
陳慧〔註26〕		康熙	諸羅縣	諸羅縣廩膳 生員，雍正7 年貢生		參與編纂《鳳山縣志》
黃廷光〔註27〕		康熙		臺灣諸生		
周日燦	字升如	康熙	諸羅縣	乾隆4年歲 貢		
洪成度〔註28〕			諸羅縣	康熙52年諸 羅縣歲貢生		曾參與編纂高拱乾《重修臺 灣府志》、周元文《重修臺灣 府志》
施士璟〔註29〕		雍正	鳳山縣	雍正11年鳳 山縣歲貢		任福建興化訓導 施世榜之子
陳璿〔註30〕		雍正	鳳山縣	鳳山縣明經 雍正13年鳳 山縣歲貢		
黃繼業〔註31〕	字子修	雍正	臺灣縣	雍正5年拔 貢		
蔡開春	字修仲	雍正	臺灣縣	雍正12年拔 貢		
張從政		乾隆	臺灣縣	雍正元年恩 貢	《剛齋詩文稿》	乾隆5年分修《臺灣府志》
黃佺	字半崖	乾隆	臺灣縣	雍正12年拔 貢	《草廬詩草》 《東寧遊草》	乾隆5年分修《臺灣府志》， 其詩雅近元、白，性情獨厚

〔註24〕此筆資料見施懿琳《清代臺灣詩所反映的漢人社會》，並由王俊勝《清代臺灣
　　　鳳山縣詩歌研究》進行增補。
〔註25〕此筆資料由王俊勝《清代臺灣鳳山縣詩歌研究》進行增補。
〔註26〕此筆資料由王俊勝《清代臺灣鳳山縣詩歌研究》進行增補。
〔註27〕此筆資料由施懿琳等編《全臺詩》進行增補。
〔註28〕此筆資料由王俊勝《清代臺灣鳳山縣詩歌研究》進行增補。
〔註29〕此筆資料見施懿琳《清代臺灣詩所反映的漢人社會》，並由王俊勝《清代臺灣
　　　鳳山縣詩歌研究》進行增補。
〔註30〕此筆資料見施懿琳《清代臺灣詩所反映的漢人社會》，並由王俊勝《清代臺灣
　　　鳳山縣詩歌研究》進行增補。
〔註31〕此筆資料由施懿琳等編《全臺詩》進行增補。

莊文進〔註32〕		乾隆	鳳山縣	乾隆33年丙戌「張書勳榜」進士		曾任福寧教授
陳　輝	字旭初號明之	乾隆	臺灣縣	乾隆3年舉人	《旭初詩集》	分修臺灣縣志及府志。多閒居吟詠之作，有清新婉約之致
王　賓〔註33〕	字利尚	乾隆	鳳山縣	乾隆3年舉人		
蔡莊鷹〔註34〕		乾隆	臺灣縣	乾隆4年武進士		
施士膺〔註35〕	字伯揚	乾隆	臺灣縣	乾隆5年拔貢		捐社倉穀千石，有義行。施世榜之五子。
范學洙		乾隆	臺灣縣	乾隆6年歲貢		任福建安溪訓導
陳正春〔註36〕	字汝中	乾隆	鳳山縣	鳳山縣明經乾隆12年例貢		事母至孝，家貧而好施。
卓肇昌〔註37〕	字思克	乾隆	鳳山縣	乾隆5年鳳山縣拔貢生乾隆15年舉人〔註38〕	《栖碧堂全集》	揀知縣不赴，乾隆28年曾分修《鳳山縣志》，主講書院，著作多。爲卓夢采之子。
陳鵬南〔註39〕	字雲垂	雍正	原鳳山庄人後移居鎮北坊	康熙58年臺灣縣學歲貢生	《淑齋詩文集》	陳思敬之父。篤志行善。雍正壬子，以歲貢司訓連江，勤於考課。

〔註32〕 此筆資料由王詩琅《臺灣人物表論》進行增補。
〔註33〕 此筆資料見施懿琳《清代臺灣詩所反映的漢人社會》，並由王俊勝《清代臺灣鳳山縣詩歌研究》進行增補。
〔註34〕 此筆資料見施懿琳《清代臺灣詩所反映的漢人社會》，並由王俊勝《清代臺灣鳳山縣詩歌研究》進行增補。
〔註35〕 此筆資料見施懿琳《清代臺灣詩所反映的漢人社會》，並由王俊勝《清代臺灣鳳山縣詩歌研究》進行增補。王俊勝作「乾隆十一年府學拔貢生」。
〔註36〕 此筆資料見施懿琳《清代臺灣詩所反映的漢人社會》，並由王俊勝《清代臺灣鳳山縣詩歌研究》進行增補。王俊勝作「乾隆十三年鳳山縣歲貢生」。
〔註37〕 此筆資料見施懿琳《清代臺灣詩所反映的漢人社會》，並由王俊勝《清代臺灣鳳山縣詩歌研究》進行增補。
〔註38〕 卓肇昌成爲舉人的時間，施懿琳《清代臺灣詩所反映的漢人社會》作「雍正十五年」，王俊勝《清代臺灣鳳山縣詩歌研究》作「乾隆十五年」。經查雍正在位年間僅十三年，因此不會有雍正十五年出現，本表以王俊勝乾隆十五年爲主。
〔註39〕 此筆資料由王俊勝《清代臺灣鳳山縣詩歌研究》進行增補。

陳思敬〔註40〕	字泰初	乾隆	鳳山縣	乾隆18年臺灣縣學副貢	《鶴山遺集》（根據記載此書共分六卷，嘉慶18年由其子鳴佩、鳴鑒校刊，今不傳）	生於鳳山郡治北坊，及長，歸祖籍，補同安弟子員。樂善好施。詩作出語健拔幽峭，似黃山谷；亦有元、白之自然平易。王國璠《臺灣先賢著作提要》載「龍溪洪天賜《雙魚齋詩話》：『陳太初《鶴山集》，性情獨厚，詞筆獨醇眞氣輪灌於胸中，而以自然出之，迥殊塗澤，以爲華擘績以爲富者宜乎同輩之罕及也。』」
陳文炳〔註41〕			鳳山縣	明經，府學附生、例貢生		
謝其仁〔註42〕		乾隆	鳳山縣	乾隆18年舉人		
錢　鏄〔註43〕		乾隆	鳳山縣	鳳山縣明經乾隆24年貢生		
莊天錫〔註44〕		乾隆	鳳山縣	乾隆27年例貢		
柯廷第〔註45〕		乾隆	鳳山縣	鳳山縣明經乾隆27年鳳山縣例貢		參與編纂《重修鳳山縣志》
林大鵬〔註46〕		乾隆	鳳山縣	乾隆28年舉人		
余國楡〔註47〕		乾隆	鳳山縣	乾隆28年貢生		

〔註40〕 此筆資料見施懿琳《清代臺灣詩所反映的漢人社會》，並由王俊勝《清代臺灣鳳山縣詩歌研究》進行增補。

〔註41〕 此筆資料由王俊勝《清代臺灣鳳山縣詩歌研究》進行增補。

〔註42〕 此筆資料見施懿琳《清代臺灣詩所反映的漢人社會》，並由王俊勝《清代臺灣鳳山縣詩歌研究》進行增補。

〔註43〕 此筆資料見施懿琳《清代臺灣詩所反映的漢人社會》，並由王俊勝《清代臺灣鳳山縣詩歌研究》進行增補。王俊勝作「乾隆三十四年鳳山縣歲貢生」。

〔註44〕 此筆資料見施懿琳《清代臺灣詩所反映的漢人社會》，並由王俊勝《清代臺灣鳳山縣詩歌研究》進行增補。

〔註45〕 此筆資料見施懿琳《清代臺灣詩所反映的漢人社會》，並由王俊勝《清代臺灣鳳山縣詩歌研究》進行增補。

〔註46〕 此筆資料見施懿琳《清代臺灣詩所反映的漢人社會》，並由王俊勝《清代臺灣鳳山縣詩歌研究》進行增補。王俊勝作「乾隆十五年鳳山縣舉人」。

〔註47〕 此筆資料見施懿琳《清代臺灣詩所反映的漢人社會》，並由王俊勝《清代臺灣

錢元揚〔註48〕		乾隆	鳳山縣	乾隆39年貢生	
莊天釪〔註49〕		乾隆	鳳山縣	乾隆39年貢生	
張青峰		乾隆	臺灣縣	乾隆54年拔貢	與陳廷瑜、陳震曜等人建引心文社，宏揚文教
游　化		乾隆	臺灣縣	乾隆59年歲貢	
洪　禧		乾隆	臺灣縣	乾隆59年進士	
韓必昌		乾隆	臺灣縣	乾隆60年歲貢	
潘振甲		嘉慶	臺灣縣	乾隆51年舉人	
陳斗南〔註50〕		乾隆	臺灣縣	生員	《東寧自娛集》
方文雄〔註51〕		乾隆	鳳山縣	監生	
方達聖		乾隆	臺灣縣	廩生	
方達義〔註52〕		乾隆	臺灣縣	監生	
王德元〔註53〕		乾隆		臺灣府歲貢	
史廷賁〔註54〕		乾隆	鳳山縣	監生	
施國義〔註55〕				明經	

鳳山縣詩歌研究》進行增補。

〔註48〕 此筆資料見施懿琳《清代臺灣詩所反映的漢人社會》，並由王俊勝《清代臺灣鳳山縣詩歌研究》進行增補。王俊勝作「乾隆三十七年府學歲貢生」。

〔註49〕 此筆資料見施懿琳《清代臺灣詩所反映的漢人社會》，並由王俊勝《清代臺灣鳳山縣詩歌研究》進行增補。王俊勝作「乾隆三十八年府學拔貢生」。

〔註50〕 此筆資料見施懿琳《清代臺灣詩所反映的漢人社會》，並由王俊勝《清代臺灣鳳山縣詩歌研究》進行增補。

〔註51〕 此筆資料見施懿琳《清代臺灣詩所反映的漢人社會》，並由王俊勝《清代臺灣鳳山縣詩歌研究》進行增補。

〔註52〕 此筆資料由施懿琳等編《全臺詩》進行增補。

〔註53〕 此筆資料由施懿琳等編《全臺詩》進行增補。

〔註54〕 此筆資料由王俊勝《清代臺灣鳳山縣詩歌研究》進行增補。

〔註55〕 此筆資料由王俊勝《清代臺灣鳳山縣詩歌研究》進行增補。

卓國伯〔註56〕		乾隆	鳳山縣	茂才	
卓雲鴻〔註57〕		乾隆	鳳山縣	生員	
林青蓮〔註58〕		乾隆	鳳山縣	生員	
林夢麟〔註59〕		乾隆	鳳山縣	生員	參與編纂《重修鳳山縣志》
林振芳〔註60〕		乾隆	鳳山縣	生員乾隆34年鳳山縣歲貢生	
林應運〔註61〕		乾隆	鳳山縣	茂才	
林鵬奮〔註62〕		乾隆	鳳山縣	茂才	
林麟昭〔註63〕		乾隆	臺灣縣	生員	
金鳴鳳〔註64〕	字歧伯	乾隆	諸羅縣		乾隆8年（1743）鄉貢，曾任福建連江訓導。曾參與《重修臺灣縣志》分輯工作。
侯時見〔註65〕		乾隆	鳳山縣	廩生	
柯汝賢〔註66〕		乾隆	鳳山縣	茂才乾隆50年鳳山縣歲貢生	

〔註56〕此筆資料由王俊勝《清代臺灣鳳山縣詩歌研究》進行增補。
〔註57〕此筆資料見施懿琳《清代臺灣詩所反映的漢人社會》，並由王俊勝《清代臺灣鳳山縣詩歌研究》進行增補。
〔註58〕此筆資料見施懿琳《清代臺灣詩所反映的漢人社會》，並由王俊勝《清代臺灣鳳山縣詩歌研究》進行增補。王俊勝作「林清蓮」。
〔註59〕此筆資料見施懿琳《清代臺灣詩所反映的漢人社會》，並由王俊勝《清代臺灣鳳山縣詩歌研究》進行增補。
〔註60〕此筆資料由王俊勝《清代臺灣鳳山縣詩歌研究》進行增補。
〔註61〕此筆資料由王俊勝《清代臺灣鳳山縣詩歌研究》進行增補。
〔註62〕此筆資料由王俊勝《清代臺灣鳳山縣詩歌研究》進行增補。
〔註63〕此筆資料由施懿琳等編《全臺詩》進行增補。
〔註64〕此筆資料由施懿琳等編《全臺詩》進行增補。
〔註65〕此筆資料見施懿琳《清代臺灣詩所反映的漢人社會》，並由王俊勝《清代臺灣鳳山縣詩歌研究》進行增補。
〔註66〕此筆資料由王俊勝《清代臺灣鳳山縣詩歌研究》進行增補。

柯錫珍〔註67〕		乾隆	鳳山縣	監生		
柳學輝〔註68〕		乾隆	鳳山縣			
柳學鵬〔註69〕		乾隆	鳳山縣	生員		
徐　元〔註70〕	字凱生	乾隆	臺灣縣			居郡治寧南坊。精繪花鳥，作八分、大小篆尤入妙，不苟下筆。性善飲，愛其書畫者或置酒邀之，數斗不醉。騁意揮毫，日數十幅，年八十終，書畫作品不傳。
秦定國〔註71〕		乾隆	彰化縣	乾隆22年儒學生員		
張　英〔註72〕		乾隆	鳳山縣	臺灣府學庠生		
莊允義〔註73〕		乾隆	鳳山縣	監生		
陳元炳〔註74〕		乾隆	鳳山縣	廩生		
何昌藩〔註75〕		乾隆	鳳山縣	監生		
陳元榮〔註76〕		乾隆	鳳山縣	廩生 乾隆34年鳳山縣歲貢生		
陳汝纘〔註77〕		乾隆	臺灣縣	童生		

〔註67〕 此筆資料見施懿琳《清代臺灣詩所反映的漢人社會》，並由王俊勝《清代臺灣鳳山縣詩歌研究》進行增補。

〔註68〕 此筆資料由王俊勝《清代臺灣鳳山縣詩歌研究》進行增補。

〔註69〕 此筆資料見施懿琳《清代臺灣詩所反映的漢人社會》，並由王俊勝《清代臺灣鳳山縣詩歌研究》進行增補。

〔註70〕 此筆資料由施懿琳等編《全臺詩》進行增補。

〔註71〕 此筆資料由施懿琳等編《全臺詩》進行增補。

〔註72〕 此筆資料由施懿琳等編《全臺詩》進行增補。

〔註73〕 此筆資料由王俊勝《清代臺灣鳳山縣詩歌研究》進行增補。

〔註74〕 此筆資料見施懿琳《清代臺灣詩所反映的漢人社會》，並由王俊勝《清代臺灣鳳山縣詩歌研究》進行增補。

〔註75〕 此筆資料由王俊勝《清代臺灣鳳山縣詩歌研究》進行增補。

〔註76〕 此筆資料見施懿琳《清代臺灣詩所反映的漢人社會》，並由王俊勝《清代臺灣鳳山縣詩歌研究》進行增補。

〔註77〕 此筆資料由施懿琳等編《全臺詩》進行增補。

陳廷藩		乾隆	臺灣縣			
陳洪圭〔註78〕		乾隆	鳳山縣			
陳洪澤〔註79〕		乾隆	鳳山縣	生員		
陳錫珪		乾隆	臺灣縣	庠生		
傅汝霖〔註80〕	字雨若	乾隆	鳳山縣	附生		
黃　仁〔註81〕		乾隆	鳳山縣			
黃夢蘭〔註82〕		乾隆	鳳山縣	生員		
楊世清〔註83〕		乾隆	臺灣縣	廩生		
葉泮英		乾隆	臺灣縣	附生		
蔡江琳〔註84〕		乾隆	鳳山縣	生員		
鄭際魁〔註85〕		乾隆	鳳山縣	生員		
盧九圍〔註86〕		乾隆	臺灣縣	生員		
錢元起〔註87〕		乾隆	臺灣縣	生員		
錢元煌〔註88〕		乾隆	鳳山縣	生員		

〔註78〕此筆資料由王俊勝《清代臺灣鳳山縣詩歌研究》進行增補。
〔註79〕此筆資料由王俊勝《清代臺灣鳳山縣詩歌研究》進行增補。
〔註80〕此筆資料由王俊勝《清代臺灣鳳山縣詩歌研究》進行增補。
〔註81〕此筆資料由王俊勝《清代臺灣鳳山縣詩歌研究》進行增補。
〔註82〕此筆資料由王俊勝《清代臺灣鳳山縣詩歌研究》進行增補。
〔註83〕此筆資料由施懿琳等編《全臺詩》進行增補。
〔註84〕此筆資料由王俊勝《清代臺灣鳳山縣詩歌研究》進行增補。
〔註85〕此筆資料由王俊勝《清代臺灣鳳山縣詩歌研究》進行增補。
〔註86〕此筆資料見施懿琳《清代臺灣詩所反映的漢人社會》，並由王俊勝《清代臺灣鳳山縣詩歌研究》進行增補。
〔註87〕此筆資料由施懿琳等編《全臺詩》進行增補。
〔註88〕此筆資料見施懿琳《清代臺灣詩所反映的漢人社會》，並由王俊勝《清代臺灣鳳山縣詩歌研究》進行增補。

錢時洙〔註89〕		乾隆	鳳山縣	廩生		
錢登選〔註90〕		乾隆	鳳山縣	生員		
戴遜〔註91〕		乾隆	臺灣縣	生員		
鄭崇和(1756~1827)〔註92〕	字其德號詒庵	乾嘉	初居後壠，後徙竹塹城北門			原籍福建同安，十九歲時渡臺，初居後壠，後徙竹塹北門。設塾教學，門卜多達才，晚益好宋儒書，嘗於竹塹沿山一帶設隘防禦番人，後入祀鄉賢祠。進士鄭用錫之父。商號鄭恆利、鄭永泰。
章甫(1760~1816)	字申友號半崧	嘉慶	臺灣縣	嘉慶4年歲貢	《半崧集》	善詩文，究心於詩學之源流正變。生平不履仕途，人目為高士。律詩法度精嚴，波瀾壯闊。古詩蒼樸渾成，絕句則出於六朝諸家。
薛邦揚(1760~1787)〔註93〕	字垂青	乾隆	臺灣縣	廩生		林爽文之役，郡城被圍邦揚募兵以抗，久而食盡，典產以濟，身經數十戰，乾隆52年(1787)陣亡，年二十八。
蘇潮〔註94〕		乾隆	鳳山縣	生員		
曾日唯		乾隆	臺灣縣	庠生	《半石居詩集》	
龔帝臣〔註95〕				臺灣府學庠生		
王士俊〔註96〕	字熙軒號子才	乾嘉	竹塹樹林頭庄人	嘉慶10年生員		嘉慶5年與郭菁英等聯名呈請設儒學於竹塹。設塾家中，推廣文教有功，連橫《臺灣通史》列入〈文苑傳〉。王世傑五世孫。鄭用錫為其高弟。

〔註89〕 此筆資料由王俊勝《清代臺灣鳳山縣詩歌研究》進行增補。
〔註90〕 此筆資料由王俊勝《清代臺灣鳳山縣詩歌研究》進行增補。
〔註91〕 此筆資料由施懿琳等編《全臺詩》進行增補。
〔註92〕 此筆資料由黃美娥〈北臺灣傳統文學發展概述——清代至日治時代（上）〉、〈北臺文學之冠——清代竹塹地區的文人及其文學活動〉進行增補。
〔註93〕 此筆資料由施懿琳等編《全臺詩》進行增補。
〔註94〕 此筆資料由王俊勝《清代臺灣鳳山縣詩歌研究》進行增補。
〔註95〕 此筆資料由施懿琳等編《全臺詩》進行增補。
〔註96〕 此筆資料由黃美娥〈北臺灣傳統文學發展概述——清代至日治時代（上）〉、

郭成金 (1780~1836) 〔註97〕	字甄相 號貢南	乾嘉	竹塹 西門人	嘉慶24年舉人		嘉慶末，捐題建造文廟，主講明志書院，以振興文教爲念。後授連江教諭，未任而卒。竹塹七子之一。商號郭怡齋。
黎壏 (1782~1843) 〔註98〕	譜名學源 號珠甫		初居廣東嘉應後定居臺地	臺灣府庠生	《吟香詩集》 《高祖自作詩》殘稿	嘉慶年間來臺
陳震曜 (1779~1852) 〔註99〕	字煥東 號星舟		嘉義人後遷臺南	嘉慶15年以優行貢太學，嘉義縣學增廣生	據王國璠《臺灣先賢著作提要》載： 《歸田問俗》（曾由一臺大教授在古玩店購得手抄本，但後不知何所。「疑爲考風辨俗之作」）、《達五齋家誡》（傳有石刻本，林佛國曾購得民國4年李玉周手抄本二冊，林氏作故，書已不知何所。「本書共分四卷，擇拾古今忠孝節義事實，凡一百二十四條，各爲論說，意在化導子孫，努力行善，鳳山王顯詔《滄海筆塵》推爲有益風化」）、《海內義門集》（傳沈葆楨曾鈔副本去，但不知有無刊行，「乃裒各家校正諸書知菁義，反覆研索，參互辨正，頗多宋元以來儒	曾與張青峰、陳廷瑜等人建「引心文社」。參與續修《臺灣縣志》，歷署閩省建安、閩清、平和三縣教諭，監理福州鰲峰書院，助修《福建通志》，任同安訓導。道光12年張丙亂時曾隨軍渡臺，辦理團練撫卹。道光15年授陝西寧羌州州同，在任數十年。道光30年病歸嘉義，咸豐2年卒。

〈北臺文學之冠——清代竹塹地區的文人及其文學活動〉進行增補。

〔註97〕此筆資料由黃美娥〈北臺灣傳統文學發展概述——清代至日治時代（上）〉、〈北臺文學之冠——清代竹塹地區的文人及其文學活動〉進行增補。

〔註98〕此筆資料由莫渝、王幼華《苗栗縣文學史》進行增補。

〔註99〕此筆資料見施懿琳《清代臺灣詩所反映的漢人社會》，並由江寶釵《嘉義地區古典文學發展史》、王俊勝《清代臺灣鳳山縣詩歌研究》進行增補。

					學所未發」)、《小滄桑外史》(書久已佚)、《風鶴餘錄》(傳沈葆楨曾鈔副本去,但不知有無刊行) 二書推測爲記載張丙事件始末;《東海壺杓集》(書久已佚「本書共分四卷,內容不明。按壺、杓,飲器也,以此命名,料爲遣興怡情之作。……本文是否爲其詩賦雜文之集,已年代久遠,難以考定。」)	
鄭用錫〔註100〕(1788~1858)	字在中號祉亭	道光	淡水廳竹塹北門人	嘉慶15年彰化生員嘉慶23年舉人道光3年進士(「林召棠榜」或作「杜受田榜」)	《北郭園全集》(存/刊)《北郭園記》(存)《北郭園文鈔》(存)《北郭園詩鈔》(存)〔註101〕	樂善好施,自募鄉勇,助朝廷平定動亂。主講明志書院,晚年築北郭園自娛。爲竹塹七子之一,古詩出於宋儒,五言律絕具田園之趣。詩中說理,直抒胸臆,古體出於擊壤一派,近體流於生澀。開臺黃甲。編撰《淡水廳志》,詔祀鄉賢祠。鄭崇和次子。商號鄭恆利、鄭永泰、鄭祉記。
鄭用鑑〔註102〕(1789~1867)	字藻亭號人先	咸同	淡水廳竹塹	嘉慶16年彰化縣學生員道光5年拔貢同治元年詔舉孝廉方正	《靜遠堂詩文鈔》(存/刊)〔註103〕	掌教明志書院三十年,陳維英出其門下,與用錫合編《淡水廳志稿》,入鄉賢祠。鄭崇和堂弟鄭崇科之子。竹塹七子之一。詩歌偏好自然生活之嘆詠,情感沖穆平淡。商號鄭恆升

〔註100〕此筆資料見施懿琳《清代臺灣詩所反映的漢人社會》,並由黃美娥〈北臺灣傳統文學發展概述——清代至日治時代(上)〉、〈北臺文學之冠——清代竹塹地區的文人及其文學活動〉進行增補。

〔註101〕此筆資料增補自黃美娥〈新竹地區傳統文學史料存佚現況(清朝——日據時代)〉。

〔註102〕此筆資料見施懿琳《清代臺灣詩所反映的漢人社會》,並由黃美娥〈北臺灣傳統文學發展概述——清代至日治時代(上)〉、〈北臺文學之冠——清代竹塹地區的文人及其文學活動〉進行增補。

〔註103〕此書由黃美娥所新見,未見於《重修臺灣省通志藝文志著述篇》記載之新史

陳維藻 (1795~1835) 〔註104〕	字鳳阿	道光	淡水廳 大龍峒	道光 5 年舉 人		
廖春波 〔註105〕 (1797~1865)	字淡如 號闊文		彰化	道光 5 年拔 貢		絳帳授學於鹿港，曾參與《彰化縣志》編纂，又應知縣高鴻飛之請，任白沙書院講席，「白沙書院」四傑：陳肇興、廖景瀛、曾惟精、蔡德芳爲其高弟。
郭菁英 (？~1834) 〔註106〕	字顯相	乾嘉	竹塹 西門人	嘉慶15年生 員		胸次高潔，絕營求，背誦六經如流，與人交和藹可親。曾與王士俊倡設儒學於竹塹，連橫《臺灣通史》將之與其弟郭成金同列「王士俊」傳下。舉人郭成金之兄。商號郭怡齋。
陳維藜 (1800~1866) 〔註107〕	字清照 號一杖 乳名源昆		淡水廳 大龍峒			
蔡廷蘭 (1801~1859) 〔註108〕	字香祖 號郁園 學者稱秋 園先生		澎湖人	道光24年進 「孫毓溎 榜」士	《海南雜著》 《愓園古近體 詩》 《駢體文雜著》	主講臺南崇文書院、引心書院及澎湖文石書院，有政聲，卒於官。善駢文，工古體詩，才力雄健，卓然成家。
黃驤雲 (1801~1841) 〔註109〕	明金團 又名定傑 字雨生 號童光 榜名龍光	道光	原鳳山 縣人， 後定居 淡水頭 份	嘉慶24年舉 人 道光 9 年進 士（「李振鈞 榜」或作「劉 有慶榜」）		少時曾負笈於福州鰲峰書院。道光 12 年，以張丙之役，緝捕有功，補都察水師主事，旋擢營繕司員外郎。道光17年恩校京闈。儒將黃清泰之子。道光末年，以丁艱居福州，未再出仕，亦未還鄉。爲竹塹林占梅之丈人。

料。增補自黃美娥〈新竹地區傳統文學史料存佚現況（清朝──日據時代)〉。

〔註104〕此筆資料見施懿琳《清代臺灣詩所反映的漢人社會》，並由黃美娥〈北臺灣傳統文學發展概述──清代至日治時代（上)〉進行增補。

〔註105〕此筆資料由施懿琳、楊翠著《彰化縣文學發展史》進行增補。

〔註106〕此筆資料由黃美娥〈北臺灣傳統文學發展概述──清代至日治時代（上)〉、〈北臺文學之冠──清代竹塹地區的文人及其文學活動〉進行增補。

〔註107〕此筆資料見施懿琳《清代臺灣詩所反映的漢人社會》，並由黃美娥〈北臺灣傳統文學發展概述──清代至日治時代（上)〉進行增補。

〔註108〕此筆資料見施懿琳《清代臺灣詩所反映的漢人社會》，並由王詩琅《臺灣人物表論》進行增補。

〔註109〕此筆資料見施懿琳《清代臺灣詩所反映的漢人社會》，並由王俊勝《清代臺灣鳳山縣詩歌研究》、莫渝、王幼華《苗栗縣文學史》進行增補。進行增補。

林朝英 (1801~1859) 〔註110〕	小名耀華 或作夜華 字伯彥 別署一峰 亭 又號梅峰 鯨湖英				乾隆43年，林朝英在臺南三界壇興築宅第，名曰「蓬臺書室」，懸掛「一峰亭」木匾，爲人重義疏財，樂善好施，做了很多體恤窮困、解危救溺的事蹟。嘉慶9年有鑑於臺南孔廟老舊破敗，乃慷慨解囊贊助重修，歷經三年完工，地方政府聯名提報獎勵，結果獲得阜帝頒贈「重道崇文」的石坊，加以表揚。晚年他還因爲力諫天理教首林清，曉以大義後放棄造反，一派忠心蒙獲召見。然而，歷經四次考試不第。
張煥文 (1801~1856)	字日華、 丕基 號郁堂		沙連堡 社寮莊		
陳廷瑜	字握卿 號和參	嘉慶	臺灣縣	縣增生	《選贈和齋詩集》	
陳廷璧	字子卿	嘉慶	臺灣縣	乾隆55年恩貢		嘉慶11年蔡牽擾臺，以守城有功，官授六品職銜。
黃清泰 〔註111〕	字淡川 一字承伯	嘉慶	鳳山縣 乾隆中 生於竹 頭角 （今美 濃鎮廣 興里）	行伍		嘉慶間任北路右營守備艋舺營游擊及署參將。乾隆51年領導鄉勇平林爽文事有功，累擢彰化都司，遷鎮標中營游擊，署艋舺營參將事，任軍職30年。道光2年勦海賊有功，擢長福營參將，但未赴任而卒。撫循士卒，順體民情，能文能詩，有儒將風。生二子，長子奎光，次子驤雲。
林師聖		嘉慶	臺灣縣	嘉慶元年恩貢		
郭紹芳		嘉慶	臺灣縣	嘉慶3年舉人		
黃汝齊		嘉慶	臺灣縣	嘉慶5年拔貢		嘉慶12年協助纂修《臺灣縣志》

〔註110〕此筆資料由施懿琳等編《全臺詩》進行增補。

〔註111〕此筆資料見施懿琳《清代臺灣詩所反映的漢人社會》，並由王俊勝《清代臺灣鳳山縣詩歌研究》、莫渝、王幼華《苗栗縣文學史》進行增補。

黃　纘		嘉慶	臺灣縣	嘉慶 5 年拔貢		
黃化鯉	字躍三	嘉慶	臺灣縣	廩生		嘉慶 11 年蔡牽案獲許和尚有功
黃瑞玉	字維岩	嘉慶	彰化縣	嘉慶17年歲貢	《蝸堂詩艸》	曾主澎湖書院講席
辛齊光	字愧賢	嘉慶	澎湖縣	嘉慶 6 年歲貢，嘉慶 18 年欽賜舉人		家裕好施，鄉里稱頌
曾作霖〔註112〕	字雨若	嘉慶	彰化縣	嘉慶21年舉人		官福建閩清訓導。道光年間曾與周璽合纂《彰化縣志》
陳玉珂〔註113〕			臺灣府	嘉慶24年中舉		曾與臺郡拔貢生李宗寅、生員陳肇昌、陳廷瑜、趙新、王瑞、陳震曜、朱登科、吳成謨等人上呈〈義塚護衛示禁碑記〉，建議保護臺郡南北義塚。
呂成家	字建侯	嘉慶	澎湖縣東衛社			
吳景中〔註114〕			臺灣縣			
林奎章〔註115〕			臺灣縣	生員		
洪　坤〔註116〕			臺灣縣	廩生		嘉慶 12 年續修《臺灣縣志》時，分任校對
陳廷珪	字錫卿字鈞卿	嘉慶	臺灣縣	縣廩生		陳廷瑜之兄
陳登科〔註117〕		嘉慶		臺灣府學諸生		
林啓泰〔註118〕		嘉慶	臺灣縣			
張以仁		嘉慶	嘉義縣	廩生		

〔註112〕此筆資料見施懿琳《清代臺灣詩所反映的漢人社會》，並由施懿琳、楊翠著《彰化縣文學發展史》進行增補。

〔註113〕此筆資料由施懿琳等編《全臺詩》進行增補。

〔註114〕此筆資料由施懿琳等編《全臺詩》進行增補。

〔註115〕此筆資料由施懿琳等編《全臺詩》進行增補。

〔註116〕此筆資料由施懿琳等編《全臺詩》進行增補。

〔註117〕此筆資料由施懿琳等編《全臺詩》進行增補。

〔註118〕此筆資料由施懿琳等編《全臺詩》進行增補。

魏爾青 〔註 119〕		嘉慶	臺灣縣			
黃廷璧 〔註 120〕		嘉慶	臺灣縣	生員		
楊　賓 〔註 121〕		嘉慶	臺灣縣	生員		
黃本淵 〔註 122〕	字虛谷	嘉慶	臺灣縣	嘉慶 18 年優貢	《中隱齋集》	道光元年舉孝廉方正，詔授六品頂戴，召試引見，欽點教職。歷任長汀教諭、福州教授。
鄭捧日 〔註 123〕			彰化	嘉慶 12 年舉人		
楊啓元 〔註 124〕			彰化	嘉慶 15 年舉人		
林遜賢 〔註 125〕			彰化	嘉慶 21 年舉人		
林廷璋 〔註 126〕			彰化	嘉慶 21 年舉人		
曾拔萃 〔註 127〕			彰化	嘉慶 24 年恩貢		道光 20 年又與羅桂芳、曾作霖、廖春波等人共同贊助《彰化縣志》的重修。
曾維楨 〔註 128〕	雲松		彰化 白沙坑 (花壇)	道光 6 年進士（「朱昌頤榜」或作「劉有慶榜」）		中舉後先任翰林院庶吉士。散館後任湖南石門縣知縣，後調巴陵、衡陽等縣。告老還鄉之後，參與《彰化縣志》編纂。

〔註 119〕此筆資料由施懿琳等編《全臺詩》進行增補。
〔註 120〕此筆資料由施懿琳等編《全臺詩》進行增補。
〔註 121〕此筆資料由施懿琳等編《全臺詩》進行增補。
〔註 122〕此筆資料由施懿琳等編《全臺詩》進行增補。
〔註 123〕此筆資料增補自黃美娥〈新竹地區傳統文學史料存佚現況（清朝──日據時代）〉。
〔註 124〕此筆資料增補自黃美娥〈新竹地區傳統文學史料存佚現況（清朝──日據時代）〉。
〔註 125〕此筆資料增補自黃美娥〈新竹地區傳統文學史料存佚現況（清朝──日據時代）〉。
〔註 126〕此筆資料增補自黃美娥〈新竹地區傳統文學史料存佚現況（清朝──日據時代）〉。
〔註 127〕此筆資料增補自黃美娥〈新竹地區傳統文學史料存佚現況（清朝──日據時代）〉。
〔註 128〕此筆資料由施懿琳、楊翠著《彰化縣文學發展史》、王詩琅《臺灣人物表論》進行增補。

郭望安〔註129〕		道光	嘉義縣	道光15年乙未「劉澤榜」進士		湖北知縣
鍾鼎元〔註130〕			鳳山縣	貢生		
林耀鋒〔註131〕		道光	臺北			與陳維英、張書紳、蘇袞榮等合稱「淡水五子」
蔡微藩〔註132〕	國瑛	道光	臺灣縣	道光21年辛丑進士		
許超英〔註133〕	字志清	道光	淡水廳竹塹水田庄人	道光26年舉人		候選教諭。家世清寒，廣交遊，秉性任俠，不畏權勢，世有「竹塹許舉人不畏事」之稱。詩風豪放，王松《臺陽詩話》選載其七律作品，多所稱揚。
郭襄錦〔註134〕	字雲裳	道光	淡水廳竹塹	道光間生員	《吟草》	詩近宋人，蒼朗渾成
童蒙吉〔註135〕	字蔗雲	道光	淡水廳竹塹	歲貢生		工詩賦，王松《臺陽詩話》載其絕句作品
鄭超英〔註136〕	字乙蓮	道光	淡水廳竹塹	舉人		嘗與童蒙吉相唱和，王松《臺陽詩話》載其作品
羅桂芳〔註137〕	字汝超	道光	彰化縣	廩貢		道光年間參與纂修《彰化縣志》，以軍功六品銜捐訓導。

〔註129〕此筆資料由王詩琅《臺灣人物表論》進行增補。
〔註130〕此筆資料由王俊勝《清代臺灣鳳山縣詩歌研究》進行增補。
〔註131〕此筆資料見施懿琳《清代臺灣詩所反映的漢人社會》，並由黃美娥〈北臺灣傳統文學發展概述——清代至日治時代（上）〉進行增補。
〔註132〕此筆資料由王詩琅《臺灣人物表論》進行增補。
〔註133〕此筆資料見施懿琳《清代臺灣詩所反映的漢人社會》，並由黃美娥〈北臺灣傳統文學發展概述——清代至日治時代（上）〉進行增補。
〔註134〕此筆資料見施懿琳《清代臺灣詩所反映的漢人社會》，並由黃美娥〈北臺灣傳統文學發展概述——清代至日治時代（上）〉、〈北臺文學之冠——清代竹塹地區的文人及其文學活動〉進行增補。
〔註135〕此筆資料見施懿琳《清代臺灣詩所反映的漢人社會》，並由黃美娥〈北臺灣傳統文學發展概述——清代至日治時代（上）〉、〈北臺文學之冠——清代竹塹地區的文人及其文學活動〉進行增補。
〔註136〕此筆資料見施懿琳《清代臺灣詩所反映的漢人社會》，並由黃美娥〈北臺灣傳統文學發展概述——清代至日治時代（上）〉、〈北臺文學之冠——清代竹塹地區的文人及其文學活動〉進行增補。
〔註137〕此筆資料見施懿琳《清代臺灣詩所反映的漢人社會》，並由施懿琳、楊翠著《彰化縣文學發展史》進行增補。

						嘉慶 14 年與貢生蘇雲從、軍功四品職銜陳大用等人負責修建彰化縣城北門。道光 20 年又與曾拔萃、曾作霖、廖春波等人共同贊助《彰化縣志》的重修
蘇雲從〔註 138〕			彰化縣	貢生		與廩貢生羅桂芳、軍功四品職銜陳大用等人負責修建彰化縣城北門。
施士升〔註 139〕		道光	臺灣縣	生員		
許廷崙		道光	臺灣府			
王雲鵬		道光	澎湖	道光生員		
李 喬〔註 140〕		道光	臺灣府治	諸生		
李聯芬〔註 141〕	字步芳	道光	淡水廳	道光 23 年舉人		工詩，才情聲調，頗近中晚唐，絕句尤佳。
陳尚恂		道光	臺灣縣	生員		
陳筱多〔註 142〕		道光	淡水			
黃文儀〔註 143〕		道光	鳳山縣興隆里人	道光附貢生		《臺灣南部碑文集成》中記載：道光 7 年的〈示禁碑記〉包括黃文儀在內的興隆城內廩生、生員呈請示禁武廟口圍香燈之草商樵採等事宜；一是道光 18 年的〈缺題碑〉記載「……生員黃文儀……各捐銀五十員。」另外，《臺灣私法・人事編（上冊）・人・品行・婦女之能力》中記錄有興隆里新城內黃文儀之買賣土地與租稅的契約文字時間在道光 27 年 12 月。可以確定黃文儀時間月在道光年間。

〔註 138〕此筆資料由施懿琳、楊翠著《彰化縣文學發展史》進行增補。
〔註 139〕此筆資料由施懿琳等編《全臺詩》進行增補。
〔註 140〕此筆資料由施懿琳等編《全臺詩》進行增補。
〔註 141〕此筆資料由施懿琳等編《全臺詩》進行增補。
〔註 142〕此筆資料由施懿琳等編《全臺詩》進行增補。
〔註 143〕此筆資料見施懿琳《清代臺灣詩所反映的漢人社會》，並由王俊勝《清代臺灣鳳山縣詩歌研究》進行增補。

黃通理		道光	臺灣			
林宗衡〔註144〕	字文從號竹垿		淡水廳	道光年間歲貢生		
方玉斌〔註145〕		道光	淡水廳	貢生		道光18年，呼應淡水同知婁雲之倡議，捐洋一百七十圓共立義渡碑。曾因營兵滋鬧建祠，偕滬尾街文昌祠董事林步雲、何淡嘉、陳四銓、陳詞裕、張振詠、張世庇、翁種玉、林長安、高時若，貢生林春和、林宗衡、王國良、林炳旂等人請淡水廳移會。
王宗河〔註146〕	字道揮		艋舺	監生		凡賑水災，息分類，禦海寇，都能身先士卒。明大體，好義樂輸，鄉人頗讚譽之。後以國學生獎加知州銜。
戴祥雲〔註147〕	字凌高		淡水		《十番風雨錄》，今不傳	陳維英弟子，曾官侯官訓導
李祺生	字壽泉	道光	噶瑪蘭	廳庠生		道光末年續修《噶瑪蘭廳志》
林長青〔註148〕	字子鶴	道咸	淡水廳竹塹	道光元年恩科舉人		夙慧生成，聰明特達，以文名於時。性純謹，不與官府事，人皆稱爲長厚者
鄭用銛〔註149〕(1802~1847)	字文靜又字文孚號穎亭	道咸	淡水廳竹塹北門人	道光24年恩貢		鄭崇和四子，鄭用錫之弟，以讀書爲業。竹塹七子之一，商號鄭恆利、鄭永泰、鄭穎記。
彭培桂〔註150〕(1803~1859)	譜名秋香字遜蘭	道咸	淡水廳竹塹楝榔庄人	咸豐6年恩貢	《竹里館詩文集》（已佚／未見）〔註151〕	祖籍泉州府同安縣，年少時隨父來臺定居城外。曾設書房於鄉里及北門，後受聘潛園，任林占梅及林汝梅之西席。鄭如松亦爲其門生。彭廷選之父。

〔註144〕此筆資料由施懿琳等編《全臺詩》進行增補。
〔註145〕此筆資料由施懿琳等編《全臺詩》進行增補。
〔註146〕此筆資料由施懿琳等編《全臺詩》進行增補。
〔註147〕此筆資料由施懿琳等編《全臺詩》進行增補。
〔註148〕此筆資料由黃美娥〈北臺灣傳統文學發展概述──清代至日治時代（上）〉、〈北臺文學之冠──清代竹塹地區的文人及其文學活動〉進行增補。
〔註149〕此筆資料由黃美娥〈北臺灣傳統文學發展概述──清代至日治時代（上）〉、〈北臺文學之冠──清代竹塹地區的文人及其文學活動〉進行增補。
〔註150〕此筆資料由黃美娥〈北臺灣傳統文學發展概述──清代至日治時代（上）〉、〈北臺文學之冠──清代竹塹地區的文人及其文學活動〉進行增補。

陳維菁 (1804~1876)	字薆士	道光	淡水廳 大龍峒	道光 5 年府 學生		
鄭祥和 〔註 152〕 (1805~1871)	字祖瑞 號恬波	道咸	淡水廳 竹塹 湳雅人	永春州歲貢 生		道光 12 年二十八歲時東渡 遊淡，舌耕爲業，當時耆宿 鄭用錫、鄭用鑑、陳維英皆 厚禮嚴聘以課子弟，門生多 成材。同治 4 年，丁日健聘 署淡水廳學訓導，遂由福建 永春州卜居竹塹北門外湳 雅。好吟詠，對《詩經》尤 有研究，嘗著《毛詩音釋》 四卷，未刊。鄭鵬雲之父， 商號永茂。
黃學海 (1806~1846)	字匯東	道光	噶瑪蘭	道光 17 年拔 貢		
陳玉衡 (1808~1843) 〔註 153〕		道光	彰化縣	廩生		道光 20 年〈重修彰化縣學碑 記〉記載他曾贊助重修縣學
施瓊芳 (1815~1868) 〔註 154〕	初名龍文 字年 一字昭德 號珠垣	道光	安平縣	道光 17 年舉 人，道光 25 年恩科「蕭 錦忠榜」進 士	《石蘭山館遺 稿》 《春秋節要》	曾任海東書院山長。
鄭如松 〔註 155〕 (1816~1860)	字牖生 號蔭坡 諱德榕	道光	淡水廳 竹塹 北門人	道光 17 年優 貢，道光 26 年舉人		竹塹七子之一，爲鄭用錫之 子。主講明志書院，光 13 年 全臺採訪局慧報孝友，15 年 題准。與林占梅交情甚篤， 時有詩歌往返。商號鄭恆 利、鄭永泰、鄭祉記
鄭如璧 (1816~1846)	號蒲堂 譜名德珍		竹塹			鄭用鑑二弟文琳長子

〔註 151〕此筆資料增補自黃美娥〈新竹地區傳統文學史料存佚現況（清朝——日據時代）〉。

〔註 152〕此筆資料由黃美娥〈北臺灣傳統文學發展概述——清代至日治時代（上）〉、〈北臺文學之冠——清代竹塹地區的文人及其文學活動〉進行增補。

〔註 153〕此筆資料由施懿琳、楊翠著《彰化縣文學發展史》進行增補。

〔註 154〕此筆資料見施懿琳《清代臺灣詩所反映的漢人社會》，並由王詩琅《臺灣人物表論》進行增補。

〔註 155〕此筆資料黃美娥〈北臺灣傳統文學發展概述——清代至日治時代（上）〉、〈北臺文學之冠——清代竹塹地區的文人及其文學活動〉、莫渝、王幼華《苗栗縣文學史》進行增補。然而關於鄭如松的卒年，黃美娥〈北臺灣傳統文學發展概述——清代至日治時代（上）〉作「咸豐十年」，而莫渝、王幼華《苗栗縣文學史》卻作「同治七年」。

賴時輝〔註156〕(1819~1884)	字夢修號省齋		嘉義縣			嘉義望族，以守城功，賞戴藍翎，即用分府之職，委辦嘉安總局，倡建育英堂、義塾，義倉、義渡。五子皆登科第。
林鳳池(1819~1867)	字文翰		彰化沙連堡			
鄭秉經〔註157〕(1821~1886)	字貞甫	道光	竹塹北門人	附貢生		原籍福建同安，十餘歲隨父渡臺，事雙親至孝，旌表孝友。同治2年曾隨林占梅平戴潮春事件，因功候選訓導。乃潛園常客，占梅之吟友，林氏《潛園琴餘草》載有其事。
鄭如梁(1823~？)	字稼田號培生					譜名德棟，鄭用錫次子
陳維藩(1825~1872)	字章屏號瑞堂又名老五		淡水廳大龍峒		陳維英之弟	
彭廷選〔註158〕(1826~1868)	字雅夫一字升階	嘉慶	淡水廳竹塹楝榔庄人	嘉慶29年拔貢	《榜榕小築詩文稿》（已佚／未見）〔註159〕、《鼻湖居筆記》	彭培桂之子，多滑稽之作，意存懲戒。頗善書畫，亦工賦作。徐宗幹任臺學道時，極賞之，屢試拔高等。詩文多選刻於《東瀛試牘》、《瀛州校士錄》中。
彭廷選(1826~1868)	字雅夫、升階		淡水竹塹			《鼻湖居筆記》四卷，《傍榕小築詩文集》四卷
吳士敬(1826~1886)〔註160〕	字以讓號謹齋譜名禮儀		淡水竹塹	同治9年舉人		戴潮春亂平，因功奏保候選訓導，家業殷富，熱心地方事務，定期資助鄉內文生參加考試，卒後三年詔祀孝悌祠。王松《臺陽詩話》載有其詩。商號吳振利、讓記

〔註156〕此筆資料由江寶釵《嘉義地區古典文學發展史》進行增補。

〔註157〕此筆資料由黃美娥〈北臺灣傳統文學發展概述——清代至日治時代（上）〉、〈北臺文學之冠——清代竹塹地區的文人及其文學活動〉進行增補。

〔註158〕此筆資料見施懿琳《清代臺灣詩所反映的漢人社會》，並由黃美娥〈北臺灣傳統文學發展概述——清代至日治時代（上）〉、〈北臺文學之冠——清代竹塹地區的文人及其文學活動〉進行增補。

〔註159〕此筆資料增補自黃美娥〈新竹地區傳統文學史料存佚現況（清朝——日據時代）〉。

〔註160〕此筆資料由黃美娥〈北臺灣傳統文學發展概述——清代至日治時代（上）〉、〈北臺文學之冠——清代竹塹地區的文人及其文學活動〉進行增補。

鄭如城 (1827~1883)	字肇初 號丕造 譜名德基	淡水 竹塹			鄭用鑑次男
陳維藝 (1831~1881)	乳名源六 字游於				
陳雁升 (1832~1857)	字賓南 號蘆汀				陳維英長子
鄭如珠 (1834~1881)	一名璠 字星躔 譜名德珪	淡水廳 竹塹			鄭用鑑四男
陳維苞 (1835~1871)	乳名源七 字竹賢	淡水廳 大龍峒			陳維英之弟
陳培松 (1836~1872)	幼名聯茂	彰化			
陳鳶升 (1837~1861)	字習初				陳維英次子
鄭德盛 (1837~？)	字培芳				鄭用鑑三弟文玖次男
鄭如陶 (1837~1863)	譜名德堯 字勳堂				鄭用鑑五男
胡嘉猷 (1839~1920)	一名阿錦 號甫臣	新竹 安平鎮			
林文鳳 (1840~1882)	字儀卿 號丹軒	彰化 阿罩霧			諱萬得，林奠國之長子，林文察之堂弟
鄭士超 〔註161〕		道咸	淡水廳 竹塹	進士？	生長竹塹，移籍廣東，由進士典用部職，官至按察。竹塹七子之一。關於鄭氏之功名，《淡水廳志》載爲進士，但黃美娥查考《明清進士題名碑錄》時，則未見其人。
劉星槎 〔註162〕	一名希向 號黎光	道咸	淡水廳 竹塹	道光廩生	《吟草》若干卷	與鄭用錫父子甚善，竹塹七子之一。
黃延祜 〔註163〕		道咸	淡水 頭份	道光26年丙午科鄉試舉人		黃驤雲長子。任福建侯官教諭

〔註161〕此筆資料由黃美娥〈北臺灣傳統文學發展概述——清代至日治時代（上）〉、〈北臺文學之冠——清代竹塹地區的文人及其文學活動〉進行增補。

〔註162〕此筆資料由黃美娥〈北臺灣傳統文學發展概述——清代至日治時代（上）〉、〈北臺文學之冠——清代竹塹地區的文人及其文學活動〉進行增補。

〔註163〕此筆資料由莫渝、王幼華《苗栗縣文學史》進行增補。

黃延祚 〔註164〕		道咸	淡水 頭份	咸豐5年乙 卯科舉人		黃驤雲次子。任福建晉江教 諭
陳維英 (1811~1869) 〔註165〕	號迂谷	咸同	淡水廳 大龍峒	咸豐9年舉 人	《太古巢聯集》 《偷閒集》	任教噶瑪蘭仰山書院、艋舺 學海書院。以「養慷慨天機， 絕餖飣綺靡」爲守則，備受 紳耆仕宦及販夫走卒推崇。 以文著稱，詩爲餘事，只求 老嫗能解。連橫曾譏云：「可 憐迂谷不知詩」詩文聯語皆 善，聯文評價尤高。日治張 純甫以爲「迂谷之文，似淺 而深，似俗而雅，蓋有得古 人立言垂世之旨。故質實可 味，非徒以隸事、賦物、練 句、裁對見長也」
姚風儀 〔註166〕		道光	桃園	生員		
黃新興 〔註167〕		道光	桃園	貢生		
吳永基 〔註168〕		咸豐	桃園	生員		
林　芳 〔註169〕		咸豐	桃園	生員		
謝夢春 〔註170〕		咸豐	桃園	生員		
王啓愛 〔註171〕		咸豐	桃園	生員		

〔註164〕此筆資料由莫渝、王幼華《苗栗縣文學史》進行增補。
〔註165〕此筆資料見施懿琳《清代臺灣詩所反映的漢人社會》，並由黃美娥〈北臺灣傳統文學發展概述──清代至日治時代（上）〉進行增補。
〔註166〕此筆資料由黃美娥〈北臺灣傳統文學發展概述──清代至日治時代（上）〉進行增補。
〔註167〕此筆資料由黃美娥〈北臺灣傳統文學發展概述──清代至日治時代（上）〉進行增補。
〔註168〕此筆資料由黃美娥〈北臺灣傳統文學發展概述──清代至日治時代（上）〉進行增補。
〔註169〕此筆資料由黃美娥〈北臺灣傳統文學發展概述──清代至日治時代（上）〉進行增補。
〔註170〕此筆資料由黃美娥〈北臺灣傳統文學發展概述──清代至日治時代（上）〉進行增補。
〔註171〕此筆資料由黃美娥〈北臺灣傳統文學發展概述──清代至日治時代（上）〉進行增補。

黃登旺〔註172〕		咸豐	桃園	生員		
余春錦〔註173〕		咸豐	桃園	舉人		
林炳華〔註174〕		咸豐	桃園	貢生		
黃雲中〔註175〕		咸豐	桃園	貢生		
劉廷玉〔註176〕		咸豐	臺北			
黃覺民〔註177〕		咸豐	臺北			
吳經蘭〔註178〕		咸豐	臺北			
張書紳〔註179〕	字子訓號半崖	咸豐	淡水廳大龍峒			出自陳維英門下，精工楹聯
李文元〔註180〕		咸豐	臺北			
洪士暉		道光	彰化縣			
曹 敬(1818~1859)〔註181〕	字興欽號愨民	咸同	淡水關渡	咸豐年間歲貢	《曹愨民先生詩文略集》	清峭雅切，境界高迴，有陶詩風格。爲陳維英學生。

〔註172〕此筆資料由黃美娥〈北臺灣傳統文學發展概述——清代至日治時代（上）〉進行增補。

〔註173〕此筆資料由黃美娥〈北臺灣傳統文學發展概述——清代至日治時代（上）〉進行增補。

〔註174〕此筆資料由黃美娥〈北臺灣傳統文學發展概述——清代至日治時代（上）〉進行增補。

〔註175〕此筆資料由黃美娥〈北臺灣傳統文學發展概述——清代至日治時代（上）〉進行增補。

〔註176〕此筆資料由黃美娥〈北臺灣傳統文學發展概述——清代至日治時代（上）〉進行增補。

〔註177〕此筆資料由黃美娥〈北臺灣傳統文學發展概述——清代至日治時代（上）〉進行增補。

〔註178〕此筆資料由黃美娥〈北臺灣傳統文學發展概述——清代至日治時代（上）〉進行增補。

〔註179〕此筆資料由黃美娥〈北臺灣傳統文學發展概述——清代至日治時代（上）〉進行增補。

〔註180〕此筆資料由黃美娥〈北臺灣傳統文學發展概述——清代至日治時代（上）〉進行增補。

〔註181〕此筆資料見施懿琳《清代臺灣詩所反映的漢人社會》，並由黃美娥〈北臺灣傳

林維讓 (1818~1878) 〔註 182〕		同光	臺北			林國華長子。與弟林維源設立「大觀義塾」
潘永清 (1820~1873) 〔註 183〕	字少江	咸同	淡水	咸豐年間恩貢生		同治 7 年任《淡水廳志》採訪
鄭如恭 〔註 184〕 (1822~1846)	字堯羹		淡水 竹塹 北門人			鄭用錫堂弟鄭用鈺之長子。自少讀書，克體親心，能扶老濟困，惜壯年便棄世。光緒 15 年旌表孝友。商號鄭恆利、鄭永泰、鄭祉記。
林占梅 〔註 185〕 (1821~1868)	幼名清江 字雪村 號鶴山 另號巢松道人	咸同	淡水廳 竹塹 西門人	貢生	《潛園琴餘草》 （存／刊） 《林鶴山遺稿——潛園琴餘草》 八卷（存／抄） 《潛園唱和集》 二卷（已佚／未見）〔註 186〕	道光間英人犯臺，倡捐助防，又屢協官兵平亂，曾參與平定戴潮春事件。建潛園，座客常滿。詩近香山、劍南。詩多悲歌，擅寫園林。商號林恆茂。為黃驤雲女婿
鄭如淇 (1824~1879)	字廉舫 號蒙齋 譜名德泉 鄭用鑑長子		淡水 竹塹			
楊士芳 (1826~1903) 〔註 187〕	字芸生	咸同	噶瑪蘭	同治元年舉人，同治 7 年「蔡以瑺榜」進士		曾任浙江知縣。光緒元年主講仰山書院

統文學發展概述——清代至日治時代（上）〉進行增補。

〔註 182〕此筆資料由黃美娥〈北臺灣傳統文學發展概述——清代至日治時代（上）〉進行增補。

〔註 183〕此筆資料見施懿琳《清代臺灣詩所反映的漢人社會》，並由黃美娥〈北臺灣傳統文學發展概述——清代至日治時代（上）〉進行增補。

〔註 184〕此筆資料由黃美娥〈北臺灣傳統文學發展概述——清代至日治時代（上）〉進行增補。

〔註 185〕此筆資料見施懿琳《清代臺灣詩所反映的漢人社會》，並由黃美娥〈北臺灣傳統文學發展概述——清代至日治時代（上）〉、〈北臺文學之冠——清代竹塹地區的文人及其文學活動〉莫渝、王幼華《苗栗縣文學史》進行增補。

〔註 186〕此筆資料增補自黃美娥〈新竹地區傳統文學史料存佚現況（清朝——日據時代）〉。

〔註 187〕此筆資料見施懿琳《清代臺灣詩所反映的漢人社會》，並由王詩琅《臺灣人物表論》進行增補。王詩琅資料作「字蘭如」。

蔡德芳 (1826~？) 〔註188〕	字香鄰		彰化	咸豐9年舉人，同治13年中進士		從廖春波學，與陳肇興、廖景瀛、曾惟精合稱「白沙書院」四傑，同治8年任文開書院主講；中進士之後曾任廣東新興縣知縣。
連日春 (1827~1887)	字藹和	光緒	淡水三貂嶺	光緒2年舉人		設帳稻江，樂育人才
盧振基 〔註189〕 (1828~1903)	號立軒晚年自號四白山人	同治	臺灣縣人	同治2年臺灣縣歲貢生	《四白山人遺稿》本由臺南楊金鐘所購得，經黃典權點校後發表於《史蹟勘考》第二期、《高雄文獻》創刊號、第二號合刊中	施士洁〈司訓立軒盧公家傳〉載「公雅撰述，燹後蕩然，今存者，《四白山人吟稿》十卷中，所遺不過數十首而已。而今遺稿約一百三十首。《四白山人遺稿》寫作時間地抵是從光緒9年～光緒14年間。多數是其在光緒11年於鳳山打鼓地區苓村教學所作。割臺後便攜眷內渡，寓居廈門，於光緒29年卒於廈門，年76。
鄭德達 (1828~1850)	字鴻達		淡水竹塹			鄭用鑑三弟文玖長南
鄭如堃 (1829~1876)	字昀皋號平疇譜名德均		淡水竹塹			鄭用鑑三男
呂炳南 (1829~1870) 〔註190〕	字耀初		臺中	弟子員		將「文英社」拓展為「文英書院」
李政純 (1830~1876)	字少白號雪軒		鳳山潮州莊			
李望洋 (1829~1903)	字子觀號靜齋又號河州	咸同	噶瑪蘭	咸豐9年舉人	《西行吟草》	同治11年自臺灣赴甘肅就任。連雅堂稱其詩「平淡」。
李逢時 (1829~1876)	字泰階	咸同	噶瑪蘭	咸豐11年拔貢	《泰階詩稿》《觀瀾草堂詩稿》	
陳肇興 〔註191〕 (1831~？)	字伯康	咸同	彰化縣	咸豐8年舉人	《陶村詩稿》	曾集義民以拒戴潮春軍隊。其詩胎息於少陵，類杜之詩史，語多慷慨悲壯，章法嚴

〔註188〕此筆資料由施懿琳、楊翠著《彰化縣文學發展史》進行增補。
〔註189〕此筆資料由王俊勝《清代臺灣鳳山縣詩歌研究》進行增補。
〔註190〕此筆資料由施懿琳、許俊雅、楊翠著《臺中縣文學發展史》進行增補。
〔註191〕此筆資料見施懿琳《清代臺灣詩所反映的漢人社會》，並由施懿琳、楊翠著

						謹。與廖景瀛、曾惟精、蔡德芳合稱「白沙書院」四傑。
張維垣〔註192〕(1832~1898)	字祿興號星樞	咸同	淡水貓里（原為鳳山縣前堆長興庄人）客籍	同治6年舉人，同治10年辛未「李聯珠榜」進士	其遺稿目前可見於《六堆客家鄉土誌》王幼華等找到《張維垣先生開吟詩遺稿》一冊其作尚可於《同治辛未科會試硃卷》找到	其父張秀超為黃清泰女婿。維垣中秀才之後即離開鳳山，前往苗栗頭份講學。考中進士後，被派任浙江遂昌縣知事，而後旋被調北京，先後擔任癸酉科（同治12年）及丙子科（光緒2年）科考官，欽加同知銜，及其告老辭官返臺後，定居於苗栗頭份。
林汝梅〔註193〕(1833~1894)	字若村號鰲珊道號元培	咸同	淡水廳竹塹	同治生員		林占梅之弟。參與新竹多項公共要務，中法戰爭時，曾募練鄉勇防守新竹，與岑毓英關係良好，又助劉銘傳進行開山撫番工作。平生好詩畫及佛老學，師事彭培桂，王松《臺陽詩話》收錄其作。商號林恆茂、林祥記。
陳霞林(1834~1891)〔註194〕	又名亦陶字洞魚、篷源、蓬渠號問津	咸同	淡水	咸豐5年舉人		王松《臺陽詩話》亦言其敏於對聯
鄭如蘭(1835~1911)〔註195〕	字香谷號芝田	咸同	淡水廳竹塹北門人	同治12年淡水廳增貢生	《偏遠堂吟草》（存／刊）〔註196〕	鄭用錫弟用錦之次子。家富而性儉約，常興義舉。光緒13年曾獲簽報題准孝友。光緒15年曾練鄉勇抗法軍。陳衍謂其詩專主性情，詩學陶、白。王國璠則以為部分作品，館閣氣太重，不免庸熟。曾創「北郭園吟社」商號鄭恆利、鄭永泰、鄭祉記。

《彰化縣文學發展史》進行增補。

〔註192〕此筆資料見施懿琳《清代臺灣詩所反映的漢人社會》，並由王俊勝《清代臺灣鳳山縣詩歌研究》莫渝、王幼華《苗栗縣文學史》、王詩琅《臺灣人物表論》進行增補。然其生卒年有問題，王俊勝作「1832～1898」，莫渝、王幼華作「1827～1892」，字號部分王詩琅則作「景樞」，其餘各本作「星樞」。

〔註193〕此筆資料見施懿琳《清代臺灣詩所反映的漢人社會》，並由黃美娥〈北臺灣傳統文學發展概述──清代至日治時代（上）〉、〈北臺文學之冠──清代竹塹地區的文人及其文學活動〉進行增補。

〔註194〕此筆資料見施懿琳《清代臺灣詩所反映的漢人社會》，並由黃美娥〈北臺灣傳統文學發展概述──清代至日治時代（上）〉進行增補。

〔註195〕此筆資料見施懿琳《清代臺灣詩所反映的漢人社會》，並由黃美娥〈北臺灣傳

陳培松〔註197〕(1836~1872)	幼名聯茂	咸同	彰化	咸豐9年舉人		其先人於道光年間建大廈於雅興（今秀水馬興村），世稱「益源大厝」與同邑陳肇興、蔡德芳、黃煥奎同榜中舉
陳儒林(1839~1901)〔註198〕	字泮漁、半池、半渠 號藻塘	同光	臺北		《棲塵賸稿》《又一村詩集》	陳維英門生。治學之外兼以詩名，七絕幽麗，人譽爲「老鶴寒梅，清臞入骨」
鄭景南(1842~1862)〔註199〕	名渭潢 字少坡 號少岳	咸同	竹塹北門人	咸豐6年舉博士弟子員咸豐8年淡水廳廩生		鄭用錫長男如松之長子。咸豐7年在北郭園內組「斯盛社」，社員七人。商號鄭恆利、鄭永泰、鄭祉記
蕭國香〔註200〕	字薦階	咸同	粵籍	同治元年恩科舉人		好吟詠，曾與鄭用錫、林占梅詩歌贈答，亦二大名園之常客。
黃 敬(?~1888)〔註201〕	字景寅 號必先	咸同	淡水關渡	咸豐4年歲貢	《觀潮齋詩集》	性孝友，於干豆天妃宮設私塾，及門多達士。人以其敦品勵學，宗法先儒，多稱關渡先生，而不名，有政望。源出陶詩，亦具有佛老思想，質而不俚。謝雪漁謂其作輕清流利者有之，典麗風華者有之。平生鑽營易學。
林炳旂〔註202〕			淡水廳	咸豐4年恩貢生		曾因營兵滋鬧建祠，偕滬尾街文昌祠董事林步雲、何淡嘉、陳四銓、陳詞裕、張振詠、張世庇、翁種玉、林長安、高時若，貢生林春和、

統文學發展概述——清代至日治時代（上）〉、〈北臺文學之冠——清代竹塹地區的文人及其文學活動〉進行增補。

〔註196〕此筆資料增補自黃美娥〈新竹地區傳統文學史料存佚現況（清朝——日據時代）〉。

〔註197〕此筆資料由施懿琳、楊翠著《彰化縣文學發展史》進行增補。

〔註198〕此筆資料由黃美娥〈北臺灣傳統文學發展概述——清代至日治時代（上）〉進行增補。

〔註199〕此筆資料由黃美娥〈北臺灣傳統文學發展概述——清代至日治時代（上）〉、〈北臺文學之冠——清代竹塹地區的文人及其文學活動〉進行增補。

〔註200〕此筆資料由黃美娥〈北臺灣傳統文學發展概述——清代至日治時代（上）〉、〈北臺文學之冠——清代竹塹地區的文人及其文學活動〉進行增補。

〔註201〕此筆資料見施懿琳《清代臺灣詩所反映的漢人社會》，並由黃美娥〈北臺灣傳統文學發展概述——清代至日治時代（上）〉進行增補。

〔註202〕此筆資料由施懿琳等編《全臺詩》進行增補。

					林宗衡、王國良、方玉斌等人請淡水廳移會。曹瑾任淡水同知時，曾委以要務，為淡水地區重要文人
李春波〔註203〕		噶瑪蘭	咸豐9年舉人		
蘇袞榮〔註204〕	字子褒	淡水艋舺	同治元年恩貢		同治年間擔任陳培桂《淡水廳志》採訪。生平耿介自持，所為詩文雅潔深秀，一塵不染，與陳維英、張書紳、林耀鋒等合稱「淡水五子」
黃玉柱〔註205〕	字笏山	咸同	淡水廳竹塹	咸豐5年舉人	組籍福建侯官，早年移居淡水竹塹，受教於鄭用錫。擅詩文、工書畫，頗受鄭用錫賞識。詩人黃宗鼎、黃彥鴻之父。咸豐9年至廣西任官，在職期間，命治下塾師率徒入署背誦《孝經》，獎賞有差。王松《臺陽詩話》載有其作
江昶榮〔註206〕(1841~1895)	原名上容字樹君號春舫		鳳山縣中堆竹圍村(客籍)	光緒9年進士「寧本瑜榜」	吳濁流將其遺稿刊於《臺北文物》季刊四卷一期中;《六堆客家鄉土誌》有主編鍾壬壽撰〈江昶榮進士事略〉一文。	光緒9年進士後，被派為任四川即用知縣，但時適逢中法戰爭，耽誤就任時間，等抵四川欲上任時，已有新任知縣遞補，致使此次任官因而告罷，羈居大陸一段時間後，即返臺回鄉，於臺南府學、恆春縣等地講學，並熱心公益，為當時鄉人、官員敬重
蔡國琳(1843~1909)〔註207〕	字玉屏號春巖、遺種叟	光緒	安平縣	光緒8年舉人	《叢桂堂詩鈔》四卷	不仕歸。主文石、蓬壺兩書院。措辭和婉，寄託遙深有漁洋論詩之旨。曾任臺南縣志纂修委員。

〔註203〕此筆資料由施懿琳等編《全臺詩》進行增補。
〔註204〕此筆資料由黃美娥〈北臺灣傳統文學發展概述——清代至日治時代（上）〉進行增補。
〔註205〕此筆資料見施懿琳《清代臺灣詩所反映的漢人社會》，並由黃美娥〈北臺灣傳統文學發展概述——清代至日治時代（上）〉、〈北臺文學之冠——清代竹塹地區的文人及其文學活動〉進行增補。
〔註206〕此筆資料由王俊勝《清代臺灣鳳山縣詩歌研究》、王詩琅《臺灣人物表論》進行增補。
〔註207〕此筆資料見施懿琳《清代臺灣詩所反映的漢人社會》，並由龔師顯宗《安平區志》〈藝文志〉進行增補。

潘成清 (1844~1905)	字魁江	光緒	淡水 芝蘭堡	光緒元年舉 人		補浙江知縣，不赴任。善書 法，劉銘傳撫臺，委以金山 探金局事，乙未西渡居廈門
鄭以臨 (1845~1888)	譜名安敦 號艮園					鄭用鑑長孫
鄭如期 (1845~1876)	譜名德遇 號秋槎					鄭用鑑六男
鄭以澤 (1845~1874)	譜名安民 字子惠					鄭用鑑次子長男
丁醴澄 (1846~1886) 〔註208〕	字子浚 號壽泉	光緒	彰化縣	光緒 3 年丁 丑進士		廣東知縣
丁醴澄 〔註209〕 (1846~1886)	字子浚 號壽泉	咸同	彰化	同治12年中 舉，光緒 3 年進士		出身於鹿港大商號「丁協源」 曾掌教文開、白沙書院。
許咸中 (1847~1884)	字梓修 號爾爵 別署梅峰 克仲 惜花使者	光緒	鹿港	邑庠生，光 緒乙亥年入 泮宮		
鄭以雅 (1847~1868)	譜名安詩 號賡臣					鄭用鑑長子次男
林慎修 (1847~？)	字永思	嘉義				
鄭以濟 (1848~1887)	譜名安治 字子政 號邳齋			鄭用鑑次子次男		
鄭如登 (1848~1874)	譜名德紹 字梯青			鄭用鑑七男		
林鵬霄 〔註210〕 (1849~1904)	字世弼 號漢侯	光緒	淡水廳 竹塹 苦苓腳	光緒 8 年貢 生	《苦苓村人詩 草》（曾刊今不傳 ／未見） 〔註211〕	光緒 17 年任臺中縣儒學教 諭。日治時曾任新竹辦務署 參事及新竹監獄誨師。筆 力雄偉，古近體詩歌皆佳， 頗有才情。商號林同興

〔註208〕此筆資料由王詩琅《臺灣人物表論》進行增補。
〔註209〕此筆資料由施懿琳、楊翠著《彰化縣文學發展史》進行增補。
〔註210〕此筆資料見施懿琳《清代臺灣詩所反映的漢人社會》，並由黃美娥〈北臺灣傳
　　　　統文學發展概述──清代至日治時代（上）〉、〈北臺文學之冠──清代竹塹地
　　　　區的文人及其文學活動〉進行增補。
〔註211〕此筆資料增補自黃美娥〈新竹地區傳統文學史料存佚現況（清朝──日據時
　　　　代）〉。

林啓東 (1850~1891) 〔註212〕	字乙垣 號亦園 號藜閣 又號羅峰	光緒	嘉義 橫街 仔人	同治11年嘉 義縣學廩生 光緒12年丙 戌進士		工部主事，掌教臺南崇文、 嘉義羅山書院講席，曾參與 牡丹詩社盛會，後娶彰化進 士蔡德芳長女爲室，弟啓 南，邑庠生
陳駕升 (1850~1874)	一名番 字紫鷳	淡水 廳大 龍峒				
吳德功 (1850~1924) 〔註213〕	字汝能 號立軒	咸同	彰化	同治13年秀 才	《施案記略》 《戴案記略》 《彰化節孝冊》 《瑞桃齋詩文 稿》 《讓臺記》	受業於從叔吳子超及柯承 暉、陳肇興、蔡醒甫等人。 頗負時譽，樂善好施。晚年 不涉時務，所著多有益於世 道人心。多積健爲雄之作。 光緒17年曾受聘主修《彰化 縣志》，並於光緒20年完成 采訪冊，因乙未割臺，遂亡 佚不可復見。
張鏡濤 〔註214〕 (1850~1901)	名麗生 字崧甫 號宗嶽	光緒	竹塹 南門人	光緒19年新 竹縣學廩膳 生	《慎餘堂吟草》	擅長制舉文字，文竹梅吟社 社員，乙未後攜眷渡廈，設 館授徒於當地。明治32年， 受鄭如蘭之邀回竹任西席， 鄭神寶、林榮初，劉克明等 爲其高足。
杜淑雅 (1851~1903) 〔註215〕	字韻士	同光	竹塹			林占梅之妾。從林豪學詩， 知書識禮，能琴工詩。占梅 卒後，青年守節，吟詠盡廢。 乙未後內渡避難。王松《臺 陽詩話》載錄其作。
賴國華 〔註216〕 (1851~1895)	字璋 號琢其	咸同	嘉義縣	同治8年生 員	《琢其詩文集》	終身垂幃講經，以造士爲 樂，擅長書道、奕棋

〔註212〕此筆資料見施懿琳《清代臺灣詩所反映的漢人社會》，並由江寶釵《嘉義地區
　　　　古典文學發展史》、王詩琅《臺灣人物表論》進行增補。然江寶釵所標之生卒
　　　　年恐怕有誤，文中所標爲（1830～1872）即道光十年～同治十一年，表示林
　　　　啓東於同治十一年即已過世，若然，又豈有光緒十二年（1886）年殿試中舉
　　　　一事？
〔註213〕此筆資料見施懿琳《清代臺灣詩所反映的漢人社會》，並由施懿琳、楊翠著
　　　　《彰化縣文學發展史》進行增補。
〔註214〕此筆資料由黃美娥〈北臺灣傳統文學發展概述——清代至日治時代（上）〉、
　　　　〈北臺文學之冠——清代竹塹地區的文人及其文學活動〉進行增補。
〔註215〕此筆資料由黃美娥〈北臺灣傳統文學發展概述——清代至日治時代（上）〉、
　　　　〈北臺文學之冠——清代竹塹地區的文人及其文學活動〉進行增補。
〔註216〕此筆資料見施懿琳《清代臺灣詩所反映的漢人社會》，並由江寶釵《嘉義地區
　　　　古典文學發展史》進行增補。

林崑岡 (1851~1895)	字滬汪 號碧玉					
施家珍 (1851~1890) 〔註217〕	字詒瑜 號聘廷	咸同	彰化 鹿港	同治間歲貢		施九緞案被誣，西渡避禍旋卒。 施梅樵爲其長子
莊士哲 〔註218〕 (1852~1919)	字孫賢 號仰山	光緒	彰化 鹿港	弱冠補博士弟子員 補增廣生食廩		善書法。曾任教於礐溪、白沙兩書院。鹿港詩人施梅樵、許夢青皆其門生。日治初參加「鹿苑吟社」之活動，後擔任保良局參事；鹿港區長。莊士勳爲其弟。
謝道隆 (1852~1915) 〔註219〕	幼名長聰 字頌臣 亦作頌丞	光緒	臺中 豐原 田心庄	光緒 5 年以第五名取進臺南府學	《小東山詩存》	爲丘逢甲之表兄 光緒 16 年授學於楓樹腳張家之「學海軒」，傅錫祺、張書柄、張德林、張曉峰皆爲其弟子
陳紹年 (1852~1915)	原名陳允忠	彰化 田中 央沙 仔崙		《壽山堂詩稿》		
蔡　相 〔註220〕 (1852~1903)		光緒	苗栗 苑里	光緒 5 年府學生員		遊學於淡水，取秀才後回家授徒。明治 30 年接受紳章，任苑裡辦務署譯官
張錦城 〔註221〕 (1853~1920)	字迪吉 官章金聲	光緒	竹塹 北門水 田尾人	光緒 11 年邑庠生	《易經解》	張純甫之父。商號金德美。性好學，於經尊朱子，史嗜馬遷，尤邃於易理，嘗主講明志書院。張純甫謂其父「晚年學爲詩，愛浣花、昌黎，古風得其神似」
施士洁 (1853~1922) 〔註222〕	又名嘉應 字澐舫 號芸況 又號喆園 楞香行者 鯤瀕棄毗	光緒	安平縣	光緒 3 年進士	《後蘇龕合集》 《日記》 《鄉讀律聲啓蒙》 《喆園吟草》 《耐公哭》	曾主崇文、白沙書院，任海東書院山長。乙未內渡居廈門鼓浪嶼。古詩雄深雅健，有歐、蘇之長。近體取法范、陸，得沈鬱深婉之致。

〔註217〕此筆資料見施懿琳《清代臺灣詩所反映的漢人社會》，並由施懿琳、楊翠著《彰化縣文學發展史》進行增補。

〔註218〕此筆資料由施懿琳、楊翠著《彰化縣文學發展史》進行增補。

〔註219〕與汝修、汝成號爲「海東三鳳」。

〔註220〕此筆資料見施懿琳《清代臺灣詩所反映的漢人社會》，並由莫渝、王幼華《苗栗縣文學史》進行增補。

〔註221〕此筆資料由黃美娥〈北臺灣傳統文學發展概述——清代至日治時代（上）〉、〈北臺文學之冠——清代竹塹地區的文人及其文學活動〉進行增補。

〔註222〕此筆資料見施懿琳《清代臺灣詩所反映的漢人社會》，並由龔師顯宗《安平區

	晚號耐公或署定慧老人					
何振猷 (1853~1899)	字子言	臺灣嘉義				
林李成 (1854~1899)	字笑溪	淡水縣三貂堡				
林文欽 (1854~1899)	諱萬安 字允卿 號幼山	臺中霧峰			林奠國第三子，獻堂之父	
張鏡光 (1854~1932)	字恆如	宜蘭				
賴世陳 〔註223〕 (1854~1878)	字卜五 號北塢	光緒	嘉義	光緒元年乙亥恩科生員		賴時輝第三子。穎異力學，工書畫，性孝友，弱冠補博士弟子員
林百川 〔註224〕 (1854~？)	譜名進清 字百川 號帆海	頭份斗煥坪莊人後移居新竹	光緒 8 年秀才			受教於謝相義、羅國楨。設帳於中港、頭份等庄。乙未後出任辦務署參事。光緒23年授紳章。光緒24年與林學源受樹杞林辦務署長木戶有直之託，編《樹杞林志》
許南英 (1855~1917) 〔註225〕	字子蘊或允白 白暨窺園主人	光緒	臺南	光緒11年舉人，光緒16年恩科進士	《窺園留草》	三水、龍溪知縣 無意仕宦，獨究心於墾土化番之務。乙未抗日任籌防統領，事敗走南洋。詩重白描，景仰蘇、黃
蔡見先 〔註226〕 (1855~1911)	字啓運 亦字振豐 號應時	咸同	淡水竹塹客雅人	光緒17年新竹縣附生	《啓運詩草》 《養餘軒詩鈔》一書在《重修臺灣省通志藝文志著述篇》記載未刊，現今是部分存錄 《臺灣擊缽吟集》一書在《重修臺灣省通志藝	曾任六品頂戴浙江巡檢 光緒 12 年與陳瑞陔等人創「竹梅吟社」，割臺之役，曾佐丘逢甲倡義，事敗，寄情聲色。乙未後遷居苑裡，曾與同好組「鹿苑吟社」及「櫟社」，後又回新竹倡設「竹社」。與林占梅交情甚篤。淡北唯一工香奩詩者。務力詩社活動。

志》〈藝文志〉進行增補。

〔註223〕此筆資料由江寶釵《嘉義地區古典文學發展史》進行增補。

〔註224〕此筆資料由莫渝、王幼華《苗栗縣文學史》進行增補。

〔註225〕此筆資料見施懿琳《清代臺灣詩所反映的漢人社會》，並由王詩琅《臺灣人物表論》進行增補。

〔註226〕此筆資料見施懿琳《清代臺灣詩所反映的漢人社會》，並由黃美娥〈北臺灣傳

					文志著述篇》記載曾刊今不存，但目前是「存／刊」〔註227〕	
鄭如環 (1855~1872)	譜名德圓 字應規					鄭用鑑八男
曾逢辰 〔註228〕 (1855~1928)	字吉甫 號鏡湖 又號南豐逸老	光緒	新竹城外溪埔仔庄人	光緒 7 年新竹縣學生員		平生以舌耕爲業，授業於貓兒碇二十餘年。明治 28 年曾任貓兒碇莊長，明治 30 年與張麟書同任新竹公學校漢文教師，並與鄭鵬雲合編《新竹縣志稿》，後又與修《新竹廳志》。光緒 12 年入竹梅吟社，大正 5 年起任竹社副社長。
鄭以典 〔註229〕 (1855~1896)	譜名安策 字簡齋 號子方	光緒	竹塹北門人	光緒 6 年臺北府學廩貢生		鄭用鑑之孫，鄭以庠之堂弟，與鄭鵬雲、鄭以庠號稱爲「鄭門三傑」，商號鄭恆升。中法戰役，奉辦團練，獲軍功，素具鄉望。平生喜好吟詠，日人據臺後憂鬱而亡。
陳濬芝 〔註230〕 (1855~1901)	字瑞陔 號紉石	光緒	竹塹西門人	光緒 8 年舉人 光緒24年進士	《竹梅吟社擊缽吟》（存／刊）〔註231〕	喜詩文，曾入「梅社」、「竹梅吟社」及臺北「牡丹吟社」。又嘗掌教明志書院及臺北明道書院。乙未，參與抵制割臺義舉，後歸福建安溪，曾任考亭書院山長。

統文學發展概述──清代至日治時代（上）〉、〈北臺文學之冠──清代竹塹地區的文人及其文學活動〉、莫渝、王幼華《苗栗縣文學史》進行增補。進行增補。

〔註227〕 此筆資料增補自黃美娥〈新竹地區傳統文學史料存佚現況（清朝──日據時代）〉。

〔註228〕 此筆資料由黃美娥〈北臺灣傳統文學發展概述──清代至日治時代（上）〉、〈北臺文學之冠──清代竹塹地區的文人及其文學活動〉進行增補。

〔註229〕 此筆資料由黃美娥〈北臺灣傳統文學發展概述──清代至日治時代（上）〉、〈北臺文學之冠──清代竹塹地區的文人及其文學活動〉進行增補。

〔註230〕 此筆資料由黃美娥〈北臺灣傳統文學發展概述──清代至日治時代（上）〉、〈北臺文學之冠──清代竹塹地區的文人及其文學活動〉、王詩琅《臺灣人物表論》進行增補。惟王詩琅作「光緒二十年甲午進士」，與黃美娥記載不同。

〔註231〕 此筆資料增補自黃美娥〈新竹地區傳統文學史料存佚現況（清朝──日據時代）〉。

鄭兆璜〔註232〕（1855~1921）	字葦卿又字葦汀號竹篔	光緒	竹塹北門人	光緒17年恩貢	《硯香齋詩集》	先室由泉渡臺，以商業起家於新竹，受業於鄭維藩，里中稱爲能詩文者，爲竹梅吟社社員。割臺事起，內渡歸泉。其妹夫爲陳濬芝。商號鄭和昌、鄭澤記
莊士勳（1856~1918）〔註233〕	字孫重號竹書	光緒	彰化鹿港	光緒 5 年舉人		善書法。曾主講文開書院，任教霧峰及樹仔腳割臺時曾返泉州避難，三年後返臺，爲「鹿苑吟社」社員
張麟書〔註234〕（1856~1933）	名人閣號孟仁又號焦庵又號澀谷老人	光緒	竹塹南門棘仔腳人		《麟鳳閣文集》（未見）〔註235〕	出身寒門，受業於陳錫茲、鄭維藩，惜時運不濟，屢試不中。日人據臺後，任西公學校漢文教師，頗受推崇。
彭裕謙〔註236〕（1856~1919）	名發字牧堂官章裕謙	光緒	粵籍竹塹北埔人士	光緒元年臺北府學生員		自幼受句讀於其父官生，俊異穎脫，未幾而略通大義。及長，濡染文史，下筆成章，未入泮即設館課徒，執教凡三十年，曾任金廣福墾戶姜家西席，爲姜紹祖之啓蒙師。乙未後曾攜眷回粵，次年即返臺。明治33年受任北埔公學校教授囑託，37年以患眼疾辭。
賴世觀〔註237〕（1857~1918）	字士仰號東萊	光緒	嘉義	光緒18年歲貢生	《賴士仰廣文筆記》、《諸羅漫談》、《東萊詩文集》、《乙未嘉城淪陷記》、另著有《城隍明道經》、《湄州慈濟	賴時輝第四子。光緒 3 年以批首進府學，未幾補廩。光緒 10 年法軍侵臺時曾協辦團練，又捕賊，因功授五品職銜，即用訓導。光緒18年以第一名膺選歲貢生，分發儒學教職。

〔註232〕此筆資料由黃美娥〈北臺灣傳統文學發展概述——清代至日治時代（上）〉、〈北臺文學之冠——清代竹塹地區的文人及其文學活動〉進行增補。

〔註233〕此筆資料見施懿琳《清代臺灣詩所反映的漢人社會》，並由施懿琳、楊翠著《彰化縣文學發展史》進行增補。

〔註234〕此筆資料由黃美娥〈北臺灣傳統文學發展概述——清代至日治時代（上）〉、〈北臺文學之冠——清代竹塹地區的文人及其文學活動〉進行增補。

〔註235〕此筆資料增補自黃美娥〈新竹地區傳統文學史料存佚現況（清朝——日據時代）〉。

〔註236〕此筆資料由黃美娥〈北臺灣傳統文學發展概述——清代至日治時代（上）〉、〈北臺文學之冠——清代竹塹地區的文人及其文學活動〉進行增補。

〔註237〕此筆資料由江寶釵《嘉義地區古典文學發展史》進行增補。

					經》，印贈《觀音大士脫厄卻災經》及《天上聖母寶誥同參參訂》勸善	
郭彝〔註238〕(1858~1907)	幼名欽沐一名欽木號藻臣別號佐臣		臺南安平		《選抄儷句》二卷後改題《藻臣遺錄》	通經史、精草書，擅墨梅，能詩詞。光緒11年嘉義知縣羅建祥延之入幕。過二年，入臺灣水師協鎮之幕，參預戎機。乙未割臺攜眷移居廈門，隔年返臺。明治30年臺南縣知事聘其為臺南縣志纂修委員，與蔡國琳、陳修五、葉芷生共編縣志，誓不出仕，婉拒安平區長之職，市字賣畫為生。英人海里聘其任海興洋行主計，後獲任三崁店糖廠總經理。
施仁思(1858~1897)〔註239〕	字子芹號香藻	光緒	彰化鹿港	光緒11年舉人		
黃花節(？~1858)	字肅之	竹塹北門				
黃文哲〔註240〕(1859~1926)	字仲明		苗栗街人	光緒年間秀才		曾參加抗日義勇軍。長於詩文，工書法，有苗栗近代第一書家之譽。沈茂蔭編《苗栗縣志》時聘為採訪。晚年任黃南球家西席，教黃運寶、運元兄弟叔侄。
張光岳(1859~1892)	字汝南	彰化貓羅				
陳朝龍〔註241〕(1859~1903)	字子潛號臥廬	光緒	竹塹	光緒7年新竹縣學廩生	《十癖齋詩文集》(未付梓／未見)〔註242〕	少時以能文工詩聞名，光緒5、6年掌教東城義塾，後又設館北門靜修書齋，光緒12年入竹梅吟社。嘗纂《新竹縣采訪冊》，乙未後避居福州，抑鬱而終。與林維丞、劉維圭、蔡啓運時有詩酒之樂。

〔註238〕此筆資料由龔師顯宗《安平區志》〈藝文志〉進行增補。

〔註239〕此筆資料見施懿琳《清代臺灣詩所反映的漢人社會》，並由施懿琳、楊翠著《彰化縣文學發展史》進行增補。

〔註240〕此筆資料由莫渝、王幼華《苗栗縣文學史》進行增補。

〔註241〕此筆資料由黃美娥〈北臺灣傳統文學發展概述——清代至日治時代（上）〉、〈北臺文學之冠——清代竹塹地區的文人及其文學活動〉進行增補。

李希曾〔註243〕(1861~1914)	字釣磻	光緒	竹塹	光緒17年貢生		早年設帳教學，陳信齋、王瑤京出其門下。光緒20年，銓選訓導。乙未後內渡泉郡，詩酒自娛，卒亡內地。商號李陵茂。
鄭鵬雲(1862~1915)〔註244〕	字毓丞又作毓臣號北園後人	光緒	竹塹北門外浦雅人	光緒臺灣府學生員	《師友風義錄》見於《重修臺灣省通志藝文志著述篇》記載，爲「存／刊」，現況亦然。《新竹縣志初稿》、《新竹鄭氏族譜》《吟稿》在《重修臺灣省通志藝文志著述篇》記載不詳，今亦未見。〔註245〕	鄭祥和之子。同治4年隨父來臺定居竹塹，從林亦圖學，因同姓之誼，甚受鄭如蘭敬重，嘗爲鄭氏編輯家乘。日據初期，與曾逢辰共修縣志。好詩文，爲竹梅吟社重要詩將，後赴福州，客死異鄉。商號永茂。
林逢原〔註246〕	字瑞香號廉愼		鳳山縣	縣學增生		
張維禎				同治2年舉人		張維垣之兄
王藍玉	字潤田	咸同	臺南	同治12年舉人	《望海閣詩文集》	設帳教學
陳樹藍〔註247〕	字春綠號植柳	咸同	淡水廳大龍峒		《望海閣詩文集》	陳維英之姪，平生特重宋儒行誼，專擅濂洛學問
陳省三	字望曾號魯村	咸同	噶瑪蘭	同治13年進士		詩詞文章爲臺灣士林所推崇
謝錫朋〔註248〕	字怡吾	咸同	淡水苗裡	郡增生	《化鵬山房詩集》	長於詩賦

〔註242〕此筆資料增補自黃美娥〈新竹地區傳統文學史料存佚現況（清朝——日據時代）〉。

〔註243〕此筆資料由黃美娥〈北臺灣傳統文學發展概述——清代至日治時代（上）〉、〈北臺文學之冠——清代竹塹地區的文人及其文學活動〉進行增補。

〔註244〕此筆資料見施懿琳《清代臺灣詩所反映的漢人社會》，並由黃美娥〈北臺灣傳統文學發展概述——清代至日治時代（上）〉、〈北臺文學之冠——清代竹塹地區的文人及其文學活動〉進行增補。

〔註245〕此筆資料增補自黃美娥〈新竹地區傳統文學史料存佚現況（清朝——日據時代）〉。

〔註246〕此筆資料由王俊勝《清代臺灣鳳山縣詩歌研究》進行增補。

〔註247〕此筆資料見施懿琳《清代臺灣詩所反映的漢人社會》，並由黃美娥〈北臺灣傳統文學發展概述——清代至日治時代（上）〉進行增補。

〔註248〕此筆資料見施懿琳《清代臺灣詩所反映的漢人社會》，並由莫渝、王幼華《苗

王咏裳	字漢秋 號永翔	咸同	臺灣縣	同治廩生		慷慨任俠，以此傾家。有文名，亦能詩。詩近晚唐，芊綿清切，善長歌而工絕句
鄭作揚〔註249〕	或作廷揚	咸同	淡水	同治4年舉人，同治7年進士		陳維英弟子，詩作清麗芊綿。精工文辭之外，竹枝詞尤膾炙人口
翁煌南〔註250〕			嘉義	同治間增生		
林慎修〔註251〕	字永思		嘉義	同治間增生		
陳宅仁〔註252〕		同光	臺北			
陳雲林〔註253〕		同光	臺北			
黃中理〔註254〕		同光	臺北		《海州集》	艋舺文壇的靈魂人物。金石書法皆妙。所著《海州集》，論者以爲俱極空靈，可稱大家；小詞則饒有雅人深致
楊永祿〔註255〕	別署愼餘齋主人	同光	臺北			楊雲萍祖父。士林知名文人，亦曉楹聯之作
顏宅三〔註256〕		同光	臺北			
趙一山〔註257〕		同光	臺北			

栗縣文學史》進行增補。
〔註249〕此筆資料見施懿琳《清代臺灣詩所反映的漢人社會》，並由黃美娥〈北臺灣傳統文學發展概述——清代至日治時代（上）〉進行增補。
〔註250〕此筆資料由江寶釵《嘉義地區古典文學發展史》進行增補。
〔註251〕此筆資料由江寶釵《嘉義地區古典文學發展史》進行增補。
〔註252〕此筆資料由黃美娥〈北臺灣傳統文學發展概述——清代至日治時代（上）〉進行增補。
〔註253〕此筆資料由黃美娥〈北臺灣傳統文學發展概述——清代至日治時代（上）〉進行增補。
〔註254〕此筆資料由黃美娥〈北臺灣傳統文學發展概述——清代至日治時代（上）〉進行增補。
〔註255〕此筆資料由黃美娥〈北臺灣傳統文學發展概述——清代至日治時代（上）〉進行增補。
〔註256〕此筆資料由黃美娥〈北臺灣傳統文學發展概述——清代至日治時代（上）〉進行增補。
〔註257〕此筆資料由黃美娥〈北臺灣傳統文學發展概述——清代至日治時代（上）〉進行增補。

張忠侯〔註258〕		同光	臺北			
曾雲鏞〔註259〕		同治	臺灣縣	同治3年進士		
蔡鴻章〔註260〕		同治	彰化縣	同治7年戊辰「蔡以瑺榜（又作洪鈞榜）」進士		
黃裳華〔註261〕		同治	臺灣縣	同治12年進士		
施葆修〔註262〕		同治	彰化縣	同治13年甲戌進士		兵部員外郎寧都州知縣
陳望曾〔註263〕	字省三號魯村	同治	臺南縣	同治13年甲戌進士		廣東勸業道
陳錫恩〔註264〕		光緒	臺灣縣	光緒3年丁丑進士		
黃丁瀛〔註265〕		光緒	彰化縣			
謝鵬搏〔註266〕		光緒	桃園			
鄧逢熙〔註267〕		光緒	桃園	歲貢		
李涵芬〔註268〕		光緒	桃園	歲貢		

〔註258〕此筆資料由黃美娥〈北臺灣傳統文學發展概述——清代至日治時代（上）〉、〈北臺文學之冠——清代竹塹地區的文人及其文學活動〉進行增補。

〔註259〕此筆資料由王詩琅《臺灣人物表論》進行增補。

〔註260〕此筆資料由王詩琅《臺灣人物表論》進行增補。

〔註261〕此筆資料由王詩琅《臺灣人物表論》進行增補。

〔註262〕此筆資料由王詩琅《臺灣人物表論》進行增補。

〔註263〕此筆資料由王詩琅《臺灣人物表論》進行增補。

〔註264〕此筆資料由王詩琅《臺灣人物表論》進行增補。

〔註265〕此筆資料由王詩琅《臺灣人物表論》進行增補。

〔註266〕此筆資料由黃美娥〈北臺灣傳統文學發展概述——清代至日治時代（上）〉進行增補。

〔註267〕此筆資料由黃美娥〈北臺灣傳統文學發展概述——清代至日治時代（上）〉進行增補。

〔註268〕此筆資料見施懿琳《清代臺灣詩所反映的漢人社會》，並由黃美娥〈北臺灣傳統文學發展概述——清代至日治時代（上）〉進行增補。

陳登元〔註269〕	字君聘號心齋	光緒	桃園	光緒16年庚寅恩科進士		
楊克彰〔註270〕	字信夫	光緒	淡水	光緒元年恩貢	《周易管窺》	任臺灣府學訓導，苗栗、臺灣兩教諭，掌教學海、登瀛兩書院，為黃敬學生，亦鑽營易學
劉廷璧〔註271〕	字維圭號雪和又號無悔道人	光緒	淡水廳竹塹南門人	光緒5年臺北府學廩生	《翰村補筆樓遺稿》	鄭如蘭聘其在北郭園「吾亦愛」設塾授徒，光緒12年入竹梅吟社。書法亦佳，亦好燈謎，年僅36而卒。
黃如許〔註272〕	字滏亭	光緒	淡水廳竹塹	光緒5年恩貢	有「遺稿」，《重修臺灣省通志藝文志著述篇》記載不詳，未見〔註273〕。	署彰縣學訓導。與王松為忘年之交，與鄭如蘭亦常往來。有遺稿二卷送通誌局，已佚。《臺揚詩話》摘錄其詩作
林如璋		光緒	嘉義	光緒11年歲貢		
蔡穀元〔註274〕	字子庭	光緒	彰化鹿港	光緒11年彰化縣學拔貢		進士蔡德芳之長子
蔡穀仁〔註275〕		光緒	彰化鹿港	邑庠生		進士蔡德芳之次子
謝錫光〔註276〕(1859~1896)		光緒	苗栗堡尖山庄	光緒11年舉人		光緒17年沈茂蔭編《苗栗縣志》時聘其為縣志編纂及採訪委員。

〔註269〕此筆資料由黃美娥〈北臺灣傳統文學發展概述——清代至日治時代（上）〉、王詩琅《臺灣人物表論》進行增補。

〔註270〕此筆資料見施懿琳《清代臺灣詩所反映的漢人社會》，並由黃美娥〈北臺灣傳統文學發展概述——清代至日治時代（上）〉進行增補。

〔註271〕此筆資料見施懿琳《清代臺灣詩所反映的漢人社會》，並由黃美娥〈北臺灣傳統文學發展概述——清代至日治時代（上）〉、〈北臺文學之冠——清代竹塹地區的文人及其文學活動〉進行增補。

〔註272〕此筆資料見施懿琳《清代臺灣詩所反映的漢人社會》，並由黃美娥〈北臺灣傳統文學發展概述——清代至日治時代（上）〉、〈北臺文學之冠——清代竹塹地區的文人及其文學活動〉進行增補。

〔註273〕此筆資料增補自黃美娥〈新竹地區傳統文學史料存佚現況（清朝——日據時代）〉。

〔註274〕此筆資料見施懿琳《清代臺灣詩所反映的漢人社會》，並由施懿琳、楊翠著《彰化縣文學發展史》進行增補。

〔註275〕此筆資料由施懿琳、楊翠著《彰化縣文學發展史》進行增補。

〔註276〕此筆資料見施懿琳《清代臺灣詩所反映的漢人社會》，並由莫渝、王幼華《苗栗縣文學史》進行增補。

陳日翔〔註277〕	字藻耀號梧岡	光緒	鳳山縣	光緒11年舉人		光緒 4 年曾參與臺南崇文社。光緒 20 年和盧德嘉修《鳳山縣采訪冊》。後任中國駐呂宋總領事。
徐德欽〔註278〕	字仞千號輝石	光緒	嘉義	光緒12年進士	《荊花書屋詩文集》	工部主事。主嘉義玉峰書院講席，辦理嘉南清丈總局。端謹純孝，有古人推財讓產的風格，詩、古文、詞，卓然自成一家。施九緞圍攻彰化時，曾兼團防局務。三十八歲卒。
林啓南〔註279〕		光緒	嘉義			林啓東之弟
江呈輝〔註280〕		光緒	基隆	光緒15年舉人	《春暉堂集》	
張尙廉〔註281〕		光緒	基隆			
張松友〔註282〕		光緒	基隆			張尙廉之弟
蔡步蟾〔註283〕		光緒	基隆			宜蘭秀才，於甲午前後移居基隆
張玉甫〔註284〕(1864~1921)	字振祥號玉甫			恩科貢生		爲進士張維垣長子。曾率義軍抗日，失敗後舉家逃入南庄山區定居。明治32年授紳章，出任聯合保甲局長及保正，有四子。

〔註277〕此筆資料見施懿琳《清代臺灣詩所反映的漢人社會》，並由王俊勝《清代臺灣鳳山縣詩歌研究》進行增補。

〔註278〕此筆資料見施懿琳《清代臺灣詩所反映的漢人社會》，並由江寶釵《嘉義地區古典文學發展史》、王詩琅《臺灣人物表論》進行增補。然中進士時間王詩琅作「光緒十三年丁亥」，與前二本不符。

〔註279〕此筆資料由江寶釵《嘉義地區古典文學發展史》進行增補。

〔註280〕此筆資料由黃美娥〈北臺灣傳統文學發展概述——清代至日治時代（上）〉進行增補。

〔註281〕此筆資料由黃美娥〈北臺灣傳統文學發展概述——清代至日治時代（上）〉進行增補。

〔註282〕此筆資料由黃美娥〈北臺灣傳統文學發展概述——清代至日治時代（上）〉進行增補。

〔註283〕此筆資料由黃美娥〈北臺灣傳統文學發展概述——清代至日治時代（上）〉進行增補。

〔註284〕此筆資料由莫渝、王幼華《苗栗縣文學史》進行增補。

林培張〔註285〕(1864~？)	字湜卿號芷亭	嘉義竹崎街人	光緒間增生	《寄廬遺稿》	性不羈，有詩才後寓臺中，充《臺灣新聞》校對，晚年歸里教書
蔡鴻書〔註286〕(1864~？)	字榴庭	嘉義布袋嘴人			讓臺後以講學爲業
張玉甫(1864~1921)	字振祥號玉甫				
丘逢甲〔註287〕(1864~1912)	字仙根號蟄仙又號仲閼人稱滄海先生	光緒	苗栗銅鑼灣	光緒15年「許葉菜榜」進士	《嶺雲海日樓詩鈔》《柏莊詩草》《金城唱和集》	兵部土事團練使早年見賞於丁日昌，譽之爲「東寧才子」，返臺後主講臺南崇文、嘉義羅山、臺中宏文等書院。乙未首倡自主，任團練使，臺事絕望，乃西渡，不復返。詩風矯健，似李白、蘇軾。七言奔逸絕塵，五言有沈鬱之致。
王松〔註288〕(1866~1930)	譜名國載字友竹號寄生又號滄海遺民	光緒	新竹北門人		《友竹行窩遺稿》、《滄海遺民賸稿》、《臺陽詩話》三書在《重修臺灣省通志藝文志著述篇》記載是「存／刊」，現今亦「存／刊」，《續臺陽詩話》在《重修臺灣省通志藝文志著述篇》記載已佚，但目前此書由黃美娥所新見，是未見於《重修臺灣省通志藝文志著述篇》記載之新史料。《內渡日記》、《餘生記聞》、《草草草堂隨筆》三書在《重	少有狂名，不應試，讀書以經世爲務。自少工詩，欲以詩人終其身。乙未內渡，臺局稍定返臺，任富紳北郭園鄭肇基之記室。詩宗隨園，以性靈爲主，近體尤見性情，割臺後作多變音。商號王和利。

〔註285〕此筆資料由江寶釵《嘉義地區古典文學發展史》進行增補。

〔註286〕此筆資料由江寶釵《嘉義地區古典文學發展史》進行增補。

〔註287〕此筆資料見施懿琳《清代臺灣詩所反映的漢人社會》，並由施懿琳、許俊雅、楊翠著《臺中縣文學發展史》、莫渝、王幼華《苗栗縣文學史》進行增補。

〔註288〕此筆資料見施懿琳《清代臺灣詩所反映的漢人社會》，並由黃美娥〈北臺灣傳統文學發展概述——清代至日治時代（上）〉、〈北臺文學之冠——清代竹塹地區的文人及其文學活動〉進行增補。

					修臺灣省通志藝文志著述篇》記載均已佚，今未見。〔註289〕
尤和鳴 （1867~？）	字養齋	鳳山 阿猴			
吳逢清 〔註290〕	字澂洲 又作澄秋 號水田	光緒	淡水廳 竹塹	光緒12年新竹縣學歲貢生	性淡遠，喜讀書，光緒12年入竹梅吟社；光緒17年署臺灣縣學訓導。乙未後，攜家眷回晉江，後返竹設帳教學。與鄭如蘭、王松常以詩切磋往來。
黃玉書 〔註291〕		光緒	臺南府	光緒16年庚寅恩科進士	鹿港「蓮社」成員
陳藻雲 〔註292〕			鹿港		鹿港「蓮社」成員
蔡壽石 〔註293〕			鹿港		鹿港「蓮社」成員
王德普 〔註294〕			鹿港		鹿港「蓮社」成員
蕭逢源 〔註295〕	字左其 號麗村	光緒	鳳山縣	光緒18年壬辰「劉可毅榜」進士	光緒4年曾參與臺南崇文社。亦任浙江省釐金局長，浙江會稽縣知縣。
謝維岳 〔註296〕	字崧生	光緒	苗栗縣苑裡	光緒19年舉人	工書法，長於行體。苗栗知縣林桂芬於苗栗街倡設「英才書院」時，被聘爲山長。乙未抗日失敗，隨丘逢甲內渡，任江西廣信縣知縣，卒於大陸。

〔註289〕此筆資料增補自黃美娥〈新竹地區傳統文學史料存佚現況（清朝——日據時代）〉。

〔註290〕此筆資料見施懿琳《清代臺灣詩所反映的漢人社會》，並由黃美娥〈北臺灣傳統文學發展概述——清代至日治時代（上）〉、〈北臺文學之冠——清代竹塹地區的文人及其文學活動〉進行增補。

〔註291〕此筆資料由施懿琳、楊翠著《彰化縣文學發展史》、王詩琅《臺灣人物表論》進行增補。

〔註292〕此筆資料由施懿琳、楊翠著《彰化縣文學發展史》進行增補。

〔註293〕此筆資料由施懿琳、楊翠著《彰化縣文學發展史》進行增補。

〔註294〕此筆資料由施懿琳、楊翠著《彰化縣文學發展史》進行增補。

〔註295〕此筆資料見施懿琳《清代臺灣詩所反映的漢人社會》，並由王俊勝《清代臺灣鳳山縣詩歌研究》、王詩琅《臺灣人物表論》進行增補。

〔註296〕此筆資料由莫渝、王幼華《苗栗縣文學史》進行增補。

賴世英〔註297〕	字俊臣	光緒	嘉義	光緒19年歲貢生	《小隱山房詩文雜作》	
賴世良〔註298〕			嘉義			
賴世遜〔註299〕						賴世英第五子，玉峰吟社社員，業西醫。
賴尚益〔註300〕					《悶紅墨瀋》《續悶紅墨屑》	賴世英之子
陳鳳昌〔註301〕	字卜五一字鞠譜號小愚	光緒	安平縣	光緒監生	《拾唾》四卷、《泉詩鏡》、《小愚齋詩稿》	原福建南安人，七歲時隨父來臺，曾任臺灣民主國議院議員
丁式勳(1864~1929)	名寶光號蓮溪	光緒	彰化鹿港	光緒間廩生		
黃彥威〔註302〕(1864~1954)	原名宗鼎字樾澂	光緒	竹塹	光緒15年舉人	《浣月齋吟稿》	黃笏山之子。參與唐景崧所創「斐亭吟社」、「牡丹吟社」。乙未割臺時，參加康有爲所發起之「公車上書」活動，後內渡歸籍福建侯官。
張鵬〔註303〕(1865~1928)	字息六	光緒	竹塹		與其兄張貞之作合爲《聽濤軒集》	乙未後與張金聲同避地榕垣，後亦返臺。切工帖括，割臺後，以韻語寫其無聊，爲竹社重要成員，詩集由張純甫代爲編次及撰序。詩作以梅花百詠聞名於時。
洪棄生(1867~1929)〔註304〕	本名攀桂學名一枝字月樵日治後改名繻字棄生	光緒	彰化鹿港	光緒15年生員	《寄鶴齋詩集》《寄鶴齋古文集》《寄鶴齋駢文集》《寄鶴齋詩話》《八州詩草》《八州遊記》《中西戰紀》《中東戰紀》	博覽群籍，識見卓犖。乙未抗日，任中路籌餉局委員。事敗，閉門不出，以遺民終其生。不主宗派，上窺漢魏、下究三唐。詩以清麗勝，人稱詩史。晉江詩人李清琦稱其爲「海外奇士」、「小謫仙」、「小李白」

〔註297〕此筆資料由江寶釵《嘉義地區古典文學發展史》進行增補。
〔註298〕此筆資料由江寶釵《嘉義地區古典文學發展史》進行增補。
〔註299〕此筆資料由江寶釵《嘉義地區古典文學發展史》進行增補。
〔註300〕此筆資料由江寶釵《嘉義地區古典文學發展史》進行增補。
〔註301〕此筆資料由龔師顯宗《安平區志》〈藝文志〉進行增補。
〔註302〕此筆資料由黃美娥〈北臺灣傳統文學發展概述——清代至日治時代（上）〉、〈北臺文學之冠——清代竹塹地區的文人及其文學活動〉進行增補。
〔註303〕此筆資料由黃美娥〈北臺灣傳統文學發展概述——清代至日治時代（上）〉、〈北臺文學之冠——清代竹塹地區的文人及其文學活動〉進行增補。
〔註304〕此筆資料見施懿琳《清代臺灣詩所反映的漢人社會》，並由廖振富〈臺灣中部地區的古典詩人及其作品（上）〉、施懿琳、楊翠著《彰化縣文學發展史》進

姓名	字號	年代	籍貫	功名	著作	備註
					《臺灣戰紀》《寄鶴齋詩欒》《寄鶴齋時事三字經》	
鄭家珍〔註305〕(1868~1928)	字伯瑜、伯嶼 號雪汀	光緒	竹塹城外東勢庄人	光緒20年舉人	《雪蕉山館詩集》、《倚劍樓詩文存》二書在《重修臺灣省通志藝文志著述篇》記載均為「存／刊」，但現僅存《雪蕉山館詩集》，至於《倚劍樓詩文存》一書則未見。《客中日記》此書由黃美娥所新見，是未見於《重修臺灣省通志藝文志著述篇》記載之新史料。〔註306〕	世大務農，早年受學陳錫茲門下，與張麟書等結為金蘭之交，以王松亦善。入泮後，設帳於東勢。乙未後，挈眷內渡，大正8年返竹。精通新舊學，畢生篤好詩文。詩作氣概高渾，直邁前賢。
陳祚年〔註307〕	字篇竹 號叔垚		淡水廳大稻埕	光緒16年臺灣府庠生員		
謝友我(1869~1926)		臺南				
施梅樵(1870~1949)	字天鶴 號可白	光緒	彰化鹿港	光緒19年生員	《捲濤閣詩草》《鹿江集》《玉井詩話》《白沙詩集》《捲濤閣尺牘》《見聞一斑》《讀書箚記》	宗法老杜，亦見明季七子之絕響。晚年之作，悒鬱牢騷，若不可伸，人謂所南伯虎之流亞。
許夢青〔註308〕(1870~1904)	字炳如 一字荊石 又名蔭亭	光緒	彰化鹿港	光緒17年生員	《鳴劍齋詩草》《聽花山房詩集》	詩出入蘇、韓，盤旋陳、陸。

行增補。

〔註305〕此筆資料由黃美娥〈北臺灣傳統文學發展概述——清代至日治時代（上）〉、〈北臺文學之冠——清代竹塹地區的文人及其文學活動〉進行增補。
〔註306〕此筆資料增補自黃美娥〈新竹地區傳統文學史料存佚現況（清朝——日據時代）〉。
〔註307〕此筆資料由黃美娥〈北臺灣傳統文學發展概述——清代至日治時代（上）〉進行增補。
〔註308〕此筆資料見施懿琳《清代臺灣詩所反映的漢人社會》，並由施懿琳、楊翠著《彰化縣文學發展史》進行增補。

	泮名夢青 號劍漁 又號雲客 冰如 高陽酒徒					
徐埴夫 〔註309〕 (1873~？)	官章念勳 號竹舫		嘉義	光緒間生員	《竹舫吟草》	徐杰夫為其從弟 日治後不預事務，塒菊自娛
賴建藩 (1874~1917)	字玉屏 號麗生	嘉義		其子賴柏舟輯父祖之詩，合為《淡香園吟草》		賴國華長子
葉清華 〔註310〕	字松潭	光緒	竹塹	生員		葉邵夫之子。經長出入潛園，時與占梅吟遊，並慫恿占梅刊印詩集。
陳浚荃 〔註311〕	字梅陔	光緒	竹塹 西門人	生員	《嬾雪窩詩鈔》	卒年76。陳濬芝之弟。乙未割臺後返安溪，任教於詔安縣儒學。
魏紹吳 〔註312〕	字篤生	同光	淡水 竹塹 水田人	光緒間生員	《啓英軒文集》、《啓英軒詩集》在《重修臺灣省通志藝文志著述篇》記載不詳，未見。〔註313〕《啓英軒燈謎》	性恬靜，喜讀書，於北門設書房「啓英軒」，及門弟子多有成。長子清德，曾任《臺灣日日新報》漢文部主任；孫火曜，為臺灣大學醫學院院長，皆有名一時。商號魏崑記
黃彥鴻 〔註314〕	字芸漵 號宗爵	光緒	竹塹	光緒14年舉人，光緒24年進士		黃笏山之子。黃彥威之弟。散館授編修，改軍機章京。與其兄彥威承家學淵源，詩畫有乃父之風
陳信齋 〔註315〕	字客猷	光緒	竹塹北門街人	光緒14年新竹縣儒學生員		出身著名郊商，先後受教於李祖琛、李希曾父子。日人來臺後，曾任新竹保良局局

〔註309〕此筆資料由江寶釵《嘉義地區古典文學發展史》進行增補。
〔註310〕此筆資料由黃美娥〈北臺灣傳統文學發展概述——清代至日治時代（上）〉、〈北臺文學之冠——清代竹塹地區的文人及其文學活動〉進行增補。
〔註311〕此筆資料由黃美娥〈北臺灣傳統文學發展概述——清代至日治時代（上）〉、〈北臺文學之冠——清代竹塹地區的文人及其文學活動〉進行增補。
〔註312〕此筆資料由黃美娥〈北臺灣傳統文學發展概述——清代至日治時代（上）〉、〈北臺文學之冠——清代竹塹地區的文人及其文學活動〉進行增補。
〔註313〕此筆資料增補自黃美娥〈新竹地區傳統文學史料存佚現況（清朝——日據時代）〉。
〔註314〕此筆資料由黃美娥〈北臺灣傳統文學發展概述——清代至日治時代（上）〉、〈北臺文學之冠——清代竹塹地區的文人及其文學活動〉進行增補。
〔註315〕此筆資料由黃美娥〈北臺灣傳統文學發展概述——清代至日治時代（上）〉、

						長、新竹廳參事、新竹街區長、新竹州協議會議員，深受器重。商號恒吉
查仁壽〔註316〕	字靜軒	光緒	竹塹		《靜軒詩稿》二卷（已佚／未見）〔註317〕	詩人查元鼎之子。善篆刻，作有百壽圖及司空圖詩品數百石，皆稱妙品。亦能詩，有詩稿，不傳。光緒間家境不佳，訓蒙度活，病逝新竹。
姜紹祖〔註318〕(1877~1897)	字贊堂	光緒	粵籍北埔人	捐納監生	《姜贊堂先生遺稿》在《重修臺灣省通志藝文志著述篇》記載爲「存／刊」，但今未見。〔註319〕	北埔墾戶姜秀鑾之曾孫。商號姜義豐。少穎悟，喜讀書，師事彭裕謙。光緒20年，返大陸參加鄉試，未中而歸。次年，臺灣割日，募鄉勇抗日，不幸身亡。連橫《臺灣詩乘》錄有其作。
賴世貞〔註320〕	字篤庵	光緒	嘉義縣	嘉義縣學廩生		
張登龜〔註321〕		光緒	嘉義縣	嘉義縣東門拔貢生		
張元騄〔註322〕	字廩榮	光緒	嘉義縣	嘉義縣學廩生		嘉義東門拔貢生張登龜長子。光緒中進嘉義縣學，有詩才，早卒。
王文德	字則修	光緒	臺南	光緒間廩生		
陳夢華	字桂屏	光緒	澎湖	光緒間生員		
曾雲峰〔註323〕	字清孺	光緒	安平縣	光緒間舉人		
陳百川〔註324〕	字香沙	光緒	彰化人	光緒間生員		

〈北臺文學之冠——清代竹塹地區的文人及其文學活動〉進行增補。
〔註316〕此筆資料由黃美娥〈北臺灣傳統文學發展概述——清代至日治時代（上）〉、〈北臺文學之冠——清代竹塹地區的文人及其文學活動〉進行增補。
〔註317〕此筆資料增補自黃美娥〈新竹地區傳統文學史料存佚現況（清朝——日據時代）〉。
〔註318〕此筆資料由黃美娥〈北臺灣傳統文學發展概述——清代至日治時代（上）〉、〈北臺文學之冠——清代竹塹地區的文人及其文學活動〉進行增補。
〔註319〕此筆資料增補自黃美娥〈新竹地區傳統文學史料存佚現況（清朝——日據時代）〉。
〔註320〕此筆資料由江寶釵《嘉義地區古典文學發展史》進行增補。
〔註321〕此筆資料由江寶釵《嘉義地區古典文學發展史》進行增補。
〔註322〕此筆資料由江寶釵《嘉義地區古典文學發展史》進行增補。
〔註323〕此筆資料由龔師顯宗《臺南縣文學史》進行增補。
〔註324〕此筆資料由施懿琳、楊翠著《彰化縣文學發展史》進行增補。

丁寶濂〔註325〕	字式周	光緒	彰化鹿港	光緒間廩生		進士丁體澄族侄
田利見〔註326〕			東勢角	貢生		
楊馨蘭〔註327〕			烏日	貢生		
傅于天〔註328〕	字子亦號攬青	同光	翁仔社	光緒初年邑庠生	《肖嚴草堂詩鈔》	
呂汝玉〔註329〕	字賡虞號縵卿		臺中	廩生	《璞山詩卷》	與汝修、汝成號為「海東三鳳」
呂汝修〔註330〕	字賡年號餐霞子		臺中	光緒14年舉人	《餐霞子遺稿》	與汝玉、汝成號為「海東三鳳」
呂汝成〔註331〕	字鶴巢號錫圭		臺中	庠生		與汝玉、汝修號為「海東三鳳」
呂汝濤〔註332〕	字松年號耕雲		臺中			畫家
吳茂郎〔註333〕	字心泉號師廉		臺中		《草廬居文稿》	吳子光從侄
鄭如潘	字澄波	光緒				
盧德嘉〔註334〕		光緒	鳳山縣	光緒間廩生	輯《鳳山縣采訪冊》	在《臺灣私法・物權編（下冊）・物權之特別物體・埤圳》第六五「諭示」（光緒14年3月19日）記載，鳳儀書院監院董事周凞清、盧德嘉、盧德祥簽稟鳳山縣城生員謝賴周擔任義學塾師立案曉諭事宜。因此可知盧德嘉在光緒年間曾擔任鳳儀書院監院董事
陳廷芳		光緒	雲林縣	生員		
鄭松軒		光緒				

〔註325〕此筆資料由施懿琳、楊翠著《彰化縣文學發展史》進行增補。
〔註326〕此筆資料由施懿琳、許俊雅、楊翠著《臺中縣文學發展史》進行增補。
〔註327〕此筆資料由施懿琳、許俊雅、楊翠著《臺中縣文學發展史》進行增補。
〔註328〕此筆資料由施懿琳、許俊雅、楊翠著《臺中縣文學發展史》進行增補。
〔註329〕此筆資料由施懿琳、許俊雅、楊翠著《臺中縣文學發展史》進行增補。
〔註330〕此筆資料由施懿琳、許俊雅、楊翠著《臺中縣文學發展史》進行增補。
〔註331〕此筆資料由施懿琳、許俊雅、楊翠著《臺中縣文學發展史》進行增補。
〔註332〕此筆資料由施懿琳、許俊雅、楊翠著《臺中縣文學發展史》進行增補。
〔註333〕此筆資料由施懿琳、許俊雅、楊翠著《臺中縣文學發展史》進行增補。
〔註334〕此筆資料由王俊勝《清代臺灣鳳山縣詩歌研究》進行增補。

許仰高〔註335〕	字子珊		臺南人	光緒間廩生		
鄭拱辰	字擎甫		新竹			
曾肇禎	字藎臣	光緒	苗栗苑里	同治間生員		
吳士俊〔註336〕			鳳山縣	生員		參與《鳳山縣采訪冊》采訪造報節孝婦事實 繕本《鳳山縣采訪冊‧丙部‧地輿（三）》
沈時敏〔註337〕		光緒	鳳山縣	生員		在《臺灣私法‧物權編（下冊）‧物權之特別物體‧埤圳》第六十六之一「杜絕甲首契字」（立約時間爲光緒12年6月）與第六十六之二「憑單字」（立約十間爲光緒12年11月）載道大竹里乙甲枇林靜觀與沈時敏的債物糾紛。從契約的記載可知沈時敏在光緒年間曾任鳳儀書院董事。
周青蓮			彰化縣	生員		
蔡廷琛			雲林縣	雲林縣學廩生		
趙元安	字文徽號一山		淡水板橋	光緒11年生員	《劍樓吟稿》	
余紹賡〔註338〕	字亦皇	光緒	淡水	光緒8年舉人		光緒中委辦清賦總局丈量事宜
王藍石		光緒	臺南	光緒8年舉人		任彰化縣學教諭，兼攝臺灣縣學教諭
林靜觀〔註339〕			鳳山	光緒11年鳳山縣學生員		參與《鳳山縣采訪冊》采訪造報節孝婦事實 宣統3年曾創設「鳳崗吟社」
謝苹香〔註340〕			鳳山	生員		

〔註335〕此筆資料由龔師顯宗《臺南縣文學史》進行增補。
〔註336〕此筆資料由王俊勝《清代臺灣鳳山縣詩歌研究》進行增補。
〔註337〕此筆資料見施懿琳《清代臺灣詩所反映的漢人社會》，並由王俊勝《清代臺灣鳳山縣詩歌研究》進行增補。
〔註338〕此筆資料見施懿琳《清代臺灣詩所反映的漢人社會》，並由黃美娥〈北臺灣傳統文學發展概述──清代至日治時代（上）〉進行增補。
〔註339〕此筆資料由王俊勝《清代臺灣鳳山縣詩歌研究》進行增補。
〔註340〕此筆資料由王俊勝《清代臺灣鳳山縣詩歌研究》進行增補。

王鏡秋〔註341〕			鳳山	生員		
周揚理〔註342〕			鳳山縣	生員		參與《鳳山縣采訪冊》采訪造報節孝婦事實
李祖訓	字恢業號警樵		淡水竹塹	光緒12年安平縣學歲貢生		
趙鍾麒〔註343〕(1863~1936)	號雲石	光緒	臺南	光緒13年廩生		第二代南社社長
陳家駒〔註344〕(1863~?)	字少圃號邃潭		嘉義	光緒間嘉義縣學生員		工詩，善小楷，博覽群書，多記憶故事。日治時設教里中。1923年應北港會席珍之聘，課授汾津吟社社員
林維朝〔註345〕(1868~1934)	字德卿號翰堂	光緒	嘉義	光緒13年嘉義縣學生員	《勞生略歷》《文稿》《雜作》《怡園吟草》《怡園唱和集》編有《壽詩文集附並蒂菊詩》	7歲從林逢其學光緒17年任團練分局長，光緒18年陞打貓堡團練局長1893年曾督帶鄉勇，與新港縣丞陳仁山直搗樸仔腳轄內溝尾寮庄匪首黃矮1900年就任新港區庄長兼保正；1901年又與警官合力禦匪，逮捕首魁吳文、蔡水碓、蘇石頭、陳吉等；1908年獲聘為嘉義廳參事1923年聯合新港文人組「鴝音吟社」
黃宗鼎(1864~?)	字樾士號月淑	光緒	淡水廳竹塹	光緒間舉人		在臺南時與斐亭鐘會，與薇卿調北，亦常出入官府
呂喬南(1864~1918)	號竹巢	光緒	彰化鹿港	光緒間邑庠生	《蘭雪草堂詩稿》	曾任教彰化、鹿港、草湖。詩作有唐人音節、宋人新意
尤和鳴〔註346〕(1867~?)	字養齋		鳳山阿猴	光緒間廩生		設帳教讀，執同地公學校教鞭，民國3年乞休。

〔註341〕此筆資料由王俊勝《清代臺灣鳳山縣詩歌研究》進行增補。
〔註342〕此筆資料由王俊勝《清代臺灣鳳山縣詩歌研究》進行增補。
〔註343〕見施懿琳《清代臺灣詩所反映的漢人社會》，並由龔師顯宗《安平區志》〈藝文志〉增補而成。
〔註344〕此筆資料由江寶釵《嘉義地區古典文學發展史》進行增補。
〔註345〕此筆資料見施懿琳《清代臺灣詩所反映的漢人社會》，並由江寶釵《嘉義地區古典文學發展史》進行增補。但資料有出入，林維朝任打貓堡團練局長時間，施懿琳作光緒十八年，但江寶釵作光緒二十年。
〔註346〕此筆資料由王俊勝《清代臺灣鳳山縣詩歌研究》進行增補。

盧德祥〔註347〕		光緒	鳳山縣	光緒14年舉人，以賑授同知銜		光緒19年掌教鳳儀書院、兼攝團練保甲局、與陳日翔、盧德嘉輯《鳳山縣采訪冊》在《臺灣私法·物權編（下冊）·物權之特別物體·埤圳》第六五「諭示」（光緒14年3月19日）記載，鳳儀書院監院董事周凞清、盧德嘉、盧德祥簽稟鳳山縣城生員謝賴周擔任義學塾師立案曉諭事宜。因此可知盧德嘉在光緒年間曾擔任鳳儀書院監院董事
黃服五	字鶴耦		雲林斗六	光緒15年生員		
陳廷植	號培三		臺北	光緒15年生員		
李秉鈞	字子桂號石樵		淡水艋舺	光緒17年歲貢生		
汪春源(1869~1923)〔註348〕	字杏泉號抑園	光緒	嘉義	光緒25年進士		江西省縣令
胡殿鵬〔註349〕(1869~1933)	原名嚴松官章殿鵬字子程號南溟別號胡天池		安平縣		《南溟詩草》《大冶一爐詩話》	光緒17年與許南英、蔡國琳、趙鍾麒、謝石秋、陳渭川、曾福星、張秋濃、鄒少奇等組「浪吟詩社」。
徐杰夫〔註350〕(1871~1959)	官章念榮號楸軒		嘉義山仔頂庄人	光緒18年生員		徐德欽之子。善奕棋，曾任山仔頂、嘉義二區區長，嘉義廳參事，嘉義銀行董事長
賴建藩〔註351〕(1874~1917)	字玉屏號麗生		嘉義	光緒17年生員	其子賴柏舟輯父祖之詩，合為《淡香園吟草》	賴國華冢子
張元榮	字選榮號少六		嘉義	光緒17年歲貢生		

〔註347〕此筆資料見施懿琳《清代臺灣詩所反映的漢人社會》，並由王俊勝《清代臺灣鳳山縣詩歌研究》進行增補。

〔註348〕此筆資料見施懿琳《清代臺灣詩所反映的漢人社會》，並由王詩琅《臺灣人物表論》進行增補。

〔註349〕此筆資料由龔師顯宗《安平區志》〈藝文志〉進行增補。

〔註350〕此筆資料由江寶釵《嘉義地區古典文學發展史》進行增補。

〔註351〕此筆資料由江寶釵《嘉義地區古典文學發展史》進行增補。

林知義	字問漁		新竹	光緒17年臺灣府學生員		
黃紹謨	字丕業		雲林斗六	光緒18年生員		
施之東〔註352〕		光緒	彰化縣	光緒18年壬辰「劉可毅榜」進士		
施菼〔註353〕	原名藻修字悅秋		彰化鹿港	光緒19年舉人		
許廷光〔註354〕	字凌槎		安平縣	光緒19年廩生		
吳士功	字汝翰	咸同	彰化			
林特如			臺灣縣	光緒間廩生		
鄒貽林			彰化鹿港	光緒間生員		
林耀亭			臺灣縣	光緒間生員	《松月書室吟草》	
郭蔡淵〔註355〕	字芷涵		安平縣	光緒間生員		
尤和聲〔註356〕			鳳山阿猴	邑庠生		
黃茂清	字植亭		淡水縣	光緒間生員		
劉育英	字得三		淡水縣	光緒間廩生		
呂鷹揚〔註357〕	字希姜		桃園	光緒間廩生		
洪以南	字逸雅	光緒	淡水艋舺	光緒間生員		瀛社首任社長
林馨蘭〔註358〕	字湘沅號壽星		臺南	光緒間生員		
黃鴻藻〔註359〕	字采侯號芹村		嘉義	光緒23年舉人		黃星華第三子，及長歸祖籍漳州龍溪就讀，補廩膳生。

〔註352〕此筆資料由王詩琅《臺灣人物表論》進行增補。
〔註353〕此筆資料由施懿琳、楊翠著《彰化縣文學發展史》進行增補。
〔註354〕此筆資料由龔師顯宗《臺南縣文學史》進行增補。
〔註355〕此筆資料由龔師顯宗《臺南縣文學史》進行增補。
〔註356〕此筆資料由王俊勝《清代臺灣鳳山縣詩歌研究》進行增補。
〔註357〕此筆資料由黃美娥〈北臺灣傳統文學發展概述——清代至日治時代（上）〉進行增補。
〔註358〕此筆資料由龔師顯宗《臺南縣文學史》進行增補。
〔註359〕此筆資料由江寶釵《嘉義地區古典文學發展史》進行增補。

王均元〔註 360〕			嘉義		
張覲光〔註 361〕			嘉義	光緒 6 年庚辰進士	吏部主事
葉題雁〔註 362〕		光緒	臺灣縣	光緒 6 年庚辰進士	
蔡壽星〔註 363〕		光緒	彰化縣	光緒 6 年庚辰進士	戶部主事
黃鴻翔〔註 364〕	字幼垣		嘉義	光緒間舉人	
吳榮棣〔註 365〕	字少青		淡水中壢	光緒間生員	
簡 楫〔註 366〕	字若川		淡水桃園	光緒間生員	
葉文樞〔註 367〕	字際唐		新竹		《葉文樞殘稿》《百衲詩話》《續百衲詩話》此書由黃美娥所新見，是未見於《重修臺灣省通志藝文志著述篇》記載之新史料。
戴珠光〔註 368〕（？～1916）	字還浦	光緒	竹塹魚寮庄人	光緒間新竹縣學附生	師事劉廷璧，光緒年間為竹梅吟社社員，日據後，曾任舊港區庄長。明治 44 年出任竹社社長，對新竹詩社活動的發展，貢獻頗多。

〔註 360〕此筆資料由江寶釵《嘉義地區古典文學發展史》進行增補。

〔註 361〕此筆資料由江寶釵《嘉義地區古典文學發展史》、王詩琅《臺灣人物表論》進行增補。

〔註 362〕此筆資料由王詩琅《臺灣人物表論》進行增補。

〔註 363〕此筆資料由王詩琅《臺灣人物表論》進行增補。

〔註 364〕此筆資料由江寶釵《嘉義地區古典文學發展史》進行增補。

〔註 365〕此筆資料由黃美娥〈北臺灣傳統文學發展概述——清代至日治時代（上）〉進行增補。

〔註 366〕此筆資料由黃美娥〈北臺灣傳統文學發展概述——清代至日治時代（上）〉進行增補。

〔註 367〕此筆資料增補自黃美娥〈新竹地區傳統文學史料存佚現況（清朝——日據時代）〉。

〔註 368〕此筆資料由黃美娥〈北臺灣傳統文學發展概述——清代至日治時代（上）〉、〈北臺文學之冠——清代竹塹地區的文人及其文學活動〉進行增補。

吳蔭培	字竹人		新竹	光緒間生員		
王人俊	字釆甫		淡水艋舺	光緒17年淡水縣學生員		
徐植夫〔註369〕	官章念勳號竹舫		嘉義	光緒嘉義縣學生員		
劉獻池	字瑤函		嘉義	光緒嘉義縣學生員		
楊鵬搏〔註370〕	號雲承		臺南	光緒間廩生		
黃濟東	字砥丞		嘉義	光緒嘉義縣學生員		
白玉簪〔註371〕	字笏臣號靜屏		嘉義臺斗坑人	光緒間補博士弟子員	小說《金魁星》連載於《三六九小報》；著有《簪花草堂詩稿》	都督白瑛文孫性恬靜，與人無爭，沖養和粹，才思敏捷
張銘三	字棣軒		嘉義	光緒間嘉義縣學生員		
黃朝清	字爾廉		嘉義	光緒間生員		
謝汝銓(1871~1953)〔註372〕	字雪漁號奎府樓主晚署奎府樓老人		臺南		《奎府樓吟草》《詩海慈航》《周易略說》《蓬萊角樓詩存》	
傅錫祺(1872~1946)〔註373〕	字復澄號鶴亭	光緒	臺灣葫蘆墩	光緒19年生員	《鶴亭詩集》	
鄭以庠(1873~1939)〔註374〕	譜名安國字養齋	光緒	竹塹北門人	光緒間臺北府學增生	《拾翠園詩稿》在《重修臺灣省通志藝文志著述篇》中記載不傳，今亦未見。《讀靜遠堂詩文集》及《周易易》二書則為他人已	鄭用鑑之孫，鄭以典堂弟。商號鄭恆升。幼聰穎，早獲科名。鼎革後，內渡避難，後再返竹，大正5年後，任竹社社長。

〔註369〕此筆資料由江寶釵《嘉義地區古典文學發展史》進行增補。
〔註370〕此筆資料由龔師顯宗《臺南縣文學史》進行增補。
〔註371〕此筆資料由江寶釵《嘉義地區古典文學發展史》進行增補。
〔註372〕此筆資料由龔師顯宗《臺南縣文學史》進行增補。
〔註373〕此筆資料見施懿琳《清代臺灣詩所反映的漢人社會》，並由施懿琳、許俊雅、楊翠著《臺中縣文學發展史》進行增補。
〔註374〕此筆資料由黃美娥〈北臺灣傳統文學發展概述——清代至日治時代（上）〉進行增補。

					述及，但未見於《重修臺灣省通志藝文志著述篇》記載之新史料。	
林朝崧〔註375〕(1875~1915)	字俊堂號癡仙	光緒	臺灣葫蘆墩	光緒14年廩生	《無悶草堂詩存》	偏向消沉隱退，藉詩以抒哀的「遺民型詩人」
張建都〔註376〕(1875~？)			嘉義	光緒間嘉義縣學生員		與同里黃濟東、嚴本林三人，爲嘉城最終科諸生
王石鵬(1877~1942)	字了庵號箴盤	光緒	新竹		《臺灣三字經》	王松之從弟，其書學篆隸，又工金石，人稱「王龍媒」
賴雨若(1877~1941)	號壺仙	嘉義				
林子瑾(1878~？)	字少英	臺中				
謝維巖(1879~1921)	一作石秋字籟軒			光緒間臺南府學生員		
鄭虛一(1880~？)	名秋涵又名霽光號錦帆	光緒6年生	竹塹	鄭用鑑孫	《成趣園詩鈔》《山色夕陽樓吟草》《行齋剩稿》	
黃濟東〔註377〕			嘉義			
嚴本林〔註378〕			嘉義			
劉神嶽	明滄溢字中甫		嘉義柳營	光緒9年生員		
高選鋒	拔庵		淡水錫口	光緒間生員		
羅秀惠〔註379〕	字蔚村號蕉鹿		安平縣	光緒間舉人		
陳煥耀	字日光			光緒間生員		

〔註375〕此筆資料見施懿琳《清代臺灣詩所反映的漢人社會》，並由廖振富〈臺灣中部地區的古典詩人及其作品（下）〉進行增補。
〔註376〕此筆資料由江寶釵《嘉義地區古典文學發展史》進行增補。
〔註377〕此筆資料由江寶釵《嘉義地區古典文學發展史》進行增補。
〔註378〕此筆資料由江寶釵《嘉義地區古典文學發展史》進行增補。
〔註379〕缺文字。

張　貞〔註380〕	字謙六	新竹	光緒間生員	與其弟張鵬之作合為《聽濤軒集》	為張鵬之兄。原籍江西，因祖先遊幕來臺，遂居竹塹。艸角能吟詠，人多以神童目之。及長，補博士弟子員，倜儻能文，受知於劉蘭洲觀察，後又蒙邑尊徐錫祉之器重。改隸後，嘗挈眷避亂榕城，尋復歸臺，老去則有憔悴行吟之感。
郭鏡蓉	字芙卿	新竹	光緒間生員		
鄭登瀛〔註381〕	字十洲	新竹		《鄭十洲先生遺稿》一書在《重修臺灣省通志藝文志著述篇》記載是部分存刊，現存狀況亦然。《滄海遺音》、《扶桑寄生草》、《雞肋雜錄》、《北郭園小草》等書由黃美娥所新見，是未見於《重修臺灣省通志藝文志著述篇》記載之新史料。	
劉景平〔註382〕	字梅溪	新竹		《乙未遺稿》此書由黃美娥所新見，是未見於《重修臺灣省通志藝文志著述篇》記載之新史料。	
鄭樹南〔註383〕	譜名安柱字擎甫又名拱辰晚號水田逸叟	淡水竹塹	監生	《水田逸叟詩文稿》在《重修臺灣省通志藝文志著述篇》記載已佚未刊，今亦未	鄭如蘭長子。加道富裕，讀書務求實學，不屑為章句之儒，平日熱心公益。日人據臺後，任新竹保甲局長、新竹辦物署參事，及新竹州協

〔註380〕此筆資料由黃美娥〈北臺灣傳統文學發展概述——清代至日治時代（上）〉、〈北臺文學之冠——清代竹塹地區的文人及其文學活動〉進行增補。

〔註381〕此筆資料增補自黃美娥〈新竹地區傳統文學史料存佚現況（清朝——日據時代）〉。

〔註382〕此筆資料增補自黃美娥〈新竹地區傳統文學史料存佚現況（清朝——日據時代）〉。

〔註383〕此筆資料由黃美娥〈北臺灣傳統文學發展概述——清代至日治時代（上）〉、〈北臺文學之冠——清代竹塹地區的文人及其文學活動〉進行增補。

				見〔註384〕。	議會會員、臺灣總督府評議員。商號鄭吉利。
王炳乾	字成三		竹塹中乾	貢生	
謝　愷	字介石		新竹		
蔡佩香〔註385〕	一作珮香字夢蘭號南樵		安平縣	光緒間臺南府學士廩生	
莊長命	字鶴如		臺灣		
黃龍伸	字雲昭		新竹	光緒間貢生	
彭懷玉	字種藍		新竹		
鄭燦南〔註386〕	字幼佩又字綏甫	光緒	竹塹北門人		商號鄭吉利。鄭崇和之曾孫，幼受業劉維圭門下。臺灣改隸，尤寄意於詩，師事洪月樵。與戴還浦懼詩學稍衰，提倡騷壇，獎掖後進。
蔡彥清			新竹		
賴紹堯	字悔之	光緒	臺灣縣	光緒間生員	《悔之詩鈔》《逍遙詩草》
連　橫（1878~1936）〔註387〕	字武公號雅堂又號劍花		安平縣		《臺灣通史》《劍花室詩集》
林資修〔註388〕（1880~1939）	字幼春號南強		臺灣霧峰		《南強詩集》	實際獻身抗日民族運動、詩風激昂高亢的「志士型詩人」
呂敦禮	字鯉庭號厚庵	光緒	臺灣縣	光緒間臺灣縣學生	《厚庵遺草》
張書柄〔註389〕			臺中	光緒19年生員	
王學潛	字卿淇	光緒	臺灣牛罵頭	光緒間廩生	《卿淇詩草》

〔註384〕此筆資料增補自黃美娥〈新竹地區傳統文學史料存佚現況（清朝──日據時代）〉。

〔註385〕此筆資料由龔師顯宗《臺南縣文學史》進行增補。

〔註386〕此筆資料由黃美娥〈北臺灣傳統文學發展概述──清代至日治時代（上）〉、〈北臺文學之冠──清代竹塹地區的文人及其文學活動〉進行增補。

〔註387〕此筆資料由龔師顯宗《臺南縣文學史》進行增補。

〔註388〕此筆資料由廖振富〈臺灣中部地區的古典詩人及其作品（下）〉、龔師顯宗《安平區志》〈藝文志〉進行增補。

〔註389〕此筆資料由施懿琳、許俊雅、楊翠著《臺中縣文學發展史》進行增補。

陳錫金	字基六	光緒	臺灣牛罵頭	光緒間生員	《鰲峰詩草》	
陳　瑚	字滄玉		苗栗苑裡		《趣園詩草》	
陳懷澄	字沁園號槐庭		臺灣縣		《沁園詩草》	
林資銓	字仲衡號隱壺				《仲衡詩草》	
莊　嵩(1880~1938)	宇太岳號伊若		臺灣縣		《太岳詩草》	
莊　龍	字雲從		臺灣大甲		《雲從詩草》《南村詩稿》	
張棟梁	字子材號汰公		臺灣縣		《知足齋詩鈔》	
楊爾材(1881~1953)			澎湖		《近樗吟草》	
林大椿(1881~1956)	字獻堂號灌園		臺灣阿罩霧		《灌園詩集》	
陳　貫(1882~1936)	字聯玉號豁軒		新竹		《豁軒詩草》	陳瑚（滄玉）之弟
鄭聰楫	字濟若號怡園		苗栗苑裡		《怡園吟草》	
黃炎盛	字旭東		臺灣葫蘆墩		《旭東詩草》	
鄭玉田	字汝南號少舲又號嘯陵天陶		彰化鹿港		《汝南詩草》	
蔡蕙如	字鐵生		臺灣縣		《鐵生詩草》	
林載釗	字望洋		臺灣葫蘆墩		《望洋詩草》	
張麗俊	字升三		臺灣葫蘆墩		《升三詩草》	
袁炳修	字槐蔭		臺灣葫蘆墩		《槐蔭詩草》	
林次湘〔註390〕	字佩香一字秋蘭別號香谷女士	光緒			《碧雲軒小稿》、《重修臺灣省通志藝文志著述篇》記載部分	蔡啓運之妻。工書善畫能琴。日人中山樵稱其詩「澄汰眾膚，婉約可誦」，鄭鵬雲《師友風義錄》載有多首作品

[註390] 此筆資料由黃美娥〈北臺灣傳統文學發展概述——清代至日治時代（上）〉、

					存錄，現今仍有部分存錄。〔註 391〕	
恠我氏〔註 392〕			新竹		《百年見聞肚皮集》（存／刊）	
葉文游〔註 393〕					《宮池詩稿》在《重修臺灣省通志藝文志著述篇》記載記載不詳。《南陽寄廬詩草》此書爲他人已述及，但未見於《重修臺灣省通志藝文志著述篇》記載之新史料。《淨綠蝸廬詩草》此書由黃美娥所新見，是未見於《重修臺灣省通志藝文志著述篇》記載之新史料。	
林鍾英(1884~1942)〔註 394〕	字毓川號香雪居士		新竹苦苓腳		《梅鶴齋吟草》此書由黃美娥所新見，是未見於《重修臺灣省通志藝文志著述篇》記載之新史料。	
魏清德(1886~1964)〔註 395〕	號潤庵		新竹		《滿鮮吟草》在《重修臺灣省通志藝文志著述篇》記載「存／	

〈北臺文學之冠——清代竹塹地區的文人及其文學活動〉進行增補。

〔註 391〕此筆資料增補自黃美娥〈新竹地區傳統文學史料存佚現況（清朝——日據時代）〉。

〔註 392〕此筆資料增補自黃美娥〈新竹地區傳統文學史料存佚現況（清朝——日據時代）〉。此書爲他人已述及，但未見於《重修臺灣省通志藝文志著述篇》記載之新史料。

〔註 393〕此筆資料增補自黃美娥〈新竹地區傳統文學史料存佚現況（清朝——日據時代）〉。

〔註 394〕此筆資料增補自黃美娥〈新竹地區傳統文學史料存佚現況（清朝——日據時代）〉。

〔註 395〕此筆資料增補自黃美娥〈新竹地區傳統文學史料存佚現況（清朝——日據時代）〉。

				刊」，但今未見。《潤庵吟草》	
張純甫(1888~1941)〔註396〕	名津梁官章陳熙字濤邨又字純甫號興漢（有時單書「漢」）又號筑客寄民老鈍	新竹		《守墨樓吟稿》、《守墨樓文稿》、《守墨樓課題詩稿》、《堅白屋課題詩稿》、《非墨十說》、《是左十說》、《漢族姓氏考》、《古今人物彙考》、《古陶漁村人四時閒話》、《守墨樓聯稿》、《陶村燈謎》、《陶村隨筆》等書由黃美娥所新見，是未見於《重修臺灣省通志藝文志著述篇》記載之新史料。	
吳景箕	自號鳴皐山樵	雲林		《兩京賸稿》、《蕈味集》、《簾青集》、《蕉窗吟草》、《挼藻賤》、《詠歸集》	
黃純青				《晴園詩草》	
陳逢源〔註397〕	字芳園號南都筆名南都生	臺南		《溪山煙雨樓詩存》	
葉少青	字仙圃	竹東橫山		《橫山詩集》	
彭鏡泉	字仙洲	竹東橫山		《墨林書屋詩集》	
劉石鵝	字嘯谷	竹東橫山		《嘯谷詩集》	
林爾嘉	字叔臧一作菽莊晚號百忍老人	板橋		《林菽莊先生詩稿》	

〔註396〕此筆資料增補自黃美娥〈新竹地區傳統文學史料存佚現況（清朝——日據時代）〉。
〔註397〕此筆資料由龔師顯宗《臺南縣文學史》進行增補。

曾玉音〔註398〕			彰化	歲貢	
曾作雲〔註399〕			彰化	生員	曾作霖之族弟。曾任藍田書院董事
蔡廷元〔註400〕			彰化	貢生	與蔡德芳曾共同率團練禦戴潮春
廖景瀛〔註401〕			彰化		從廖春波學，與陳肇興、曾惟精、蔡德芳合稱「白沙書院」四傑
曾惟精〔註402〕			彰化		從廖春波學，與陳肇興、廖景瀛、蔡德芳合稱「白沙書院」四傑
陳元吉〔註403〕	號恩安				官授同知銜 其子為陳培松
黃煥奎〔註404〕		咸同	彰化	咸豐9年舉人	與同邑陳肇興、蔡德芳、陳培松同榜中舉
丁朝勛〔註405〕		光緒	鹿港	邑庠生	進士丁醴澄次子
丁錫奎〔註406〕		光緒	鹿港	邑庠生	進士丁醴澄三子
丁式儀〔註407〕		光緒	鹿港	邑庠生	進士丁醴澄族侄
丁錫和〔註408〕		光緒	鹿港	邑庠生	進士丁醴澄族侄
江耀章〔註409〕			嘉義山仔頂人	光緒7年補廩生	光緒3年進嘉義縣學。邑中富豪徐德新慕其才，延主其家，教闔境子弟。生員杰夫、

〔註398〕此筆資料增補自黃美娥〈新竹地區傳統文學史料存佚現況（清朝——日據時代）〉。
〔註399〕此筆資料由施懿琳、楊翠著《彰化縣文學發展史》進行增補。
〔註400〕此筆資料由施懿琳、楊翠著《彰化縣文學發展史》進行增補。
〔註401〕此筆資料由施懿琳、楊翠著《彰化縣文學發展史》進行增補。
〔註402〕此筆資料由施懿琳、楊翠著《彰化縣文學發展史》進行增補。
〔註403〕此筆資料由施懿琳、楊翠著《彰化縣文學發展史》進行增補。
〔註404〕此筆資料由施懿琳、楊翠著《彰化縣文學發展史》進行增補。
〔註405〕此筆資料由施懿琳、楊翠著《彰化縣文學發展史》進行增補。
〔註406〕此筆資料由施懿琳、楊翠著《彰化縣文學發展史》進行增補。
〔註407〕此筆資料由施懿琳、楊翠著《彰化縣文學發展史》進行增補。
〔註408〕此筆資料由施懿琳、楊翠著《彰化縣文學發展史》進行增補。
〔註409〕此筆資料由江寶釵《嘉義地區古典文學發展史》進行增補。此筆資料之生年亦有問題，江寶釵註明其生卒時間是（1882～1925），但又說他光緒三年

						埴夫、江山輝等皆出其門。明治 30 年登庸嘉義辦務署參事
徐德垣〔註410〕	字炯爾		嘉義	光緒間廩生		徐臺麟第四子，徐德欽四兄。光緒中考進嘉義縣學，後補廩食餼
何振猷〔註411〕	字子言		嘉義	光緒間邑庠生		35 歲時獲邑庠生，37、8 歲時赴福州應試，聞日軍攻臺，遂毅然返臺組織民兵，與日軍對抗，後走避泉州。日本領臺之後又返臺，一面從事抗日，一面坐青氈，授經史。
許光烈〔註412〕	字省三別名猛		嘉義	光緒間生員		日治後避居漳州
許　然〔註413〕	字藜堂					許光烈之弟，以漢學知名於嘉義
徐念修〔註414〕			嘉義	光緒間廩生		徐德欽長子，娶賴世英明經長女番婆為室。讓臺後在代書館巷開設怡昌洋品店，卒時年未三十
江山輝〔註415〕			嘉義			
王朝清〔註416〕	字克己	光緒	嘉義	生員		
羅新蘭〔註417〕		光緒		於西湖鄉設「重華書院」		約生於同治年間。於西湖鄉設「重華書院」教授子弟。
湯仕路〔註418〕	壽丹			光緒年間秀才		日治時出任公館區區長

（1877）進嘉義縣學，在時間上是不可能的事，而光緒七年補廩生時，江耀章也才二歲，因此其生年恐怕很有問題。

〔註410〕此筆資料由江寶釵《嘉義地區古典文學發展史》進行增補。
〔註411〕此筆資料由江寶釵《嘉義地區古典文學發展史》進行增補。
〔註412〕此筆資料由江寶釵《嘉義地區古典文學發展史》進行增補。
〔註413〕此筆資料由江寶釵《嘉義地區古典文學發展史》進行增補。
〔註414〕此筆資料由江寶釵《嘉義地區古典文學發展史》進行增補。
〔註415〕此筆資料由江寶釵《嘉義地區古典文學發展史》進行增補。
〔註416〕此筆資料由江寶釵《嘉義地區古典文學發展史》進行增補。
〔註417〕此筆資料由莫渝、王幼華《苗栗縣文學史》進行增補。
〔註418〕此筆資料由莫渝、王幼華《苗栗縣文學史》進行增補。

曾在江〔註419〕		苗栗	監生		祖籍廣東梅縣 曾肇楨之父
曾肇楨〔註420〕	字蓋臣	銅鑼人	附貢生		光緒19年沈茂蔭編《苗栗縣志》，任採訪員。後移居通霄街，教授子弟，卒年64
劉少拔〔註421〕	本名慶元 字少拔 號雲石	苗栗	光緒3年秀才		深受苗栗名士謝錫朋所重，收為門生。光緒7年福建巡撫於大甲駐轅，訪詢撫番拓殖情形，曾上書議事。曾與丘逢甲共謀抗日，後因事不可為而內渡，數年後返臺，居山城以課讀為生。終身留辮髮，不仕。
曾東生〔註422〕		苗栗			曾在江次子，曾肇楨之弟，九齡能詩，有天才童子之譽。後夭亡
劉憬南〔註423〕	號晉帆	銅鑼灣人			長於詩文古風，幼學於叔歲貢生清岳。天資聰慧，生平抑強扶弱。
吳湯興〔註424〕（？～1895）	字紹文	銅鑼灣樟樹林人	廩生		原籍廣東蕉嶺。生性豪邁，以俠義聞於鄉里。乙未之役募集同志，任義軍統領，與生員丘國霖、吳鎮洸誓死抵抗，於八卦山一役戰歿。
丘國霖〔註425〕		苗栗			
吳鎮洸〔註426〕		苗栗			
林雲閣〔註427〕	譜名鼎泉 單名臺	苗栗			21歲執漢為教鞭。民國7年佩紳章。民國5～9年任頭份區第三區區長。
賴惠川（1887～1962）		嘉義			

〔註419〕此筆資料由莫渝、王幼華《苗栗縣文學史》進行增補。
〔註420〕此筆資料由莫渝、王幼華《苗栗縣文學史》進行增補。
〔註421〕此筆資料由莫渝、王幼華《苗栗縣文學史》進行增補。
〔註422〕此筆資料由莫渝、王幼華《苗栗縣文學史》進行增補。
〔註423〕此筆資料由莫渝、王幼華《苗栗縣文學史》進行增補。
〔註424〕此筆資料由莫渝、王幼華《苗栗縣文學史》進行增補。
〔註425〕此筆資料由莫渝、王幼華《苗栗縣文學史》進行增補。
〔註426〕此筆資料由莫渝、王幼華《苗栗縣文學史》進行增補。
〔註427〕此筆資料由莫渝、王幼華《苗栗縣文學史》進行增補。

謝國文 (1889~1938)	字星樓	臺南		
謝鯉魚 (1892~1959)	字竹軒	臺南		
林景仁 (1893~1940)	號小眉	板橋		爲林爾嘉長子
李德和 (1893~1972)		嘉義		
蔡惠如 (1881~1929)	字鐵生	臺中	《鐵生詩草》	
許天奎 (1883~1936)		臺中		
施家本 (1886~1921)		鹿港		
蔣渭水 (1890~1931)		宜蘭		
許幼漁 (1892~1953)		鹿港	許夢青之子	
許贊堃 (1892~1941)	號地山		許南英第 4 子	
陳逢源 (1893~1982)	字芳園 號南都 筆名南都生	臺南	《溪山煙雨樓詩存》	
丘念臺 (1894~1967)			父逢甲爲清朝進士	

以上表格係以施懿琳《清代臺灣詩所反映的漢人社會》中「清代臺灣詩作者生平事蹟資料表」爲主，並參考陳漢光《臺灣詩錄》、《全臺詩》、黃美娥〈北臺灣傳統文學發展概述——清代至日治時代（上）〉、〈北臺文學之冠——清代竹塹地區的文人及其文學活動〉、〈新竹地區傳統文學史料存佚狀況（清代——日據時代）〉、江寶釵《嘉義地區古典文學發展史》、王俊勝《清代臺灣鳳山縣詩歌研究》，施懿琳、許俊雅、楊翠著《臺中縣文學發展史》、施懿琳、楊翠著《彰化縣文學發展史》、莫渝、王幼華《苗栗縣文學史》、龔師顯宗《安平區志》〈藝文志〉、《臺南縣文學史》、王詩琅《臺灣人物表論》整理而成。

附表二〔註1〕：道咸同時期臺灣大事年表

時　間	大　　　　　事
道光元年 （1821）	夏四月，海寇林烏興犯滬尾，逐之〔註2〕。
	噶瑪蘭廳發生「朱蔚案」，朱蔚自稱明朝後裔，作有「妖書、木印、悖詩」，後爲姚瑩遏亂於未萌〔註3〕。
道光二年 （1822）	正月，以葉世倬爲福建巡撫。
	夏六月，大風雨。七月，又大雨，曾文溪決，泥積臺江，遂成平陸〔註4〕。
	八月，以趙愼畛爲閩浙總督。
	噶瑪蘭林永（泳）春反官〔註5〕。

〔註1〕 本表資料係由《清宣宗實錄選輯》（臺灣銀行經濟研究室，「臺灣文獻叢刊」）、《清文宗實錄選輯》（臺灣銀行經濟研究室，「臺灣文獻叢刊」）、《清穆宗實錄選輯》（臺灣銀行經濟研究室，「臺灣文獻叢刊」）、《清史稿臺灣資料集輯》（臺灣銀行經濟研究室，「臺灣文獻叢刊」）、《東華續錄選輯》（臺灣銀行經濟研究室，「臺灣文獻叢刊」）、《清朝史話》（木鐸出版社，1988年9月）、蕭一山《清代通史》（商務印書館，1962年臺一版，2004年七刷）、連橫《臺灣通史》（眾文圖書公司，1994年5月一版二刷）、吳德功《戴施兩案紀略》（臺灣銀行經濟研究室，「臺灣文獻叢刊」）、劉耿生《清穆宗同治事典》（遠流出版事業股份有限公司，2005年7月16日）、閻崇年《正說清朝十二帝》（聯經出版社，2005年5月），吳密察監修《臺灣史小事典》（遠流出版事業股份有限公司，2000年9月），許雪姬《臺灣歷史辭典》（遠流出版事業股份有限公司，2003年5月）匯整而成。學位論文部分，參考劉妮玲《清代臺灣民變研究》，國立臺灣師範大學歷史研究所專刊（九），1983年9月；林偉盛《羅漢腳‧清代臺灣社會與分類械鬥》，自立晚報社文化出版部，1993年3月。王秀玲《清代盜案之研究》，國立臺灣師範大學歷史研究所碩士論文，1994年6月及金智《清代嘉慶、道光朝臺灣社會動亂的研究（1796～1850）》，國立成功大學歷史語言研究所碩士論文，1995年6月等人的研究成果，作進一步細部整理。
〔註2〕 見連橫，《臺灣通史》〈經營志〉，眾文圖書公司，1994年5月一版二刷，頁77。
〔註3〕 此事件見姚瑩，《東溟文集》卷六，參考劉妮玲《清代臺灣民變研究》，國立臺灣師範大學歷史研究所專刊（九），1983年9月，頁246、金智，《清代嘉慶、道光朝臺灣社會動亂的研究（1796～1850）》，國立成功大學歷史語言研究所碩士論文，1995年6月，頁55。
〔註4〕 見連橫，《臺灣通史》〈經營志〉，眾文圖書公司，1994年5月一版二刷，頁77。
〔註5〕 此事件可見陳淑均《噶瑪蘭廳志》卷四，參考吳密察監修，《臺灣史小事典》，遠流出版事業股份有限公司，2000年9月，頁63。但連橫《臺灣通史》卻作「道光三年……七月，噶瑪蘭匪首林泳春謀亂，水師提督許松年平之。」見連橫，《臺灣通史》〈經營志〉，眾文圖書公司，1994年5月一版二刷，頁77。

道光三年 （1823）	正月，葉世倬以年老休致，調孫爾準爲福建巡撫（《東華錄》）。 春正月，地大震。
	是年，臺灣鹿耳門內數十里海面，忽變成陸地（《後湘二集》）。
	九月，北路理番同知鄧傳安入埔里社，議開設〔註6〕。
	竹塹鄭用錫中進士，號爲「開臺進士」〔註7〕。
道光四年 （1824）	夏五月，福建巡撫孫爾準至臺灣，議開埔里社〔註8〕。
	十月，命臺灣道兼管臺營水陸官兵（《東華錄》）。
	十一月，詔改臺灣班兵更戍之例，以艋舺營遊擊爲參將〔註9〕。
	有「許尚、楊良斌之事」，當時駐守臺灣者有「福州府方傳穟署臺守，一時臺灣道孔昭虔、臺灣縣李慎彝、鳳山縣杜紹祁、嘉義縣王衍慶、淡水廳吳性誠、噶瑪蘭廳呂志恆皆有聲」〔註10〕而七月時「臺防同知缺，杜紹祁代之。署鳳山縣者，劉功傑也」〔註11〕許尚是鳳山廣安莊人（今屏東縣萬丹附近的廣安），以賣檳榔爲生，因「素結諸無賴，群盜悅之。爲鄉保所告，懼捕，遂與所善蔡雙弼、張仔來、高鳥紫、王曾、楊良斌、沈古老、徐紅柑、林溪及番人潘老通謀反。其黨甚眾，期於十月十一日集議，先攻下淡水縣丞署、次坡埠頭，遂及郡城；苦無貲，先肆劫掠。傳穟聞盜，檄縣急捕。」後來事平，「是役也，自許尚起及竣事僅一月，不煩內兵，不使賊蹂躪閭閻，南路辦賊，北路晏如；凡用餉銀數萬，皆籌款補給，不費帑金者，郡縣得人之效也。奏入，上大嘉之曰：『方傳穟總司籌辦，悉協機宜』；特賞花翎。鎮、道以下，各從優議敘。明年，乃建鳳山縣城於舊治（《東槎紀略》）。」
	林平侯闢三貂嶺道路〔註12〕。
道光五年 （1825）	九月，閩浙總督員缺，著孫爾準補授。韓克均著調補福建巡撫；未到任以前，著孫爾準兼署。
道光六年 （1826）	四月有「李通與黃文潤之亂」，「嘉義、彰化地方，有匪徒糾眾焚搶，據奏係賊匪李通與粵民黃文潤挾嫌糾鬥起釁」。此事蔓延到淡水地方；閩浙總督孫爾準馳

〔註6〕 見連橫，《臺灣通史》〈經營志〉，眾文圖書公司，1994年5月一版二刷，頁77。

〔註7〕 見吳密察監修，《臺灣史小事典》，遠流出版事業股份有限公司，2000年9月，頁64。

〔註8〕 見連橫，《臺灣通史》〈經營志〉，眾文圖書公司，1994年5月一版二刷，頁78。

〔註9〕 見連橫，《臺灣通史》〈經營志〉，眾文圖書公司，1994年5月一版二刷，頁78。

〔註10〕 見陳衍，《臺灣通紀》卷三，《福建通紀》卷十六～十八，臺灣銀行經濟研究室，1961年。

〔註11〕 見陳衍，《臺灣通紀》卷三，《福建通紀》卷十六～十八，臺灣銀行經濟研究室，1961年。

〔註12〕 見吳密察監修，《臺灣史小事典》，遠流出版事業股份有限公司，2000年9月，頁64。

	赴廈門督辦，甚至準備「親往臺灣」。終由內地調了不少的士兵，命山東巡撫武隆阿以「欽差大臣」名義馳驛渡海。後來因爲「回疆事機緊要」，「著武隆阿暫緩前往」，仍由孫爾準「帶兵渡臺督辦」。直至八月，漸告平定〔註13〕。
	五月，淡水閩、粵分類械鬥〔註14〕。 同月在噶瑪蘭地區發生「吳集光案」，是吳鄭成起意，糾同吳集光、吳烏毛所造成的閩、粵分類械鬥事件〔註15〕。
	改福建彰化縣海豐港口歸嘉義縣笨港縣丞轄，烏石港口歸頭圍縣丞轄。
	十一月，以臺灣餘匪悉平，加孫爾準太子少保。
	竹塹城改築石城。中港番割黃斗乃事件〔註16〕。「『番割』指在漢人和生番之間進行仲介貿易的人。這個名詞通常有負面的意涵。在清廷實行番界政策之後，尤於嚴禁民人和生番有任何接觸，於是那些沒有經官府認可、私下與生番往來者，就被稱作『番割』……清朝官府採取隔離漢人和生番的政策，認爲『番割』是挑起糾紛的媒介，而且害怕『番割』勾結生番出山擾亂。」〔註17〕，而黃斗乃的身份就是「番割」，他「本名黃祈英，番名爲『斗阿乃』，因此人稱『黃斗乃』。廣東嘉應州人，嘉慶十幾年單身渡臺，在中港斗換坪（在今苗栗縣頭份鎮）一帶與番人從事貿易，與番人頭目的交情不錯，甚至娶了頭目的女兒，並且住進番社之中。道光六年（1826）淡水廳爆發分類械鬥，黃斗乃趁機率領番人襲擊中港，報了私仇。不久，閩浙總督孫爾準統兵來臺，全力搜捕械鬥滋事份子，黃斗乃因此被捕處死。」〔註18〕
道光七年 （1827）	裁鎮標左右兩營〔註19〕。
道光八年 （1828）	十二月，准福建臺灣另編田字號中額一名（《東華錄》）。
	總督孫爾準奏添臺灣粵籍解額，自戊子科始（《小重山房初稿》）。

〔註13〕 可見於徐宗幹，《斯未信齋文編》、周璽《彰化縣志》、《大清宣宗成皇帝實錄》、丁紹儀《東瀛識略》、《軍機處月摺包奏摺副錄》58966號等，參考金智，《清代嘉慶、道光朝臺灣社會動亂的研究（1796～1850）》，國立成功大學歷史語言研究所碩士論文，1995年6月，頁75～80。
〔註14〕 見連橫，《臺灣通史》〈經營志〉，眾文圖書公司，1994年5月一版二刷，頁78。
〔註15〕 見《軍機處月摺包奏摺副錄》58966號，參考金智，《清代嘉慶、道光朝臺灣社會動亂的研究（1796～1850）》，國立成功大學歷史語言研究所碩士論文，1995年6月，頁80～83。
〔註16〕 見吳密察監修，《臺灣史小事典》，遠流出版事業股份有限公司，2000年9月，頁64。
〔註17〕 見吳密察監修，《臺灣史小事典》，遠流出版事業股份有限公司，2000年9月，頁64。
〔註18〕 見吳密察監修，《臺灣史小事典》，遠流出版事業股份有限公司，2000年9月，頁64～65。
〔註19〕 見連橫，《臺灣通史》〈經營志〉，眾文圖書公司，1994年5月一版二刷，頁78。

	淡水人吳全等進入花蓮港開墾〔註20〕。
道光九年 （1829）	陳集成墾號進入大料崁（在今桃園縣大溪一帶）開墾〔註21〕。
道光十年 （1830）	二月，閩浙總督孫爾準奏定《臺灣道出巡章程》。
	三月，噶瑪蘭地區和興及福興二閒挑夫械鬥；和興大獲全勝，後聞官兵將屆，又演為抗官事件。九月初臺灣鎮劉廷斌、海防同知王衍慶，廳士紳林平侯前來督捕〔註22〕，此事件在連橫《臺灣通史》記為「秋八月，噶瑪蘭挑夫械鬥，平之。」不知所據為何〔註23〕？
	詔禁各省種賣鴉片，從閩浙總督孫爾準之奏也。犯者照興販阿片煙之例，發近邊充軍。為從，仗一百，徒三年。〔註24〕。
	彰化地區發生「王溪水案」，因意圖搶劫而起，以抗官拒捕構成叛案作結。〔註25〕
道光十一年 （1831）	正月二十二日，以魏元烺為福建巡撫。
	閩、粵人合資設金廣福墾號，設隘防番，向內山拓墾〔註26〕。金廣福墾號位於新竹東南丘陵一帶，地勢雖不高，但因生番出沒頻繁，及灌溉水源取得不易，以致開墾進度緩慢。「據說『金』字代表由官方給予保護資助之意，『廣』（廣東）代表粵人，『福』（福建）代表閩人。因此，金廣福不是一個單純的墾號，還負有開疆拓土、防禦番人的責任，甚至連墾區內的治安、警察事宜，也都一手包辦。」〔註27〕

〔註20〕 見吳密察監修，《臺灣史小事典》，遠流出版事業股份有限公司，2000 年 9 月，頁 64。

〔註21〕 見吳密察監修，《臺灣史小事典》，遠流出版事業股份有限公司，2000 年 9 月，頁 65。但連橫《臺灣通史》卻作道光八年，見連橫，《臺灣通史》〈經營志〉，眾文圖書公司，1994 年 5 月一版二刷，頁 79。

〔註22〕 見陳叔均，《噶瑪蘭廳志》〈武備〉，頁 184～185、〈風俗〉，頁 196、184～185；〈祥異〉，頁 133，參考金智，《清代嘉慶、道光朝臺灣社會動亂的研究（1796～1850）》，國立成功大學歷史語言研究所碩士論文，1995 年 6 月，頁 83～86。

〔註23〕 見連橫，《臺灣通史》〈經營志〉，眾文圖書公司，1994 年 5 月一版二刷，頁 79。

〔註24〕 見連橫，《臺灣通史》〈經營志〉，眾文圖書公司，1994 年 5 月一版二刷，頁 79。

〔註25〕 此事件見姚瑩，《東槎紀略》，頁 1，並參考金智，《清代嘉慶、道光朝臺灣社會動亂的研究（1796～1850）》，國立成功大學歷史語言研究所碩士論文，1995 年 6 月，頁 60。

〔註26〕 見吳密察監修，《臺灣史小事典》，遠流出版事業股份有限公司，2000 年 9 月，頁 65。

〔註27〕 見吳密察監修，《臺灣史小事典》，遠流出版事業股份有限公司，2000 年 9 月，頁 65。

	淡水同之婁雲頒保甲莊規〔註28〕。
道光十二年 （1832）	二月十八日，閩浙總督孫爾準卒，以程祖洛爲閩浙總督。
	夏五月，減福建水陸各營及浙江馬步兵有差。
	七月，賑福建澎湖廳風災。詔緩澎湖雜項。
	秋八月，大風雨，近海田廬多沒〔註29〕。
	十月，發生「張丙事件」，主要發生地在嘉義縣境。鳳山及彰化縣都受到波及，往北也波及到淡水廳。張丙是「漳州南靖人，居嘉義三世，爲庖仔口魚牙：素本無賴，好結納亡命，一呼數百人，與群盜相往來，能庇之。又以小忠小信庇其鄉鄰，遂著名。」〔註30〕起因是「嘉義縣迤北閩、粵莊民，因強牽牛隻起釁；旋有閩莊匪徒造謠煽惑，陳辦（陳連、張丙、詹通、黃奉）等乘機糾紛，欲攻雙溪口粵莊」，分爲「北路賊」與「南路賊」，「張丙倡亂嘉義，戕知縣、知府，圍嘉義城，困總兵匝月，破鹽水港，劫軍火器械於曾文溪，彰化黃城陷斗六門，是爲北路賊。鳳山許成、臺灣林海攻鳳山、奪羅漢門應張丙，爲南路賊。」〔註31〕後來事情鬧大，弄得知府呂志恒、知縣邵用之被戕，因此閩浙總督程祖洛必須如其前任孫爾準馳往廈門，前赴臺灣。同時，也由內地調兵遣將（調到西安馬隊及河南、四川、貴州的士兵；後因事平，中途撤回），並派瑚松額爲欽差大臣，馳驛前進。冬十一月初六，命署福州將軍瑚松額爲欽差大臣、都統哈盡阿爲參贊大臣，赴臺灣勦匪。直到道光十三年（1833），漸告平定〔註32〕。

〔註28〕 見連橫，《臺灣通史》〈經營志〉，眾文圖書公司，1994 年 5 月一版二刷，頁79。

〔註29〕 見連橫，《臺灣通史》〈經營志〉，眾文圖書公司，1994 年 5 月一版二刷，頁79。

〔註30〕 見陳衍，《臺灣通紀》卷三，《福建通紀》卷十六～十八，臺灣銀行經濟研究室，1961 年。

〔註31〕 見陳衍，《臺灣通紀》卷三，《福建通紀》卷十六～十八，臺灣銀行經濟研究室，1961 年。

〔註32〕 《臺案彙錄甲集》弁言提到卷二的收錄：「道光十二年（1832），張丙、詹通等起事，臺灣府知府呂志恒和嘉義縣知縣邵用之先後被戕；尤以斗六門縣丞方振聲、守備馬步衢等員弁並家屬幕友死難最烈。所以事後由福州將軍瑚松額和閩浙總督程祖洛渡臺查勘。他們曾查明這次事變的起因和臺灣鎮、道以下平日居官的情形；又曾爲斗六門殉難員弁請予獎卹、擇地建祠；又曾查明『勦匪』出力和戰守無方的文武員弁，分別奏請獎懲。最後還由程祖洛奏上〈酌籌臺灣善後事宜摺〉，列舉二十條改善的辦法，目的在於杜絕亂源。這個奏摺經過大學士曹振鏞等逐條審議，大都認爲可行。於是張丙滋事案纔算告一段落。」也提到「至於張丙等如何起事，官軍如何『勦捕』，都沒有參考資料；只從明清史料戊編裏找到福建陸路提督馬濟勝報告續獲勝仗、生擒股首詹通的一個奏摺，和江西巡撫周之琦奏聞預備支應川兵過境、轉閩入臺的一個附片，是和當時『官軍勦匪』有關的片段資料。後來在道光十八年十二月間，臺灣鎮總兵達洪阿等帶領軍隊從嘉義縣的庖仔口分三路深入內山，捉到曾充張丙旗腳的鄭七，其時正打著『山東大王』的名號想聚眾滋事。」見臺灣銀行經濟研究室，1959 年。

	這一次事件中，「前任提督子爵王得祿率家屬勸諭連莊建義旗獲賊，賞加太子少保銜。總督程祖洛賞戴花翎。守城殺賊從事文武官弁及紳士義勇之出力者，前後賞戴花翎藍翎、遷擢有差。臺灣鎮道俱被議。後劉廷斌以病卒於軍。平慶因病乞休，調興泉永道周凱署臺灣道事。六月，瑚公內渡，以次撤兵。七月，程公善後事宜竣，巡閱北路而歸。凱以七月抵任，與總兵張琴搜斬餘匪逸盜四十餘人，十二月回任。（《內自訟齋文集》）。」〔註33〕
	冬十一月初六，命署福州將軍瑚松額爲欽差大臣、都統哈盞阿爲參贊大臣，赴臺灣勦匪。直到道光十三年（1833），漸告平定〔註34〕。
道光十三年 （1833）	正月初五，臺灣嘉義匪首陳辦伏誅。
	四月初二，樂善遷福州將軍。
	七月初二，免福建臺匪滋擾之四縣暨淡水廳抄叛各產租穀。
	八月，淡水漳泉械鬥，平之〔註35〕。
	十月，府城一帶發生「許戇成事件」〔註36〕。林振及許戇成涉嫌散布謠言，使人心浮動，準備起事，後爲臺灣道周凱訪查，由臺灣鎮總兵張琴率兵丁於噍吧哖捕獲許戇成，終在事件未發生前平定〔註37〕。

〔註33〕 見陳衍，《臺灣通紀》卷三，《福建通紀》卷十六～十八，臺灣銀行經濟研究室，1961 年。

〔註34〕 《臺案彙錄甲集》弁言提到卷二的收錄：「道光十二年（1832），張丙、詹通等起事，臺灣府知府呂志恒和嘉義縣知縣邵用之先後被戕；尤以斗六門縣丞方振聲、守備馬步衢等員弁並家屬幕友死難最烈。所以事後由福州將軍瑚松額和閩浙總督程祖洛渡臺查勘。他們曾查明這次事變的起因和臺灣鎮、道以下平日居官的情形；又曾爲斗六門殉難員弁請予獎卹、擇地建祠；又曾查明『勦匪』出力和戰守無方的文武員弁，分別奏請獎懲。最後還由程祖洛奏上〈酌籌臺灣善後事宜摺〉，列舉二十條改善的辦法，目的在於杜絕亂源。這個奏摺經過大學士曹振鏞等逐條審議，大都認爲可行。於是張丙滋事案纔算告一段落。」也提到「至於張丙等如何起事，官軍如何『勦捕』，都沒有參考資料：只從明清史料戊編裏找到福建陸路提督馬濟勝報告續獲勝仗、生擒股首詹通的一個奏摺，和江西巡撫周之琦奏聞預備支應川兵過境、轉閩入臺的一個附片，是和當時『官軍勦匪』有關的片段資料。後來在道光十八年十二月間，臺灣鎮總兵達洪阿等帶領軍隊從嘉義縣的店仔口分三路深入內山，捉到曾充張丙旗腳的鄭七，其時正打著『山東大王』的名號想聚眾滋事。」

〔註35〕 見連橫，《臺灣通史》〈經營志〉，眾文圖書公司，1994 年 5 月一版二刷，頁80。

〔註36〕 此事件見王先謙《十二朝東華錄》（道光朝）卷七，參考劉妮玲《清代臺灣民變研究》，國立臺灣師範大學歷史研究所專刊（九），1983 年 9 月，頁 246～247、金智，《清代嘉慶、道光朝臺灣社會動亂的研究（1796～1850）》，國立成功大學歷史語言研究所碩士論文，1995 年 6 月，頁 64～65。

〔註37〕 此事件見王先謙《十二朝東華錄》（道光朝）卷七，參考劉妮玲《清代臺灣民變研究》，國立臺灣師範大學歷史研究所專刊（九），1983 年 9 月，頁 246～247、金智，《清代嘉慶、道光朝臺灣社會動亂的研究（1796～1850）》，國立

	北路發生閩粵械鬥，婁雲在《莊規禁約》提到「道光十三年，塹北桃仔園一帶，閩粵各莊，造謠分類，互相殘殺。塹南銅鑼灣、蛤仔市等處，靠山粵匪，無故焚毀閩莊，公然掠搶。」直到淡水十六年婁雲出任淡水同知，這一械鬥仍未平息〔註38〕。
道光十四年 （1834）	一月，從閩浙總督程祖洛奏，定下臺灣善後事宜二十條。
	三月，彰化地區發生「陳長案」〔註39〕，陳長居犂頭店（今臺中市南屯），因該地米價昂貴，引發民怨，陳長結合林昆，準備滋事，後為臺灣鎮守所獲。〔註40〕
	四月，嘉義縣許戇成等「妄稱僞號」，「拏獲正法」。
	「北路左營」改制為「嘉義營」〔註41〕。
	淡水廳爆發閩粵械鬥，亂事持續到道光二十年〔註42〕。這一事件是由鳳山縣彎彎大莊釀事〔註43〕。築後壟城，為械鬥也〔註44〕。
道光十五年 （1835）	詔蠲十年以前未納正供〔註45〕。
道光十六年 （1836）	七月，以鍾祥為閩浙總督（《東華錄》）。
	十月府城下茄苳（今臺南縣後壁鄉）發生「沈知案」，「嘉義縣下加冬匪徒沈知等聚眾焚搶糧館，把總柯青山擊賊被戕；參將保芝琳、知縣陳文起率兵捕獲之，餘黨悉平（《道光通志》）」〔註46〕，旋被總兵達洪阿平定。

成功大學歷史語言研究所碩士論文，1995 年 6 月，頁 64～65。

〔註38〕 見陳淑均，《噶瑪蘭廳志》〈職官〉，頁 64，參考金智，《清代嘉慶、道光朝臺灣社會動亂的研究（1796～1850）》，國立成功大學歷史語言研究所碩士論文，1995 年 6 月，頁 86。

〔註39〕 此事件見周凱《內自訟齋文選》，頁 13，參考金智，《清代嘉慶、道光朝臺灣社會動亂的研究（1796～1850）》，國立成功大學歷史語言研究所碩士論文，1995 年 6 月，頁 65。

〔註40〕 此事件見周凱《內自訟齋文選》，頁 13，參考金智，《清代嘉慶、道光朝臺灣社會動亂的研究（1796～1850）》，國立成功大學歷史語言研究所碩士論文，1995 年 6 月，頁 65。

〔註41〕 見吳密察監修，《臺灣史小事典》，遠流出版事業股份有限公司，2000 年 9 月，頁 65。

〔註42〕 見吳密察監修，《臺灣史小事典》，遠流出版事業股份有限公司，2000 年 9 月，頁 65。

〔註43〕 參考劉妮玲，《清代臺灣民變研究》，國立臺灣師範大學歷史研究所碩士論文，頁 247。

〔註44〕 見連橫，《臺灣通史》〈經營志〉，眾文圖書公司，1994 年 5 月一版二刷，頁 80。

〔註45〕 見連橫，《臺灣通史》〈經營志〉，眾文圖書公司，1994 年 5 月一版二刷，頁 80。

〔註46〕 此事件亦可見周凱《內自訟齋文選》，參考金智，《清代嘉慶、道光朝臺灣社

道光十七年 （1837）	二月初七，福建嘉義縣教匪沈知等作亂，捕誅之。
道光十八年 （1838）	八月十五日有「蔡水藤案」，蔡水藤住彰化縣葫蘆墩（今臺中縣豐原），曾與張心等人結夥強劫，官府嚴予緝擊，蔡水藤欲以結黨自保，後被官府訪查破獲〔註47〕。
	八月底在彰化西螺（今雲林縣西螺）發生「賴三案」，後爲姚瑩及洪達阿所破〔註48〕。
	九月在佳里興（今臺南縣佳里鎮）有「呂寬案」，目的在抗官，後爲佳里興營汛派人查獲〔註49〕。
	九月十二日，有「張貢之亂」，至十一月二十八日始告平定〔註50〕。當時臺灣道姚瑩、臺灣鎮達洪阿，均參與此次事件的平亂。
	十一月時，嘉義地區發生「胡布案」，與陳參、楊丕、游擺生同起事。十一月二十八日，胡布被捕。道光十九年，游擺生被捕，事情才告平定〔註51〕。
	鳳山知縣曹謹倡議建築曹公圳〔註52〕。
	詔禁紋銀出洋。建文甲書院〔註53〕。
道光十九年 （1839）	三月，據奏又有「匪徒」胡布、洪保、蕭紅等攻汛戕兵，「謀反」未遂。
	四月初六，以吳文鎔爲福建巡撫。

會動亂的研究（1796～1850）》，國立成功大學歷史語言研究所碩士論文，1995年6月，頁65～66。

〔註47〕 此事件亦可見周凱《內自訟齋文選》，參考金智，《清代嘉慶、道光朝臺灣社會動亂的研究（1796～1850）》，國立成功大學歷史語言研究所碩士論文，1995年6月，頁66。

〔註48〕 此事件見姚瑩《東溟奏稿》，頁10，參考金智，《清代嘉慶、道光朝臺灣社會動亂的研究（1796～1850）》，國立成功大學歷史語言研究所碩士論文，1995年6月，頁66～67。

〔註49〕 此事件見姚瑩《東溟奏稿》，頁9，參考金智，《清代嘉慶、道光朝臺灣社會動亂的研究（1796～1850）》，國立成功大學歷史語言研究所碩士論文，1995年6月，頁67。

〔註50〕 此事件見姚瑩《東溟奏稿》，頁9，參考金智，《清代嘉慶、道光朝臺灣社會動亂的研究（1796～1850）》，國立成功大學歷史語言研究所碩士論文，1995年6月，頁67～68。

〔註51〕 此事件見姚瑩《東溟奏稿》，頁6～8、21，參考金智，《清代嘉慶、道光朝臺灣社會動亂的研究（1796～1850）》，國立成功大學歷史語言研究所碩士論文，1995年6月，頁68～69。

〔註52〕 見吳密察監修，《臺灣史小事典》，遠流出版事業股份有限公司，2000年9月，頁66。

〔註53〕 見連橫，《臺灣通史》〈經營志〉，眾文圖書公司，1994年5月一版二刷，頁80。

	五月十七日，臺灣府城地震、嘉義縣大震；官舍民屋多傾圮，斃百餘人（《東溟文後集》）。
	六月，總督鍾祥以赴泉州閱伍，關防被竊，奉旨革職；以桂良爲閩浙總督。
	七月十九日，命林則徐以禁販鴉片檄諭英吉利國及各國在粵洋商。
	全臺紳民響應禁煙運動〔註54〕。
	十二月，以鄧廷楨爲閩浙總督。
道光二十年（1840）	八月十九日，英人復侵福建廈門，提督陳階平等擊走之。
	九月，召鄧廷楨來京，以顏伯燾爲閩浙總督。
	冬十月，地大震，嘉義山崩〔註55〕。
	十二月二十三日，調吳文鎔爲湖北巡撫，以劉鴻翔爲福建巡撫。
道光二十一年（1841）	二月初六，以祁暨爲兩廣總督，怡良兼署。
	五月，顏伯燾奏：洋船兩處滋擾銅山，飛咨前任提督王得祿赴澎湖駐防（《東華錄》）。
	七月二十八日，英人陷福建廈門，總兵江繼芸等死之。八月初六，英人寇浙江。八月十日，英人去廈門。八月十六日，英人寇浙江雙澳、石浦等處，裕謙督兵擊走之。命怡良赴福建查辦軍務。九月，臺灣道姚瑩奏：草鳥匪船圖引洋船來臺滋擾，乘機行劫；督飭文武委員義首攻捕殲擒，一律肅清（《東溟奏稿》）。
	十月十一日，英船入臺灣海口，達洪阿等擊退之；命王得祿赴臺灣協勦。
	十二月二十九日，英船寇臺灣淡水雞籠，達洪阿等擊退之。
	給事中朱成烈奏開臺灣番地，於是議墾埔里社〔註56〕。
	九月五日發生於下茄苳（今臺南縣後壁鄉）的「江見案」，在九月二十二日，江見爲臺道總兵洪達阿所擒，其軍師陳疆不久也被嘉義縣挐獲〔註57〕。
	十月七日發生「陳沖案」，陳沖以曾參與張貢案的張從爲軍師，在鳳山縣觀音巖暨旗起事，並攻竿蓁林營汛（今高雄縣大社鄉觀音山附近），先有臺灣道姚瑩派兵往捕，陳沖逃至下淡水一帶繼續滋事，並糾人結「青龍會」，爲臺灣同知全卜年會同鳳山及臺灣知縣捕〔註58〕。

〔註54〕 見吳密察監修，《臺灣史小事典》，遠流出版事業股份有限公司，2000年9月，頁66。

〔註55〕 見連橫，《臺灣通史》〈經營志〉，眾文圖書公司，1994年5月一版二刷，頁81。

〔註56〕 見連橫，《臺灣通史》〈經營志〉，眾文圖書公司，1994年5月一版二刷，頁81。

〔註57〕 此事件見姚瑩《東溟奏稿》，頁19～21，參考劉妮玲《清代臺灣民變研究》，國立臺灣師範大學歷史研究所專刊（九），1983年9月，頁247～248、金智，《清代嘉慶、道光朝臺灣社會動亂的研究（1796～1850）》，國立成功大學歷史語言研究所碩士論文，1995年6月，頁69～70。

〔註58〕 此事件見姚瑩《東溟奏稿》，頁53，參考金智，《清代嘉慶、道光朝臺灣社會

道光二十二年（1842）	正月初七，楊國楨病免，以怡良為閩浙總督。
	二月，英軍復犯大安港，卻之。〔註59〕
	三月，草烏匪艇犯塹南各港。夏，淡水大有年〔註60〕。
	三月，彰化陳勇及黃馬趁機為亂，為「陳勇案」，於九月十五日平定〔註61〕。
	四月初五，英人復寇臺灣，達洪阿等擊走之；加達洪阿太子太保。
	九月三十日，璧昌遷福州將軍。
	十一月二十日，命怡良查辦達洪阿等妄殺被害洋人。
道光二十三年（1843）	三月二十四日，怡良奏達洪阿、姚瑩並無戰功，命褫職逮問；尋免達洪阿、姚瑩治罪。
	五月，以劉韻珂為閩浙總督。
	三月，臺灣縣民郭光侯等抗拒臺灣縣開徵錢糧，聚眾抗議，遭官兵圍勦〔註62〕。「郭光侯抗糧事件」中，「抗糧」指「拒絕繳納稅糧」，嘉慶之後開始准許臺灣的賦稅折現繳納。「然而原本繳納的穀物應該折合多少現銀，是由官方片面決定的，而官方制定的標準，往往和穀物的時價不同，藉以賺取其中的差額，等於變相增稅，常常引起農民不滿」〔註63〕，終於在道光二十四年時，在臺灣縣爆發爭議，「農民拒絕繳納現銀，紛紛將穀物搬運到臺灣府城，堆積在東門下。郭光侯是當地武生，為人頗富正義感，為了打抱不平，便出面率領民眾到府城抗議。官府認為他陰謀『反官』，下令緝捕，郭光侯只好偷渡離開臺灣，前往京師告狀。最後由御史陳慶鏞代訴，臺灣知縣因此遭到革職。郭光侯雖然洗刷了『反官』的罪名，但仍因『偵事』罪名被流放到邊疆。」〔註64〕
	全臺正供改徵折色。自歸清後，至是漢、番凡二百五十萬人〔註65〕。

動亂的研究（1796～1850）》，國立成功大學歷史語言研究所碩士論文，1995年6月，頁70～71。

〔註59〕見連橫，《臺灣通史》〈經營志〉，眾文圖書公司，1994年5月一版二刷，頁82。

〔註60〕見連橫，《臺灣通史》〈經營志〉，眾文圖書公司，1994年5月一版二刷，頁82。

〔註61〕此事件見姚瑩《東溟奏稿》，頁162，參考金智，《清代嘉慶、道光朝臺灣社會動亂的研究（1796～1850）》，國立成功大學歷史語言研究所碩士論文，1995年6月，頁71～72。

〔註62〕見吳密察監修，《臺灣史小事典》，遠流出版事業股份有限公司，2000年9月，頁67。

〔註63〕見吳密察監修，《臺灣史小事典》，遠流出版事業股份有限公司，2000年9月，頁67。

〔註64〕見吳密察監修，《臺灣史小事典》，遠流出版事業股份有限公司，2000年9月，頁67。

〔註65〕見連橫，《臺灣通史》〈經營志〉，眾文圖書公司，1994年5月一版二刷，頁82。

	三月，臺灣縣境木柵附近汛塘有「洪協之亂」。據劉韻珂奏：「嘉義縣巨匪洪協等糾眾豎旗謀逆，並有已革武生郭崇高合彩起事」；「接戰六次，殺斃賊匪一千餘名，將首逆洪協及股首林孕等先後擒獲」，最後則「分別正法」〔註66〕。
道光二十四年（1844）	三月，曾參與洪協案的葉周、余潮、高豔等人，因生活不繼，故又復出滋事，從事派飯、強奪、拒敵官兵之行為，是為「葉周案」，後經兵勇及義民查獲〔註67〕。
	夏四月，臺灣縣以徵折色故，保西里人譁變，詔逮知縣閻炘治罪〔註68〕。
	八月初，彰化發生「陳結案」，是為漳泉械鬥；嘉義匪徒也趁機滋事，引發另一波漳泉械鬥〔註69〕。
	八月，郭光侯因抗糧事件上京越級呈控，全案於次年九月終結〔註70〕。
道光二十五年（1845）	元月，彰化縣發生地震，民房坍塌四千餘間〔註71〕。
	二月二十三日，調惠吉為福建巡撫。
	三月，調吳其濬為福建巡撫。
	六月南部發生巨颱，海水倒灌，死亡三千餘人〔註72〕。
	六月十一日，賑臺灣彰化縣地震災民。
	八月，調鄭祖琛為福建巡撫、吳其濬為山西巡撫。（《東華錄》）

〔註66〕《臺案彙錄甲集》弁言提到卷二的收錄：「道光二十三年（1843）臺灣鎮、道向督、撫稟報『勤辦巨匪』洪協、楊英等情形的，一件是大學士穆彰阿等覆奏審擬郭洸侯一案供情的，一件是吏部議奏臺灣鎮、道、府應受處分的。原來洪協、楊英等人密謀起事被捕，供辭牽連到郭洸侯，郭洸侯實未與謀，地方官卻信以為真，到處追拏。郭洸侯就逃出臺灣，上京告狀；後來由大學士穆彰阿等訊明結案，因此前任臺灣鎮昌伊蘇、現任臺灣道熊一本和臺灣府仝卜年都受到處分。」見臺灣銀行經濟研究室，1959年。
〔註67〕此事件見《臺案彙錄甲集》，頁152，參考金智，《清代嘉慶、道光朝臺灣社會動亂的研究（1796～1850）》，國立成功大學歷史語言研究所碩士論文，1995年6月，頁73。
〔註68〕見連橫，《臺灣通史》〈經營志〉，眾文圖書公司，1994年5月一版二刷，頁82。
〔註69〕見《軍機處月摺包奏摺附錄》77774號，參考金智，《清代嘉慶、道光朝臺灣社會動亂的研究（1796～1850）》，國立成功大學歷史語言研究所碩士論文，1995年6月，頁87～89。
〔註70〕見吳密察監修，《臺灣史小事典》，遠流出版事業股份有限公司，2000年9月，頁67。
〔註71〕見吳密察監修，《臺灣史小事典》，遠流出版事業股份有限公司，2000年9月，頁68。
〔註72〕見吳密察監修，《臺灣史小事典》，遠流出版事業股份有限公司，2000年9月，頁68。

	十二月十一日，免臺灣道光二十年以前民欠租穀糧米。
	林國華建板橋林本源家弼益館〔註73〕。
道光二十六年（1846）	四月，諭內閣：臺灣又有「漳、泉民人分類械鬥，匪徒乘機焚搶」。
	十二月二十五日，調鄭祖琛爲廣西巡撫、徐繼畬爲福建巡撫。
	北路理番同知史密、巡道熊一本與閩浙總督劉韻珂等奏請解除水沙連六社開墾禁令，清廷不准〔註74〕。
	冬，淡水大有年〔註75〕。
道光二十七年（1847）	二月二十六日，以福建海盜劫殺洋商，命劉韻珂等搜捕。
	四月，閩浙總督劉韻珂渡臺巡閱，將艋舺文甲書院更名爲學海書院。英船抵雞籠，勘查附近煤礦〔註76〕。
	九月諭：「福建臺灣道熊一本著撤回內地酌補，所遺員缺著徐宗幹補授（《斯未信齋文編》）」。
	九月初十日，「淡水颶風大作，大雨滂沱；至十四日稍息。大加蚋、芝蘭、三貂、石定等四保，同時被水，倒壞民房，淹斃人口甚多；蓋藏米粟悉被漂流，橋道塘汛亦多沖塌（《斯未信齋文編》）。」
	十月十一月初八，臺灣郡城地震，由南而北，較往年爲重（《東華錄》）。
	臺灣縣鍾阿三、鄒戀狗、洪紀等以次謀亂，誅之〔註77〕。
	鳳山縣發生閩粵械鬥〔註78〕。
	淡水發生漳泉械鬥〔註79〕。

〔註73〕 見吳密察監修，《臺灣史小事典》，遠流出版事業股份有限公司，2000年9月，頁68。
〔註74〕 見吳密察監修，《臺灣史小事典》，遠流出版事業股份有限公司，2000年9月，頁68。
〔註75〕 見連橫，《臺灣通史》〈經營志〉，眾文圖書公司，1994年5月一版二刷，頁82。
〔註76〕 見吳密察監修，《臺灣史小事典》，遠流出版事業股份有限公司，2000年9月，頁68。
〔註77〕 見連橫，《臺灣通史》〈經營志〉，眾文圖書公司，1994年5月一版二刷，頁82。
〔註78〕 見《軍機處月摺包奏摺附錄》86649號，參考金智，《清代嘉慶、道光朝臺灣社會動亂的研究（1796～1850）》，國立成功大學歷史語言研究所碩士論文，1995年6月，頁89～90。
〔註79〕 林偉盛，《羅漢腳·清代臺灣社會與分類械鬥》，自立晚報社文化出版部，1993年3月，頁54。

道光二十八年（1848）	吳全墾拓花蓮之吳全城〔註80〕。
	徐宗幹任巡道，整吏治、議募兵、振士風、理屯務，多所更作〔註81〕。
道光二十九年（1849）	二月初二，命劉韻珂撫恤臺灣北路水災、震災。
	四月二十一日美國東印度艦隊司令派遣船隻駛臺，五月五日抵達雞籠港，取得優良煤炭樣品，乃建議美國與中國交涉建置儲煤站於雞籠〔註82〕。
	十一月十七日，臺灣嘉義縣匪徒吳吭等作亂，捕誅之。
道光三十年（1850）	三月二十六日英國船艦駛入雞籠港要求購煤被拒，三十日離去。臺灣兵備道徐宗幹訂定「全臺紳民公約」六條，以禁絕英國鴉片的輸入。〔註83〕
	夏六月，淡水大水，澎湖災，官民辦賑，下旨嘉獎〔註84〕。
	十一月十七日，劉韻珂免，以裕泰爲閩浙總督。
	嘉義尖山保地方發生「王湧案」，後爲嘉義知縣丁曰健查擊〔註85〕。
	彰化發生漳泉械鬥，起因爲漳泉口角〔註86〕。
咸豐元年（1851）	元月，清廷重申臺灣禁採煤礦、硫磺的命令。英國駐廈門領事巴夏禮至雞籠視察〔註87〕。
	三月，閩浙總督裕泰奏：「漳、泉會匪已獲要犯多名，現在提省審辦，並密派委員赴臺查禁私礦（《東華錄》）」。
	澎湖廳初四日至初六日風霾大作，刮起海水，遍地飛洒，土人稱爲鹹雨；瘠土皆成斥鹵。最重之處，所種雜糧苗葉枯萎，收成無望（《斯未信齋文編》）。
	四月，修福建臺灣廠戰船，從總督裕泰請也（《東華錄》）。

〔註80〕 見吳密察監修，《臺灣史小事典》，遠流出版事業股份有限公司，2000 年 9 月，頁 68。

〔註81〕 見連橫，《臺灣通史》〈經營志〉，眾文圖書公司，1994 年 5 月一版二刷，頁 82。

〔註82〕 見吳密察監修，《臺灣史小事典》，遠流出版事業股份有限公司，2000 年 9 月，頁 68。

〔註83〕 見吳密察監修，《臺灣史小事典》，遠流出版事業股份有限公司，2000 年 9 月，頁 69。

〔註84〕 見連橫，《臺灣通史》〈經營志〉，眾文圖書公司，1994 年 5 月一版二刷，頁 82。

〔註85〕 此事件見《軍機檔·道光朝》72404～72406 號，參考金智，《清代嘉慶、道光朝臺灣社會動亂的研究（1796～1850）》，國立成功大學歷史語言研究所碩士論文，1995 年 6 月，頁 73～74。

〔註86〕 林偉盛，《羅漢腳·清代臺灣社會與分類械鬥》，自立晚報社文化出版部，1993 年 3 月，頁 54。

〔註87〕 見吳密察監修，《臺灣史小事典》，遠流出版事業股份有限公司，2000 年 9 月，頁 69。

	五月十九日，以王懿德爲福建巡撫（《王靖毅年譜》），以季芝昌爲閩浙總督（《東華錄》）。
	八月，以辦理福建噶瑪蘭開墾出力，予通判朱材哲等升賞有差。
	九月，閩浙總督兼署福建巡撫季芝昌因病賞假，以調任福州將軍裕瑞兼署閩浙總督、布政使慶瑞暫護福建巡撫。
	十月，緩徵福建臺灣澎湖被風雹鹹雨災民地種、船網滬繪銀（《東華錄》）。
	同年有「洪紀之亂」，「臺匪洪紀等糾黨樹旗謀反，以紅布條各掛襟紐爲號；先在嘉義縣屬官骹、六甲等莊派飯索銀，沿途搶掠。經臺灣鎮、道葉紹春、徐宗幹督飭文武員弁併力攻勦，斃匪無算；先後生擒四大股首僞大元帥洪紀、總大哥林鬧、僞副元帥林仰、李兆基、僞軍師胡枝梅、僞先鋒林單、顏耀、分股首陳潮及僞旗首旗腳一百餘名，正法梟示。其脅犯及聞拿投首者，分別遣發、徒杖有差（《斯未信齋文編》）。」
	西洋輪船始來滬尾、雞籠互市，照例納稅〔註88〕。
	嘉義縣（今臺南縣）一帶發生「林鬧案」，趁年歲豐收與地方清莊，無處容身之際，糾眾搶掠〔註89〕。
咸豐二年（1852）	五月，以王懿德兼署閩浙總督（《王靖毅年譜》）。
	六月，命升任福州將軍桂良來京，以閩浙總督季芝昌兼署福州將軍（《東華錄》）。
	澎湖大風，臺灣鄉試之船溺於草嶼〔註90〕。
	發生「羅阿沙事件」，「臺灣道徐宗幹奏：臺匪羅阿沙等戕官倡亂，現飭中營游擊夏汝賢、水師營弁李朝祥統帶水陸營兵勇，會合屯丁義首，由南路進勦，斃匪無算，生擒匪犯一百七十餘名。鳳山縣城，業經克復。又會同鎮營北路攻勦，焚燬羅阿沙僞帥府，搜出僞印、袍甲、旗械、槍砲，先後生擒僞大元帥羅阿沙、賴棕僞副元帥、僞將軍、僞軍師、僞先鋒及大股首，並戕官正犯夥匪四百餘名，分別審辦，凌遲斬梟。地方現漸肅清（《斯未信齋文編》）。」
	十月十五日，季芝昌免，以吳文鎔爲閩浙總督（《吳文節公遺集年譜》）。
	十一月，李祺生續修《噶瑪蘭廳通志》付梓〔註91〕。
	臺灣縣發生轎夫械鬥，起因爲轎夫爭路互鬥〔註92〕。

〔註88〕見連橫，《臺灣通史》〈經營志〉，眾文圖書公司，1994 年 5 月一版二刷，頁82。

〔註89〕參考劉妮玲「清代臺灣民變表」，見《清代臺灣民變研究》，國立臺灣師範大學歷史研究所專刊（九），1983 年 9 月，頁 117。

〔註90〕見連橫，《臺灣通史》〈經營志〉，眾文圖書公司，1994 年 5 月一版二刷，頁83。

〔註91〕見吳密察監修，《臺灣史小事典》，遠流出版事業股份有限公司，2000 年 9 月，頁 69。

〔註92〕林偉盛，《羅漢腳·清代臺灣社會與分類械鬥》，自立晚報社文化出版部，1993 年 3 月，頁 54。

咸豐三年 （1853）	三月十六日，以施得高爲福建水師提督。
	三月，以福建巡撫王懿德兼署閩浙總督。
	四月發生「林恭案」〔註93〕，鳳山林恭在蕃薯寮（今高雄縣旗山）起事，戕臺灣令高鴻飛、嘉義令王廷幹。是趁內地太平天國起事，豎旗糾眾爲亂的事件，地點遍及鳳山、臺灣、嘉義及彰化諸縣。五月初八，王懿德奏海澄會匪陷同安、安谿、廈門，嚴飭之。六月，以福州將軍有鳳兼署閩浙總督（《東華錄》）。
	五月十一日，發生「曾雞角之亂」，「臺灣副將曾天明、都司凌敬會同副將呂大陞擊賊於嘉義，大敗之；收復縣城，獲僞中路元帥曾雞角、僞軍師吳海、僞先鋒石乞食、股首汪大忒正法（《王靖毅年譜》）。」
	五月，大屯山鳴三晝夜。〔註94〕
	六月，大風雨。淡水漳、泉分類械鬥。鑄咸豐錢〔註95〕。
	七月，御史陳慶鏞奏：「臺灣土匪於五月十二日攻臺灣府城，經商人等登城拒守，並合民勇殺賊五、六百名；……該御史又稱臺灣在籍前任禮部員外郎鄭用錫、候補主事施瓊芳、候補道林國華、道職林占梅均堪辦理團練勸捐事宜，著該署督等諭令該紳士等或捐貲助餉、或出力督團；但使地方肅清，必當優加獎勵（《東華錄》）。」
	八月，「調閩浙總督吳文鎔爲湖廣總督，以署四川總督慧成爲閩浙總督；未到任前，仍以福州將軍有鳳署理（《東華錄》）。」
	八月十四日，宜蘭吳磋、林汶英抗糧反官，噶瑪蘭通判董正官遇害〔註96〕。九月「臺灣道徐宗幹奏：續獲戕官首犯林恭等二百餘名，並搜出鳳山縣典史、巡檢印顆。內有總僞先鋒吳阿班，訊係內營水師革兵，曾入小刀會；供認勾結廈匪，密約洋匪首紀貓生糾黨，於秋間赴臺接應。隨飛移安平澎湖協副將、艋舺營參將協同各廳、縣兵勇加意防捕；旋捕獲洋匪紀貓生等三十餘犯，均供認前情不諱，分別審辦。水陸各營現仍嚴密巡防，需餉接濟。歸莊難民，正在集捐籌恤（《斯未信齋奏疏》）。」徐宗幹奏：「行抵鳳山，審明續獲大股首林芳等二十六名，就地正法。又周歷被匪焚燬之阿猴、萬丹、阿里港各莊，據各鄉民控訴，粵眾勦賊，不無波及滋擾；已將粵莊丁勇撤退。又繞道至山豬門等處閩、粵雜處各莊，妥爲安撫。又附奏噶瑪蘭通判董正官會營勦賊遇害（《斯未信齋奏稿》）。」
	淡水廳發生頂下郊拼，福建同安人敗退，移居大稻埕〔註97〕。

〔註93〕 參考劉妮玲「清代臺灣民變表」，見《清代臺灣民變研究》，國立臺灣師範大學歷史研究所專刊（九），1983 年 9 月，頁 117。

〔註94〕 見連橫，《臺灣通史》〈經營志〉，眾文圖書公司，1994 年 5 月一版二刷，頁 83。

〔註95〕 見連橫，《臺灣通史》〈經營志〉，眾文圖書公司，1994 年 5 月一版二刷，頁 83。

〔註96〕 見吳密察監修，《臺灣史小事典》，遠流出版事業股份有限公司，2000 年 9 月，頁 69。

〔註97〕 見吳密察監修，《臺灣史小事典》，遠流出版事業股份有限公司，2000 年 9 月，頁 69。

	彰化發生漳泉械鬥，主因開溝引起分類〔註 98〕。「頂下郊拼」起自咸豐三年，持續到咸豐九年，是蔓延艋舺一帶的大型械鬥。「事件的起因據說是因買菜口角所引起，但眞正擴大的原因卻是同安人的『下郊』想藉此奪取三邑人『頂郊』的地盤。」〔註 99〕後來下郊爲頂郊所擊潰，在淡水河下游的大稻埕建立新聚落，不久因爲開港貿易興盛，大稻埕反而取代艋舺的商業地位。
咸豐四年（1854）	春正月，淡水閩、粵分類械鬥〔註 100〕。
	正月十九日，以王懿德爲閩浙總督、呂佺孫爲福建巡撫。並以王懿德兼福建巡撫（《東華錄》）。
	三月，副將曾玉明獲臺灣噶瑪蘭匪首吳磋於中心崙，誅之（《王靖毅年譜》）〔註 101〕。
	四月，海寇黃位入據雞籠，平之。美國水師提督彼理來遊〔註 102〕。
	四月，嘉義縣（今嘉義）賴脣在嘉義布袋嘴莊糾眾舉事〔註 103〕。
	美船馬其頓號駛入雞籠，調查遭船難之美國人，並勘查雞籠煤礦。
	閏七月，福建小刀會匪黃位竄入雞籠，被曾玉明擊退，霧峰林文察在此役中嶄露頭角〔註 104〕。
	十二月，總督王懿德上「按戶抽丁，窒礙難行」疏。
咸豐五年（1855）	二月甲午朔，王懿德奏：「夷商來閩販茶，租賃民房久居，藉收茶稅」，從之。
	三月，「逸賊黃位勾澄海外砂鄉巨匪黃興順擾廈門、淡水廳雞籠頭暨廣東澄海、九龍砲臺等處，劫掠漁商。署南澳鎮總兵陳應選、紳士洪鳳翔、謝友德、顧紹榮、詹廷光雇商船伏兵誘之於萊蕪洋，擊沉匪艇三十餘隻、獲其九，生擒賊夥王阿鱉等三十六名；興順逸放雞洋（《王靖毅年譜》）。」
	五月初五，卹福建陣亡知縣高鴻飛入祀京師昭忠祠，並於臺灣建祠。

〔註98〕林偉盛，《羅漢腳‧清代臺灣社會與分類械鬥》，自立晚報社文化出版部，1993年 3 月，頁 55。

〔註99〕見吳密察監修，《臺灣史小事典》，遠流出版事業股份有限公司，2000 年 9 月，頁 69。

〔註100〕見連橫，《臺灣通史》〈經營志〉，眾文圖書公司，1994 年 5 月一版二刷，頁 83。

〔註101〕見吳密察監修，《臺灣史小事典》，遠流出版事業股份有限公司，2000 年 9 月，頁 69。

〔註102〕見連橫，《臺灣通史》〈經營志〉，眾文圖書公司，1994 年 5 月一版二刷，頁 83。

〔註103〕見丁紹儀《東瀛識略》，頁 94，參考劉妮玲「清代臺灣民變表」，見《清代臺灣民變研究》，國立臺灣師範大學歷史研究所專刊（九），1983 年 9 月，頁 117、248。

〔註104〕見吳密察監修，《臺灣史小事典》，遠流出版事業股份有限公司，2000 年 9 月，頁 69。

	械鬥未息。枋橋、房裏各築城。十二月，淡水雨、雹〔註105〕。
	七月嘉義縣（今雲林）發生「林房案」，攻入斗六門，殺害縣丞陸仕興，隨即「經官兵迅速掩捕，陸續將首要各犯殲除淨盡」〔註106〕。
	十月，鳳山縣（今高雄縣）則發生「王辦案」，同樣為豎旗集眾〔註107〕。
咸豐六年 （1856）	艋舺青山宮創建，主祀靈安尊王〔註108〕。
咸豐七年 （1857）	正月，以慶瑞為福建巡撫。
	春正月，淡水大雪〔註109〕。
	正月二十六日，葉名琛奏防勦英夷獲勝；得旨：「控制外夷，非內地可比；定海前事，可取為鑒。其務操縱得宜，勿貽後悔；朕不為遙制也。下蘇、直、閩、浙各督撫知之」。
	十月二十七日，以楊載福為福建陸路提督。
	十二月十三日，英人入廣東省城劫總督葉名琛以去；詔革名琛職，以黃宗漢為兩廣總督、柏貴署理。
咸豐八年 （1858）	正月初九，敕王懿德籌備海防。
	六月八日英人郇和（Robert Swinhoe）乘英艦抵臺勘察煤礦。六月，中國分別與美國、英國、法國簽訂《天津條約》，臺灣正式開埠。霧峰林家開始興建宮保第〔註110〕。
	九月，以瑞璸為福建巡撫。
	十一月，瑞璸因病乞假，以慶端兼署福建巡撫（《東華錄》）。
	黃位又犯雞籠。英人始訂約採腦〔註111〕。

〔註105〕 見連橫，《臺灣通史》〈經營志〉，眾文圖書公司，1994 年 5 月一版二刷，頁83。

〔註106〕 見丁紹儀《東瀛識略》，頁90，參考劉妮玲「清代臺灣民變表」，見《清代臺灣民變研究》，國立臺灣師範大學歷史研究所專刊（九），1983 年 9 月，頁117、248。

〔註107〕 見丁紹儀《東瀛識略》，頁90，參考劉妮玲「清代臺灣民變表」，見《清代臺灣民變研究》，國立臺灣師範大學歷史研究所專刊（九），1983 年 9 月，頁117、249。

〔註108〕 見吳密察監修，《臺灣史小事典》，遠流出版事業股份有限公司，2000 年 9 月，頁70。

〔註109〕 見連橫，《臺灣通史》〈經營志〉，眾文圖書公司，1994 年 5 月一版二刷，頁83。

〔註110〕 見吳密察監修，《臺灣史小事典》，遠流出版事業股份有限公司，2000 年 9 月，頁70。

〔註111〕 見連橫，《臺灣通史》〈經營志〉，眾文圖書公司，1994 年 5 月一版二刷，頁83。

咸豐九年 （1859）	四月三日，大稻埕霞海城隍廟落成〔註112〕。
	四月二十二日，王懿德免，以慶端爲閩浙總督、羅遵殿爲福建巡撫。
	五月十八日，西班牙道明會教士郭德剛、何保祿抵臺宣教〔註113〕。
	六月初十，以李若珠爲福建陸路提督。
	六月十一日，何桂清奏：英、法陸續回滬。
	九月七日，淡水廳港仔嘴、加蚋仔、枋橋各地發生漳泉械鬥，加蚋仔遭毀。〔註114〕
	陳維英中舉人〔註115〕。
	十月二十二日，美使請開潮州、臺灣通商口岸。
咸豐十年 （1860）	開滬尾、雞籠、安平、旗後爲商埠，從八年英法之約也〔註116〕。
	普國兵船愛爾比至琅嶠，爲生番所阻，開礮擊之〔註117〕。
	八月，澎湖大風，下鹹雨，壞屋覆船〔註118〕。
	九月，北部械鬥再起，漳人攻入新莊，波及大坪頂及桃仔園一帶〔註119〕。
	景美「集應廟」創建，主祀保儀尊王〔註120〕。
	《北京條約》簽訂，規定開放臺灣安平及淡水二口爲通商口岸。英國在臺灣設立領事館〔註121〕。

〔註112〕見吳密察監修，《臺灣史小事典》，遠流出版事業股份有限公司，2000 年 9 月，頁 71。

〔註113〕見吳密察監修，《臺灣史小事典》，遠流出版事業股份有限公司，2000 年 9 月，頁 71。

〔註114〕見吳密察監修，《臺灣史小事典》，遠流出版事業股份有限公司，2000 年 9 月，頁 71。

〔註115〕見吳密察監修，《臺灣史小事典》，遠流出版事業股份有限公司，2000 年 9 月，頁 71。

〔註116〕見連橫，《臺灣通史》〈經營志〉，眾文圖書公司，1994 年 5 月一版二刷，頁 83。

〔註117〕見連橫，《臺灣通史》〈經營志〉，眾文圖書公司，1994 年 5 月一版二刷，頁 83。

〔註118〕見連橫，《臺灣通史》〈經營志〉，眾文圖書公司，1994 年 5 月一版二刷，頁 83。

〔註119〕見吳密察監修，《臺灣史小事典》，遠流出版事業股份有限公司，2000 年 9 月，頁 72。

〔註120〕見吳密察監修，《臺灣史小事典》，遠流出版事業股份有限公司，2000 年 9 月，頁 72。

〔註121〕見吳密察監修，《臺灣史小事典》，遠流出版事業股份有限公司，2000 年 9 月，頁 72。

	怡和洋行及 DENT 洋行進駐臺灣〔註 122〕。
咸豐十一年 （1861）	十一月，郇和由廈門乘艦抵打狗，轉至臺灣府，於滬尾開設海關〔註 123〕。
	十二月，英國領事館由臺灣府遷至滬尾〔註 124〕。
	德剛至萬金庄向平埔族傳教〔註 125〕。
	郭臺灣道實行樟腦專賣制度〔註 126〕。
	新設全臺釐金局，歸臺灣道管轄〔註 127〕。「釐金之設，始於道光之季。時當軍事旁午，徵賦爲難，故爲權宜之計，取以助軍。凡貨物出入，照擔徵收，不論粗細，故謂之釐。……以阿片爲大宗。」〔註 128〕
	淡水發生「林國芳案」，是爲漳泉械鬥，主因爲爭土起佃而起〔註 129〕。
	十二月二十四日，襛閩浙總督慶端職，留任。
同治元年 （1862）	春正月，地大震〔註 130〕。
	正月十六日，撤慶端任，命耆齡赴閩接辦援浙軍務。以徐宗幹爲福建巡撫；未到任前，以學政屬恩官暫理。
	淡水發生蘇黃械鬥〔註 131〕。
	三月十七日戴潮春反清，十九日攻佔彰化。次月，林日成攻阿罩霧，陳弄攻鹿港、嘉義及大甲等地〔註 132〕。戴潮春字萬生，彰化人（原籍福建漳州龍

〔註 122〕見吳密察監修，《臺灣史小事典》，遠流出版事業股份有限公司，2000 年 9 月，頁 72。

〔註 123〕見吳密察監修，《臺灣史小事典》，遠流出版事業股份有限公司，2000 年 9 月，頁 72～73。

〔註 124〕見吳密察監修，《臺灣史小事典》，遠流出版事業股份有限公司，2000 年 9 月，頁 72～73。

〔註 125〕見吳密察監修，《臺灣史小事典》，遠流出版事業股份有限公司，2000 年 9 月，頁 72～73。

〔註 126〕見吳密察監修，《臺灣史小事典》，遠流出版事業股份有限公司，2000 年 9 月，頁 72～73。

〔註 127〕見吳密察監修，《臺灣史小事典》，遠流出版事業股份有限公司，2000 年 9 月，頁 72～73。

〔註 128〕見連橫，《臺灣通史》〈關征志〉，眾文圖書公司，1994 年 5 月一版二刷，頁 488。

〔註 129〕林偉盛，《羅漢腳・清代臺灣社會與分類械鬥》，自立晚報社文化出版部，1993 年 3 月，頁 56。

〔註 130〕見連橫，《臺灣通史》〈經營志〉，眾文圖書公司，1994 年 5 月一版二刷，頁 83。

〔註 131〕林偉盛，《羅漢腳・清代臺灣社會與分類械鬥》，自立晚報社文化出版部，1993 年 3 月，頁 56。

〔註 132〕見吳密察監修，《臺灣史小事典》，遠流出版事業股份有限公司，2000 年 9 月，頁 73。

	溪）。咸豐十一年（1861），招集黨羽，稱天地會，假名團練。同治元年（1862）三月間，官府嚴治會黨，潮春等輒舉事發難，占領彰化縣城，戕殺鎮、道等官員，稱帥稱王。各地附從份子，亦紛紛興起。後經巡道丁曰健、提督林文察、總兵曾玉明等統兵攻勦，直至四年（1865）才次第平定。就清代臺灣歷次重大的事變而言，這是第三次（第一次爲康熙六十年朱一貴事變，第二次爲乾隆五十二年林爽文事變；如以道光十二年張丙事變合計，應爲第四次），而其延續的時間較以往各次爲久。當戴潮春起事之前，正太平天國勢力擴展至浙江的時候，由於閩浙總督兼轄關係，曾募臺勇援浙。迨戴潮春變亂形成以後，清廷又有「各營臺勇聞變，不無內顧，誠恐別生事端」的困惑。直至三年（1864）六月間清兵攻陷金陵以後，太平天國的殘餘力量轉由江、閩邊境延伸至海濱漳州地區。當四年（1865）之初，戴潮春雖被誅戮已及一年，其餘份子尚圖掙扎；清廷又有「漳州一帶賊氛（按指太平天國侍王李世賢而言）尚熾，難保不勾結臺灣匪類乘機煽惑」的顧慮。在軍事指揮調度上，每把兩事聯在一起，不能截然劃分；因此，關於這一事件所選的範圍，亦較爲廣泛。至「戴案」是否與太平天國有關聯，乃是一個值得研究的問題，姑持保留態度〔註133〕。
	五月初四，徐宗幹勦臺灣匪。
	五月十一日，復大震，壞屋殺人〔註134〕。
	六月，以滬尾海關歸總稅務司管轄〔註135〕。
	六月八日，林向榮解嘉義之圍〔註136〕。
	七月十八日，淡水正式設關徵稅〔註137〕。
	七月二十三日，以慶端爲福州將軍、耆齡爲閩浙總督。
	八月二十七日，臺灣軍解嘉義圍。
	十月，頒全臺團練之制。詔蠲咸豐九年以前未徵正供〔註138〕。
	十一月初四，臺灣會匪陷斗六門。
同治二年 （1863）	一月，義守蔡宇攻牛罵頭〔註139〕。
	三月十八日，耆齡遷福州將軍；以左宗棠爲閩浙總督，節制兩省軍務。

〔註133〕周憲文，《清穆宗實錄選輯》弁言，臺灣銀行經濟研究室，1963年，頁1。
〔註134〕見連橫，《臺灣通史》〈經營志〉，眾文圖書公司，1994年5月一版二刷，頁83。
〔註135〕見連橫，《臺灣通史》〈經營志〉，眾文圖書公司，1994年5月一版二刷，頁83。
〔註136〕見吳密察監修，《臺灣史小事典》，遠流出版事業股份有限公司，2000年9月，頁73。
〔註137〕見吳密察監修，《臺灣史小事典》，遠流出版事業股份有限公司，2000年9月，頁73。
〔註138〕見連橫，《臺灣通史》〈經營志〉，眾文圖書公司，1994年5月一版二刷，頁83。
〔註139〕見吳密察監修，《臺灣史小事典》，遠流出版事業股份有限公司，2000年9月，頁73～74。

	四月，令耆齡即將所辦閩浙兩省防勦事宜及所部各軍移交左宗棠接辦。耆齡奏：臺灣官軍勦匪，添派曾元福馳往夾勦（《左恪靖伯奏稿》）。
	五月，竹塹林占梅辦理團練，收復大甲〔註 140〕。
	八月十五日，以勦辦臺灣賊匪調度乖方，褫吳鴻源職，逮問。
	八月二十五日，趣林文察渡臺勦匪。「林文察既籍隸臺灣，熟悉情形，即著該署提督揀練得力將士渡臺，聯絡紳團，速將該處匪徒殄滅；應需餉項，即飭福建藩司於援浙餉內酌量撥給。徐宗幹奏吳鴻源尚知奮勉，暫緩拏問，留營效力自贖。林文察署理水師提督，丁曰健補臺灣道（《東華續錄》）。」
	九月，福建陸路提督林文察帶兵返臺鎮壓戴潮春之亂。雞籠開設海關，成為淡水子口〔註 141〕。
	十月二十八日，英桂遷福州將軍。
	十二月二十三日，復彰化，臺灣兩路賊平。
	十月，新任臺灣兵備道丁曰健以兵至竹塹〔註 142〕。
	十一月，福建陸路提督林文察亦至，遂復彰化，斬潮春，餘黨漸平〔註 143〕。
	詔開淡水採礦之禁〔註 144〕。
同治三年（1864）	正月二十七日，彰化匪首戴萬生伏誅。
	三月初六，嘉義匪首林戀晟伏誅。
	三月，林文察率軍圍勦小埔心（在今彰化縣埤頭鄉）陳弄〔註 145〕。
	五月，打狗及安平開設海關〔註 146〕。
	美籍稅務司美里登（Meritens）要求開採煤礦，為福建巡撫徐宗幹、臺灣道丁曰健拒絕〔註 147〕。

〔註 140〕見吳密察監修，《臺灣史小事典》，遠流出版事業股份有限公司，2000 年 9月，頁 73～74。

〔註 141〕見吳密察監修，《臺灣史小事典》，遠流出版事業股份有限公司，2000 年 9月，頁 73～74。

〔註 142〕見連橫，《臺灣通史》〈經營志〉，眾文圖書公司，1994 年 5 月一版二刷，頁 84。

〔註 143〕見連橫，《臺灣通史》〈經營志〉，眾文圖書公司，1994 年 5 月一版二刷，頁 84。

〔註 144〕見連橫，《臺灣通史》〈經營志〉，眾文圖書公司，1994 年 5 月一版二刷，頁 84。

〔註 145〕見吳密察監修，《臺灣史小事典》，遠流出版事業股份有限公司，2000 年 9月，頁 74。

〔註 146〕見吳密察監修，《臺灣史小事典》，遠流出版事業股份有限公司，2000 年 9月，頁 74。

〔註 147〕見吳密察監修，《臺灣史小事典》，遠流出版事業股份有限公司，2000 年 9月，頁 74。

	十二月，閩軍勦漳州匪失利，林文察等死之。
	福州稅務司議准洋人開採雞籠之煤，許之〔註148〕。
	淡水人民爭墾南雅之地〔註149〕。
同治四年 （1865）	正月十五日，臺灣全境肅清，賞道員丁曰健布政使銜、總兵曾元福提督銜。
	三月，太平軍攻入漳州，臺灣地區進入警戒狀態。
	四月十一日，臺灣肅清〔註150〕。
	七月，謠傳馬雅各（Jemes L. Maxwell）取死人心肝治藥，暴民圍攻醫院〔註151〕。
	十月，暴民焚燒萬金教會。噶瑪蘭西皮福祿械鬥〔註152〕。「西皮福祿械鬥」是「羅東地方因林、李兩姓賭徒發生糾紛，引起一場械鬥。械鬥分為西皮福祿二派。這原來只是二種樂曲的派別，但最後竟然蔓延全宜蘭，官府最後派出軍隊，並將起事者斬首，亂事才被壓制下來。」〔註153〕
	英人德克於淡水鼓勵種茶，自是茶業大興〔註154〕。
	倫敦長老教會始派牧師至府治傳教〔註155〕。
	噶瑪蘭發生陳、林、李三姓械鬥，起因為賭博糾紛〔註156〕。
同治五年 （1866）	移新莊縣丞於艋舺〔註157〕。
	英艦魯霧至琅嶠，為生番所擊。四月，淡水大疫〔註158〕。

〔註148〕見連橫，《臺灣通史》〈經營志〉，眾文圖書公司，1994 年 5 月一版二刷，頁84。

〔註149〕見連橫，《臺灣通史》〈經營志〉，眾文圖書公司，1994 年 5 月一版二刷，頁84。

〔註150〕見吳密察監修，《臺灣史小事典》，遠流出版事業股份有限公司，2000 年 9月，頁75。

〔註151〕見吳密察監修，《臺灣史小事典》，遠流出版事業股份有限公司，2000 年 9月，頁75。

〔註152〕見吳密察監修，《臺灣史小事典》，遠流出版事業股份有限公司，2000 年 9月，頁75。

〔註153〕見吳密察監修，《臺灣史小事典》，遠流出版事業股份有限公司，2000 年 9月，頁75。

〔註154〕見連橫，《臺灣通史》〈經營志〉，眾文圖書公司，1994 年 5 月一版二刷，頁84。

〔註155〕見連橫，《臺灣通史》〈經營志〉，眾文圖書公司，1994 年 5 月一版二刷，頁84。

〔註156〕見周榮杰，〈從臺灣諺語來談分類械鬥〉，《史聯雜誌》十五期，頁 35～36。林偉盛，《羅漢腳·清代臺灣社會與分類械鬥》，自立晚報社文化出版部，1993年 3 月，頁 56。

〔註157〕見連橫，《臺灣通史》〈經營志〉，眾文圖書公司，1994 年 5 月一版二刷，頁84。

〔註158〕見連橫，《臺灣通史》〈經營志〉，眾文圖書公司，1994 年 5 月一版二刷，頁

	六月初三，允左宗棠請，在閩建廠試造輪船。同治五年（1866）六月，准閩浙總督左宗棠奏請，於福州設立船廠、購買機器，募雇洋匠試造火輪船隻；嗣派沈葆楨總理船政，積極經理。八年（1869）冬，造成第一號輪船「萬年青」駛赴天津驗收；十年（1871）四月，署閩浙總督文煜等代奏第六號（賜名「鎮海」）輪船開工，第七號改造兵船。同年十二月，雖有暫行停止之議；終於採納李鴻章、左宗棠、沈葆楨諸人之意見，總理各國事務衙門奏覆「未可惑於浮言，淺嘗輒止」，准予續辦。迨至十三年（1874）日兵侵犯琅嶠，沈葆楨奏命巡臺，由於軍事需要，復奏准閩廠續行興造得力兵船。這在當時圖維「自強之計」的目標下，爲興辦洋務之一端。雖非純爲臺灣而設，究與其後籌辦臺防有關。〔註159〕
	八月十七日，調左宗棠爲陝甘總督、吳棠爲閩浙總督；未到任前、以福州將軍英桂兼署。
	十月初十，命沈葆楨總司福建船政事務。
	十月，以李福泰爲福建巡撫；未到任前，以署布政使道員周開錫護理。
	十一月，噶瑪蘭羅東分列械鬥，平之〔註160〕。
	英人杜德（John Dodd）在雞籠種茶〔註161〕。
	邱和在打狗哨船頭山上建立英國領事館〔註162〕。
同治六年（1867）	三月十二日，美船羅發號觸礁，遭瑯嶠番人襲擊〔註163〕。
	四月，美國駐廈門領事李仙德照會臺灣官方查辦土著襲擊船難民一事。〔註164〕
	五月十二日，美艦登龜山島報復，副艦長戰歿〔註165〕。
	八月十三日，臺灣總兵官劉明燈率軍至瑯嶠〔註166〕。

84。
〔註159〕周憲文，《清穆宗實錄選輯》弁言，臺灣銀行經濟研究室，1963年，頁2。
〔註160〕見連橫，《臺灣通史》〈經營志〉，眾文圖書公司，1994年5月一版二刷，頁84。
〔註161〕見吳密察監修，《臺灣史小事典》，遠流出版事業股份有限公司，2000年9月，頁75。
〔註162〕見吳密察監修，《臺灣史小事典》，遠流出版事業股份有限公司，2000年9月，頁75。
〔註163〕見吳密察監修，《臺灣史小事典》，遠流出版事業股份有限公司，2000年9月，頁76。
〔註164〕見吳密察監修，《臺灣史小事典》，遠流出版事業股份有限公司，2000年9月，頁76。
〔註165〕見吳密察監修，《臺灣史小事典》，遠流出版事業股份有限公司，2000年9月，頁76。
〔註166〕見吳密察監修，《臺灣史小事典》，遠流出版事業股份有限公司，2000年9月，頁76。

	九月十三日，李仙德入瑯嶠番社，與頭目卓杞篤議和〔註 167〕。
	杜德試種烏龍茶〔註 168〕。
	德記洋行在安平開設分店〔註 169〕。
	長老教會李庥（Huge Ritchie）至打狗地區傳教〔註 170〕。
	丁曰健《治臺必告錄》成書〔註 171〕。
	許洋人至內地採腦〔註 172〕。
	十一月，地大震，淡水大水，壞屋殺人〔註 173〕。
	十二月十八日，調吳棠爲四川總督，以馬新貽爲閩浙總督。
同治七年 （1868）	三月十九日，鳳山北門外長老教會教堂被毀〔註 174〕。
	英商必麒麟在梧棲走私樟腦，被鹿港同知扣留〔註 175〕。
	四月二日，教民莊清風在鳳山縣左營庄被鄉民毆斃〔註 176〕。
	六月二十六日英國公使阿禮國（R. Alock）派海軍至臺灣示威〔註 177〕。
	七月二十日，調馬新貽爲兩江總督，以英桂爲閩浙總督。

〔註 167〕見吳密察監修，《臺灣史小事典》，遠流出版事業股份有限公司，2000 年 9 月，頁 76。

〔註 168〕見吳密察監修，《臺灣史小事典》，遠流出版事業股份有限公司，2000 年 9 月，頁 76。

〔註 169〕見吳密察監修，《臺灣史小事典》，遠流出版事業股份有限公司，2000 年 9 月，頁 76。

〔註 170〕見吳密察監修，《臺灣史小事典》，遠流出版事業股份有限公司，2000 年 9 月，頁 76。

〔註 171〕見吳密察監修，《臺灣史小事典》，遠流出版事業股份有限公司，2000 年 9 月，頁 76。

〔註 172〕見連橫，《臺灣通史》〈經營志〉，眾文圖書公司，1994 年 5 月一版二刷，頁 84。

〔註 173〕見連橫，《臺灣通史》〈經營志〉，眾文圖書公司，1994 年 5 月一版二刷，頁 84。

〔註 174〕見吳密察監修，《臺灣史小事典》，遠流出版事業股份有限公司，2000 年 9 月，頁 77。

〔註 175〕見吳密察監修，《臺灣史小事典》，遠流出版事業股份有限公司，2000 年 9 月，頁 77。

〔註 176〕見吳密察監修，《臺灣史小事典》，遠流出版事業股份有限公司，2000 年 9 月，頁 77。

〔註 177〕見吳密察監修，《臺灣史小事典》，遠流出版事業股份有限公司，2000 年 9 月，頁 77。

	十月八日福建興泉永道曾憲德與英國領事吉必勳（John Gibson）在後商談樟腦事件及鳳山教案的善後辦法〔註178〕。教案與安平事件（又稱樟腦事件）：按自中英、中法天津及北京條約簽訂以後，允許外國人開埠通商與傳教的結果，不時引起糾紛；臺灣自不例外。同治七年（1868）四月，鳳山教堂被毀、教民被害，臺灣府繼之而起；七月，復有教堂搗毀之事前後數起。同年，教案之外，又有樟腦事件。官吏在梧棲港沒收英商怡記（Elles）洋行樟腦，並在鹿港襲擊洋行代理人必麒麟（Pickering）；駐安平英國領事吉必勳（John Gibson）便向其本國乞援，武官鐔噹（Gurdon）竟率兵登陸攻擊守軍。後經當局允予賠償兵費，並締訂所謂「樟腦條約」。此外，另有九年（1870）因天津教案所引起的籌防措施，亦曾及於臺灣。〔註179〕
	十月十二日，英艦炮擊安平，毀軍裝局及火藥局，江國珍等殉職〔註180〕。
	十月十三日，府城紳商交付英軍四萬元作爲押金，英軍同意停戰〔註181〕。
	英人米里沙謀墾南澳之地〔註182〕。英、德（布）人合謀侵墾大南澳事件：臺灣東部開發較遲，未加積極經營，時引起外國野心家的覬覦。德國商人美利士（James Milisch）與英人名康（Horn）者勾結，計劃前往蘇澳大南澳開山伐木，墾荒經營。康於同治七年（1868）帶同洋人五、六名並雇用工匠一百餘人，在大南澳一帶建築土堡、蓋造棚屋，伐取木材；經制止無效。翌年（1869），美利士且親往視察，積極開墾。先後經總理各國事務衙門向英、德兩國交涉，始行離去。這事，在《實錄》上僅有八年七月初一日上諭一道，別無所見。〔註183〕
同治八年（1869）	正月，以閩浙總督英桂兼署福建巡撫（《東華錄》）。
	六月，閩浙總督英桂、福建巡撫卡寶第奏請撫有臺灣琅𤩝地方，並籌建砲臺，設立塔燈。報可（《無暇齋文鈔》）。
	清廷實施裁兵加餉，臺灣的綠營兵大幅縮減爲7700名〔註184〕。
	七月一日，大南澳侵墾事件〔註185〕。

〔註178〕見吳密察監修，《臺灣史小事典》，遠流出版事業股份有限公司，2000年9月，頁77。

〔註179〕周憲文，《清穆宗實錄選輯》弁言，臺灣銀行經濟研究室，1963年，頁2。

〔註180〕見吳密察監修，《臺灣史小事典》，遠流出版事業股份有限公司，2000年9月，頁77。

〔註181〕見吳密察監修，《臺灣史小事典》，遠流出版事業股份有限公司，2000年9月，頁77。

〔註182〕見連橫，《臺灣通史》〈經營志〉，眾文圖書公司，1994年5月一版二刷，頁84。

〔註183〕周憲文，《清穆宗實錄選輯》弁言，臺灣銀行經濟研究室，1963年，頁2～3。

〔註184〕見吳密察監修，《臺灣史小事典》，遠流出版事業股份有限公司，2000年9月，頁78。

〔註185〕見吳密察監修，《臺灣史小事典》，遠流出版事業股份有限公司，2000年9月，頁78。此事連橫《臺灣通史》記爲同治七年，見連橫，《臺灣通史》〈經營志〉，眾文圖書公司，1994年5月一版二刷，頁84。

	九月，移福建鳳山縣興隆里巡檢於枋寮，撥臺灣道標千總一員、兵一百名同往駐紮。
同治九年（1870）	六月二十八日，命毛昶熙會同曾國藩查辦教案。命丁日昌赴天津幫辦洋務。
	七月，以王凱泰爲福建巡撫。
	八月十五日，召毛昶熙還，命李鴻章會曾國藩查辦天津教案。
	冬十月十二日，天津製造局成。
	始設通商總局，徵茶、腦、釐金及雞籠煤釐〔註186〕。
同治十年（1871）	正月，以文煜兼署閩浙總督。
	秋八月，大風，船舶多碎〔註187〕。
	九月，命英桂留京，以張之萬爲閩浙總督。
	十月，張之萬開缺養親，仍以文煜兼署閩浙總督。
	十一月，以李鶴年爲閩浙總督（《東華錄》）。
	十一月六日，琉球人飄至八瑤灣，上岸船員被牡丹社原住民殺害〔註188〕。
同治十一年（1872）	二月一日，馬偕抵達臺灣北部，開始傳教事業〔註189〕。
	五月二十二日，日本通譯官水野遵從上海來臺〔註190〕。
	七月，改福建淡水廳訓導爲教諭，定學額八名。巡撫王凱泰奏請增臺灣噶瑪蘭一學，添設訓導一員（《東華錄》、《三山同聲集》）。
	七月二十八日，鹿兒島縣參事大山綱良建議日本向臺灣問罪〔註191〕。
	九月八日，日本陸軍少佐樺山資紀到臺灣調查〔註192〕。

〔註186〕見連橫，《臺灣通史》〈經營志〉，眾文圖書公司，1994 年 5 月一版二刷，頁84。

〔註187〕見連橫，《臺灣通史》〈經營志〉，眾文圖書公司，1994 年 5 月一版二刷，頁84。

〔註188〕見吳密察監修，《臺灣史小事典》，遠流出版事業股份有限公司，2000 年 9 月，頁78。

〔註189〕見吳密察監修，《臺灣史小事典》，遠流出版事業股份有限公司，2000 年 9 月，頁78。

〔註190〕見吳密察監修，《臺灣史小事典》，遠流出版事業股份有限公司，2000 年 9 月，頁78。

〔註191〕見吳密察監修，《臺灣史小事典》，遠流出版事業股份有限公司，2000 年 9 月，頁78。

〔註192〕見吳密察監修，《臺灣史小事典》，遠流出版事業股份有限公司，2000 年 9 月，頁78。

	十月二十日，日本內閣會議決議出兵臺灣〔註193〕。
同治十二年（1873）	七月一日，日本樺山資紀等人由福州抵達淡水，在臺從事調查及情報蒐集，滯留四個月才離去〔註194〕。
	板橋林家創設大觀義學〔註195〕。
	十二月，召王凱泰入覲，以李鶴年兼署福建巡撫。
	同治年間不確定是何年，但曾發生械鬥者尚有：發生於彰化的「三姓械鬥」，主因為爭奪利益；發生於淡水的「鄭如棟案」，是為鄭林互鬥，是為爭奪土地引起；發生於鳳山的閩粵械鬥〔註196〕。
同治十三年（1874）	三月二十九日，日本兵艦泊廈門；諭沈葆楨統兵輪往，相機籌辦。
	四月七日，日本兵船抵臺灣，由瑯嶠（今恆春）登陸，攻擊牡丹社、高山佛社，雙方於石門天險激戰，並血洗牡丹社，史稱「牡丹社事件」。
	四月十四日，命沈葆楨辦海防兼理各國事務大臣，江、廣沿海各口輪船以時調遣。
	五月十一日，日本攻臺灣番社。
	五月十五日，允沈葆楨請，建臺灣海口砲臺、撫番社、撤疲兵。
	五月二十七日，日本師船游弋福建各海口。日使柳原前光與總署王大臣商臺灣兵事。
	六月初四，諭飭總兵孫開華接辦廈門防務。
	六月十二日，允李鴻章請，以徐州唐定奎軍渡海赴臺。
	六月十四日，諭沈葆楨部署南北路防守。
	七月初七，李鶴年請閩省陸路選立練軍，議行。
	七月二十五日，沈葆楨籌建「億載金城」砲臺〔註197〕。
	九月十一日，日本續遣大久保利通來與總署王大臣論臺灣番社兵事。

〔註193〕見吳密察監修，《臺灣史小事典》，遠流出版事業股份有限公司，2000 年 9 月，頁 78。

〔註194〕見吳密察監修，《臺灣史小事典》，遠流出版事業股份有限公司，2000 年 9 月，頁 79。

〔註195〕見吳密察監修，《臺灣史小事典》，遠流出版事業股份有限公司，2000 年 9 月，頁 79。

〔註196〕林偉盛，《羅漢腳‧清代臺灣社會與分類械鬥》，自立晚報社文化出版部，1993 年 3 月，頁 56。

〔註197〕見吳密察監修，《臺灣史小事典》，遠流出版事業股份有限公司，2000 年 9 月，頁 79。

九月二十二日，王大臣與日使成議退兵回國，給日本難民卹金及臺灣軍費共五十萬。
九月二十七日，諭李鴻章等於總署條奏海防、練兵、簡器、造船、籌餉、用人、持久諸事詳議以聞。
十月，詔建明延平郡王鄭成功祠，追諡「忠節」，以明季諸臣百十四人配，從臺灣人士之請也〔註198〕。
十一月十三日，日本退兵。同治十年（1871），中日訂立通商條約，十二年（1873）四月，兩國批准互換。在訂約之初不久（十月十五日），有琉球人六十六名因風漂至臺灣南端，其中五十四名不幸被琅嶠牡丹社先住民殺害，餘人由官府予以優恤，遣回琉球。日使（正使副島種臣）至天津換約後，副使柳原前光曾向總理各國事務衙門口頭提出此案，探詢意見，儼然以琉球宗主國自居；翌年（1874）三月，日人便藉口此案啟釁，由西鄉從道統兵侵犯琅嶠。清廷即派遣船政大臣沈葆楨至臺相機籌辦，交涉與防禦並行。日兵後以在臺灣傷病甚重以及其他種種顧慮，終亦要求賠款了事。由於這一事件，引發此後臺灣積極籌防的新契機；同時，亦已啟二十年後臺灣淪於日本殖民地之漸〔註199〕。

〔註198〕見連橫，《臺灣通史》〈經營志〉，眾文圖書公司，1994 年 5 月一版二刷，頁84。
〔註199〕周憲文，《清穆宗實錄選輯》弁言，臺灣銀行經濟研究室，1963 年，頁 3～4。

附表三：清代臺灣古典文學中的陶淵明書寫

詩　　　　題	作者	內　　文	備　　註
買米	陳　輝	頗愛陶潛節 五斗懶折腰	五古一首
李爾沖招同王晴嵐王光五陳光遠李瑾卿夜集小齋	章　甫	勝會追陶謝	五律一首
蘇長公賞心十六事　開甕忽逢陶謝	章　甫	風流陶謝杳無蹤	七絕一首
菊	章　甫	東籬曾憶醉重陽	七律一首
武陵桃用崔護題昔所見韻	章　甫	寰宇久非秦世界	七絕一首
萬石巖	章　甫	搜奇引入桃源勝	七律一首
讀桃源記	章　甫	千古桃源記問津 奇傳晉代渡漁人 後人要覓前人景 未審桃花肯復春	七絕一首
雜詩平韻三十首	章　甫	漁郎漏出武陵葩 流落人間第幾家	七律三十首之一
擬陶淵明責子詩（稿本）	鄭用錫		五言排律
偶咏五古一則即書於草堂粉壁上可也又七律一則（稿本）	鄭用錫	掃葉時開元亮徑	七律一首
再次許蔭明經吟贈北郭園仍疊前韻之作（稿本）	鄭用錫	自今已送柴桑願	七律二首
再和蔭庭（龍文本）	鄭用錫	角巾已送柴桑願	七律二首
次許蔭庭明經及劉星槎茂才吟贈北郭園原韻七律二則（稿本）	鄭用錫	桑畝鋤來開蔣徑 蕭齋葉就倣陶廬	七律二首
借菊（稿本）	鄭用錫	新築柴桑欲倣陶 見說東籬九月斜	七絕二首
玉兔耳（稿本）	鄭用錫	陶家故是主人翁	七律一首
虎爪黃（稿本）	鄭用錫	好向南山同把臂 悠然何必問柴桑	七律一首
虎爪黃（龍文本）	鄭用錫	好向東籬同把臂 悠然何必問柴桑	七律一首
述翁公祖大人於郡城內置有公寓一所園亭花木甚得佳勝間分八景邀客賦詩余不及隨景分題惟彙作長古一則以見剛方磊落中偏自具雅人深致也錄此寄呈（稿本）	鄭用錫	掃徑時亦愛陶廬	七言排律

賞菊（稿本）	鄭用錫	柴桑處士家 幽隱乃其族	五言排律
賞菊（龍文本）	鄭用錫	柴桑處士家 隱者花爲族	五言排律
對菊感懷（稿本）	鄭用錫	五柳門前隱士鄉	七律一首
元月三日春光明媚喜以咏之（稿本）	鄭用錫	好天仍守古柴桑	五律一首
正月三日即景（龍文本）	鄭用錫	名園仍守古柴桑	五律一首
小齋柳樹數株未及三四年遂爾日新月盛暢茂 已極喜而生感末章藉以自諷（稿本）	鄭用錫	也應五柳號先生	七律四首 （多數闕文）
詠柳（龍文本）	鄭用錫	也應五柳號先生	七律二首
紅梅（稿本）	鄭用錫	已過東籬菊傲霜	五七律各一首
紅梅（龍文本）	鄭用錫	已過東籬菊傲霜	七律一首
和汪韻舟少尉（昱）元日詠梅菊作（龍文本）	鄭用錫	又不見五柳先生宅	七言排律
五雅吟（龍文本）	鄭用錫	五柳頭銜峴首碑	七律一首
平明閭巷掃花開　得開字（龍文本）	鄭用錫	迷路桃源入 平明有客來	試帖
紅樹青山好放船　得船字	鄭用錫	一櫂武陵天	試帖
人淡如菊　得人字（龍文本）	鄭用錫	夜雨東籬下 不逢陶處士	試帖
北郭園即事（龍文本）	鄭用錫	我本武陵新避世	七律一首
陶淵明歸家	鄭用鑑	彭澤歸來三徑在	七絕一首
菊花	鄭用鑑	判作東籬蟋蟀聲	七絕二首
題漁家壁	鄭用鑑	扁舟定向桃源去	七絕一首
紫狀元	陳維英	汁彈靖節先生柳	七律一首
醉西施	陳維英	柴桑錯認浣紗溪 香臉欲酣彭澤酒	七律一首
重陽風雨	陳維英	憨然也學淵明坐	七絕二首
虞美人	陳維英	遁跡東籬幼態新	七律一首
金丹鳳	陳維英	枳棘已除三徑淨	七律一首
武陵桃	陳維英	陶令歸來知未晚 劉郎去後漫相遭 家風隱逸南山近	七律一首
粉紅蓮	陳維英	倘教靖節濂溪見	七律一首

白荷蓮	陳維英	興會陶公載酒船	七律一首
八月十三日避難石谷山莊馬雲伯少尹繼至同寫感事成詩	陳維英	前年劉郎又避秦 同作桃源隱避人	七律一首
歸去來詞	陳維英	歸去歸來路幾程	七言排律
太古巢即事	陳維英	簡中涼不異桃源	七絕十三首之一
次湯臣見贈寫懷原韻奉答	陳維英	桃源洞覓武陵津	七律四首之三
辛酉暮春遊嘉禾嶼之金榜山敬訪吾祖唐名賢場老先生讀書處繞徑上東山祭其墓	陳維英	欲問避秦當日事	七律二首之一
即事遣懷次舟中唱和元韻呈文翰丈湯臣鏡帆兼示洞漁生	陳維英	鴨頭逐浪武陵溪 霜菊空懷彭澤徑 歸去來分今日賦 折腰何若撫孤松	七律四首之一四
題桃源圖	施瓊芳	記續柴桑畫再傳	七律一首
柳枝詞	施瓊芳	為憶當年陶令宅 曾隨三徑菊松栽	七絕九首
開徑望三益	施瓊芳	陶公徑正開	七言排律
農事遍東皋	施瓊芳	舒嘯懷陶令	五言排律
松涼夏健人	施瓊芳	陶宅如多植	五言排律
馬蹄無處避殘紅	施瓊芳	桃源歸去也 回首隔前溪	五言排律
奇文共欣賞	施瓊芳	桃源超俗筆	五言排律
青門瓜	施瓊芳	桃花不染亡秦恨 開落春風自武陵	七絕一首
粉紅蓮	黃　敬	西湖也向東籬秀 淵明睡去眼花亂 錯認柴桑作小田 何讓陶令對酒眠	七律二首
虎爪黃	黃　敬	東籬不是近高岡 花鈴弗用護柴桑 誰將虎爪掛柴桑 跡托東籬驚百獸	七律二首
報君知	黃　敬	老圃黃花已早知 道是淵明釀酒時 寄語淵明莫失時	七律二首
紫狀元	黃　敬	只因白帝到籬東 晚節立成第一功 淵明幾日歸家後 獻盞聊酹白帝恩	七律二首

醉虞妃	黃　敬	醉態疑嘗元亮酒	七律一首
武陵桃	黃　敬	想是淵明洞裡逃 柴桑種出武陵桃 籬東恍惚紫霞高 漁郎遙望眼花亂 誤認桃源泛小艖 劉郎一去不相遭 叢菊開來幾樹桃 把卻武陵和露種 欲向問津何處是 惟看元亮酌香醪	七律二首
出墻燕	黃　敬	何時飛燕入柴桑 節晚開來盡出墻	七律一首
步咏菊花原韻	黃　敬	一自陶潛歸去後 昔年元亮性貞剛 元亮不知何處去 陶潛留下菊花栽 爲因陶令詠歸來 待我釀成黃菊酒	七絕四首
金丹鳳	黃　敬	東籬放色笑雞冠	七律二首
菊影	曹　敬	若令陶公見 欲寫陶公像	五絕四首
謝友惠菊	曹　敬	昔日陶公歸來樂 陶公一往不復作 采采東籬逸興悠 愧我自非淵明儔 莫嫌三徑秋光老	七古一首
紫狀元菊	曹　敬	詩文已佚	
園西南隅菊團中結茆屋四楹顏曰陶愛草廬落成日值黃花盛開邀同社友雅集賦此索和	林占梅	三徑寒香訂酒盟 抱膝能酬彭澤願 停盃共向東籬步	七律二首
東籬百菊盛開詩以賞之	林占梅	東籬儘日供吟嘯	七律一首
題熊靄堂明府烹茗賞菊圖小照	林占梅	我慕栗里翁 東籬自怡悅 異時勇退東籬下 與君坐對南山	七古一首
北園觀種菊	林占梅	種菊東籬下	五律一首
東籬有感	林占梅	東籬采菊幾回過	七律一首
園齋習靜	林占梅	十畝獨開三友徑 東籬縱飲且追陶	七律六首

寒雨瀟瀟挑燈夜話與內子共憶亡兒哭占二首	林占梅	採花日日向東籬	七絕二首
潛園適興六十韻	林占梅	頗得淵明趣	五古一首
鳴琴曲次朱竹垞先生聽韓七山人彈琴原韻	林占梅	淵明嗜好嵇生癖	五古一首
宦情	林占梅	懷耽林下陶元亮	七律一首
閣前晚懷	林占梅	元亮詩多見性情	七律一首
雅集新莊別業賞菊	林占梅	對花我愧陶元亮	七律一首
偕友登棲雲岩留宿	林占梅	我非陶元亮	七律一首
偶成	林占梅	琴調彭澤本無絃	七律二首
晚晴溪上小步	林占梅	此鄉不亞柴桑里	七律一首
偶成	林占梅	閒來也學陶居士	七律一首
園居二十韻	林占梅	松菊榮陶徑	五古一首
寄興	林占梅	詩到中年始愛陶	七律二首
秋感五首用放翁句作興起	林占梅	菊花盈把感陶公	七律五首
中秋夜園樓宴月	林占梅	師友陶公分上下	七律一首
春柳	林占梅	瀟瀟陶潛有舊廬	七律一首
齋前柳樹礙簷而長其彎俯處如駝戲嘲一絕	林占梅	卻背陶潛自折腰	七絕一首
題鄭芷亭儀部用錫北郭園	林占梅	松菊宛同陶令宅	七律二首
閒興	林占梅	桃源洞許陶公隱	七律四首
池上夜坐	林占梅	未若白與陶	五古一首
潛園主人歌	林占梅	素希晉陶潛	五古一首
次吳鑑堂二尹先藻感懷用連環體原韻二首	林占梅	陶令清吟惟遣興	七律二首
遣懷	林占梅	松菊長存三徑樂	七律一首
樹杞林邨即景	林占梅	莫羨桃源風景好	七律二首
亂後經紅毛港有感	林占梅	何處是桃源	五古一首
西城別業即景	林占梅	招隱擬桃源	五律一首
友人詢潛園近景作此答之	林占梅	此地即桃原	五古一首
東籬偶占	林占梅	詩題相關	七絕三首
九日社友東籬雅集	林占梅	詩題相關	七律一首
東籬寫興	林占梅	詩題相關	七律一首

雙溪觀石竅泉晚歸燈下作示同遊諸友	林占梅	此閒量分武陵通	七古一首
雙溪即景	林占梅	雙溪即是武陵溪	七絕一首
九日年伯石次炳邀飲黃秀才家有作	李逢時	欲避桃源更無路 又不見風流陶靖節 栗里歸田名不滅	七言排律
武陵花	李逢時	又誤漁郎來問津	七絕一首
武陵源	李逢時	落盡嫣紅付水流 河津空有去來舟 靈源莫道春光好 逐浪桃花也白頭	七絕一首
協安局感懷七首兼呈袖海王縣佐	李逢時	漁郎錯指桃源洞	七律七首之一
贈洪爕堂司馬熙恬即次原韻	李逢時	春換桃源數落花	七律二首之一
十二月二十日乙丑三姓械鬥避居大湖莊賦此志慨　六首	李逢時	避秦何必桃源洞	七絕六首之一
漫興十首	李逢時	見說桃源還是幻	七絕十首之一
子觀宗一兄之令甘肅詩以贈別　十二首	李逢時	此間自是桃源洞	七絕十二首之一
題畫夾竹桃并牡丹花	李逢時	武陵仙種本天香	七絕一首
試院憶菊	李望洋	好訂東籬明月下	七律一首
辛巳九月望後敬步欽差護督憲石泉楊大人重陽菊花生日詩十首原韻	李望洋	知心不獨一淵明	七絕一首
壬申四月十一日輪過壺口懷古	李望洋	須臾經過到柴桑 （九江別名）	七絕一首
試院憶菊（時黃耕翁欲進貢院，適買數種菊花栽之縣署小堂，心甚憶之，故出此題）	李望洋	昔有陶先生 生平獨愛菊 及爲彭澤令 移花就松竹 東籬欲締交	五言排律
啓友李瀛濤於九重之日全諸友赴吏目劉蕚樓署中飲酒賞菊作詩三首索和於余余因題此以應之	李望洋	三徑就荒落葉紅	七律三首
和啓友李瀛濤於九重之日全諸友赴吏目劉蕚樓署中飲酒賞菊作詩三首索和於余余因題此以應之韻	李望洋	何因移菊就雕櫳 爲映陶公醉臉紅	七律三首
五月十九日枑罕官舍別菊	李望洋	年來移汝就籬東 今朝割愛忍陶公	七律一首
十九夜臥聽更鼓有感	李望洋	米無五斗腰徒折	七律一首

四月八日詠五泉山浴佛會	李望洋	陶公布政自優優（時蘭州道陶子方觀察出示，嚴禁婦女遊山）	七律二首
九月初旬歸山雜詠	李望洋	也識桃源好避秦 如今方得劉郎意 獨向漁人去問津 久慕高風五柳傳 今雖此地非彭澤 願續歸來賦一篇	七絕十首
二十六日舟行即景	李望洋	恍似桃源初得路	七絕一首
宜蘭雜詠八首	李望洋	別有桃花不改顏（境比桃源）	七絕八首之一
哭張郁堂明經	陳肇興	君家山水武陵津 畢竟烟霞多痼疾 桃源也不活秦人	七絕四首之一
水沙連紀遊	陳肇興	桃源在何處	五律三首
詠懷	陳肇興	陶公獨任眞 松菊三逕秀 榆柳一家春 即此是桃源 何處尋避秦	五古五首
山居漫興	陳肇興	桃源無處覓 種豆急新晴	五律八首
蘇學士南海笠屐圖	陳肇興	但教飽和淵明詩	七古一首
陶彭澤東籬采菊圖	陳肇興	魏晉人材皆草草 瀟灑唯有柴桑老 彭澤一官八十日 挂冠去之恐不早 三逕未荒松菊存 歸來卜築居南村 葛巾漉酒一縱飲 秋風又到桃花源 偶然采菊東籬下 乃知晚節勝黃花	七古一首
隱者林先生	陳肇興	五柳非吾徒	五言排律有序
秋風曲	陳肇興	唯有陶公獨行樂 攜杖自采東籬菊	七古一首
紅菊	陳肇興	秀色東籬絕可餐 老去陶公頻中酒	七律四首

白菊	陳肇興	風來三徑有香流 老去陶公白髮新	七律四首
東晉	陳肇興	我愛陶公眞曠達 黃花開處便來歸	七律一首
卜居	陳肇興	將采陶潛菊	七古一首
肚山道中即景	陳肇興	不須更覓武陵津	七絕四首之一
和維丞訪菊韻	鄭如蘭	留得東籬幾朵黃	七律二首
疊和維丞訪菊韻	鄭如蘭	抗懷直可追陶令 還來把盞就東籬	七律二首
祝維丞七十壽	鄭如蘭	回首東籬醉菊觴	七律二首
冬日同瑞西澄洲維丞子丹重游香山寺	鄭如蘭	卓然高士陶淵明	七古一首
林維丞賞菊索和原韻	鄭如蘭	陶令相逢分外親	七律二首
題武陵桃源圖	鄭如蘭	洞口桃花自開落	七絕一首
秋日小園雅集	鄭如蘭	結廬人境避囂塵 負郭之田茅結屋 屈騷陶句各披讀	七古一首
題林雪邨方伯占梅秋景畫幀六言四首	鄭如蘭	武陵如此煙霞	六言四首之一
五月二十日同人餞別米溪於鷺江市樓即席次米溪韻	施士洁	誰是桃源洞裏人 我愧柴桑陶處士 歸來猶戀武陵春	七絕一首
和蟬窟棉蘭移居韻	施士洁	移帑靖節且休論 那有柴桑避俗喧	七律一首
穹賓旋滬來詩兼及國家情事次韻答之	施士洁	聞道公歸陶侃里 菊徑潯陽元亮隱	七絕十二首
和陳香雪老友重游鷺嶼宴菽莊韻	施士洁	松菊未荒三徑在 宦情早淡陶元亮 武陵何處是仙鄉	七律二首
乙未除夕山齋題壁	施士洁	三徑去來元亮宅	七律六首
舫山罷篆留別代者于君問樵	施士洁	竊效陶隱居 掛冠向神武 三徑有松菊 誰爲元亮主	七古一首
健人歸自南洋以江璞嚴贈詩示我如韻和之	施士洁	清貧元亮依蓮社	七律二首
補作六十述懷寄示諸同人索和	施士洁	折腰鄉曲誤淵明	七律八首
元夕和菽莊韻	施士洁	栗里老淵明	五律一首

重九日次黃墨卿韻	施士洁	爲問淵明歸去來 故園松菊猶存否 黃花三徑蒼苔深	七古一首
二十初度臞仙長兄招同劉拙菴陳榕士兩司馬楊西庚朱樹吾兩明府梁定甫拔萃傅采若上舍沈竹泉布衣□□穎軒禮東坡像以洁與坡老同生日也次日□題蘇詩後成八十韻	施士洁	且和淵明詩	五古一首
七疊前韻爲曉滄作	施士洁	淵明栗里早歸來	七律四首
米溪臨別觸予於浪嶼公廨出示所藏古硯數十詩以紀之因次其韻	施士洁	莫訝淵明輕斗米	五絕四首
代範其和菽莊韻	施士洁	淵明菊一籬	五律一首
題梁定甫秋夜讀書圖	施士洁	況更籬東淵明菊	七古一首
再寄潤石	施士洁	籬種淵明菊	五古一首
次米溪感事詩疊前韻	施士洁	五柳偶然歸	五古一首
次謝鶯塵大令留別韻三疊前韻	施士洁	念昔歸田有陶令 五柳強於五斗米	七古一首
和許允伯直刺三水寄懷韻	施士洁	五斗何時五柳歸	七律三首
盆中殘菊次坦公韻	施士洁	舊令籬東日易昏 留伴先生五柳門	七律二首
讀我書屋吟草題後　題還山吟	施士洁	細將歸去來辭讀 一瓣心香五柳陶	七絕一首 （二十一之一）
菽莊吟社自癸丑至庚申八年矣花事惟菊特盛主人屬同社十八子各以八律詠之	施士洁	何處桃花世外津 劫後相逢栗里存 撮影東籬人渡月 潯陽三徑義熙陶	七律八首 四句分屬四首
覽古	施士洁	我懷陶隱居 陶潛賦閒情	五古二首
拙菴西湖吟草題後	施士洁	老陶心豈在彭澤 不願折腰願乞食	七古一首
酒樓和榕丈韻	施士洁	陶令功名早掛冠	七律二首
敘卿郡署種蕉和辛陔韻	施士洁	陶令南山帶月鋤	七古一首
浪嶼徵歌次艾民韻	施士洁	倪瓚陶謝吞陰何	七古一首
恕齋疊韻不已如數和之	施士洁	解官瀟灑陶彭澤	七律二首
送別關介堂明經（其忠）歸莆陽（癸丑十一月同客龍溪邑署）	施士洁	陶潛歸計愛田廬	七律四首
六十初度允白以詩壽我如韻答之	施士洁	舊令琴書陶靖節	七律四首

次林侍郎菽莊韻	施士洁	三經愛陶籬	七律一首
夕和星使胡穿賓侍郎韻	施士洁	閒來白社吟陶令	七律一首
題陳肖石茂才詩卷時將南游島國	施士洁	學蘇飲酒和陶詩（詩中和陶一卷）	七古一首
臺中詩友陳槐庭同寓荔園用竺初韻見投疊此酬之	施士洁	鄉里折腰陶靖節（辛壬之歲縮篆舫山）	七律一首
吟社重陽四詠　送酒	施士洁	陶潛已往王弘逝對使欣然醉菊籬	七絕二首
龔三詩橋歸里養疴寄詩索和即次其韻	施士洁	老菊全荒靖節籬	七律二首
疊次吳澄秋廣文韻	施士洁	此是桃源世外津	七律二首之一
壽蔡曉滄觀察五十（生閏八月，與今閏同）	施士洁	移家剛好晉桃源	七律十四首之一
六疊蔡壽人司馬四十三初度和澄秋韻	施士洁	夢中想像桃源路	七律二首之一
辛亥舫山樓除夕	施士洁	桃源肯向世人說	七古之一
和許靜仁閩按使韻	施士洁	何處桃源秦世界	七律二首之一
陳顧軒黃淑人七十雙壽徵詩	施士洁	一家雞犬自桃源	七絕四首
同穿賓仲巽昆玉游虎溪白鹿洞	施士洁	我亦桃源方外客	七絕四首
庚申除夕菽莊主人為饋歲會同吟社諸子作	施士洁	不知有漢有魏晉桃源一角真蓬瀛	七古一首
哀安海	施士洁	咫尺桃花別有村隔江便當武陵源	七古一首
和同年易哭菴觀察寓臺詠懷韻	施士洁	避秦羞見武陵春	七律六首之一
榕城除夕夢臺南明延平王祠古梅	施士洁	武陵桃笑世人迷	七古一首
菽莊觀菊賦呈主人	許南英	新霜昨夜入東籬	七古一首
別馬亦籛徵士	許南英	主人淡似東籬菊	七律一首有序
和林健人壽菊小集原韻	許南英	召我東籬病眼開罷官栗里陶潛隱	七律一首
田家	許南英	無勞栽五柳	五言排律
施雲舫山長在廈用寄鄭養齋原韻作詩二首寄贈並索和章仍用原韻奉呈	許南英	重來彭澤陶元亮（時予復任三水）	七律二首
壬子午節前一日與蓮塘學校陳畹蘭教員並陳其純諸昆季放舟滄江	許南英	言旋元亮宅芳草迷三徑	七古一首
秋日書懷	許南英	松菊已荒三徑外漫云歸里如元亮	七律二首

和菽莊主人燈夕原韻二首	許南英	元亮聊乘化	五律二首
秋河再讌也是園倒疊前韻（座中八人，七人同姓，其一姓李）	許南英	日涉陶元亮 武陵偕子隱	五律四首
送汪杏泉入都補殿試	許南英	一官老我羞元亮	七律二首
和易實甫觀察原韻	許南英	夢斷桃源世外民	七律二首有序
寄題邱倉海工部澹定邨心太平草廬用東坡〈書王晉卿煙江疊嶂圖〉原韵	許南英	何處桃源別有天 亦有故人招隱處 不堪展讀歸來篇	七古一首
步趙雲石代某姬送別原韻	許南英	果爾桃源別有天	七律二首
寄南洋林少眉莊貽華	許南英	塽鄉知否桃源裏	七絕二首
漫興和貢覺用前韻	許南英	避地桃源忘晉魏	七律一首
除夕	許南英	世外桃源忘甲子	七律一首
和祁陽陳仲英觀察感時示諸將原韻	許南英	何處桃源別有天	七律四首
吏部投供以兵曹改知縣歸途車中口占	許南英	何處桃源遙隱淪	七律一首
題林叔臧鼓浪嶼菽莊	許南英	武陵世外作漁郎	七絕四首之一
戴安道碎琴	許南英	武陵畢竟是知音	七絕一首
題蟬窟主人詩卷代	許南英	桃花深鎖武陵烟 雞犬雲中世外天 詩卷自編忘晉魏 知君滌筆在山泉	七絕四首之一
千秋歲　戲和蔡鶴田詞	許南英	似武陵源裡	詞作
高陽臺　題蟬窟主人摩達山詩草	許南英	閒中日月桃源裏 怕漁郎 來問迷津	詞作
燭影搖紅　菽莊修禊	許南英	小桃源花陰石竇	詞作
寄懷王泳翔	許南英	聞君今有小桃源	七律一首
菊花	許南英	冷魂三徑澀 慙媿陶彭澤 歸來未有田	五律一首
春草八首和沈琛笙大使原韻	許南英	栗里陶公書可讀	七律八首
林投帽	許南英	葛巾陶令思歸隱	七律一首有序
遊臺北基隆雜詠	許南英	老去陶潛歸栗里 （題『擬歸去來詞』七絕）	七絕七首
舊友陳基六相遇於新竹吟壇口占絕句見贈即用原韻口占兩絕以報	許南英	陶公解組官書晉	七絕二首

留別南社同人	許南英	挂冠如我學陶潛	七律四首
再和沈琛笙五日有感原韻	許南英	醉歌栗里陶潛賦	七律二首
乙未秋日遊丁家絜園	許南英	非是陶潛能卜宅	七律三首
題林雲臣還來就菊花小照	許南英	竟效陶潛愛菊花	七絕一首
移家	鄭應球	淵明但取敝廬完	七律一首
陳明府邀覽園花和原韻	沈時敏	愛菊於今陶令賢 雅興東籬多菊植	七律九首之一
九日北香湖觀荷	李欽文	似有東籬約 來吟招隱詩	五律二首
寄興	黃文儀	超超陶靖節 載詠南山句	五古一首
潛園紀勝十二韻	林亦圖 寄籍臺灣	愛廬雅癖懷陶令 （「陶愛草廬」）	七言排律
一洞天（北路）	盧九圍	客來欲覓桃源路 借問劉郎前度年	七絕一首
送曹懷樸司馬謹謝病歸里	郭襄錦	淵明歸去漫題辭	七律一首
詠菊八首——訪菊	陳尚恂	待得王郎來送酒 陶公三徑已開花	七律一首
詠菊八首——品菊	陳尚恂	柴桑幽賞對斜暉 東籬題詠名爭重	七律一首
詠菊八首——供菊	陳尚恂	高風栗里每神馳	七律一首
詠菊八首——簪菊	陳尚恂	陶公已去頻搔首	七律一首

非臺人之作

詩　　　　題	作　者	內　　文	備　　註
和巡使范侍御「正月五日齋頭見菊花」原韻	莊　年	淵明可是爾前身	七律一首
元宵菊	張應渭	載酒柴桑日正新	七律一首
端陽前見籬菊作花	余文儀	東籬五月獨標奇	七絕一首
重九登樓二首	陳士榮	蝶繞東籬舞正酣	七律二首
送孫武水之臺灣	姜宸熙	筆床蹤寄彭澤陶	七古一首
蓮潭夜泛	卓雲鴻	對酒胡盧笑學陶	七律一首
九日登高其十	吳性誠	陶潛松菊好因緣	七律一首